中國学術思想 研究輯刊

十 編

林慶彰 主編

第19冊

陸象山心學要義探究

林于盛 著

花木蘭文化出版社

國家圖書館出版品預行編目資料

陸象山心學要義探究／林于盛 著 — 初版 — 台北縣永和市：
花木蘭文化出版社，2010〔民99〕
目 2+194 面；19×26 公分
（中國學術思想研究輯刊 十編；第 19 冊）
ISBN：978-986-254-348-1（精裝）
1.（宋）陸九淵 2.學術思想 3.理學
125.6   99016458

ISBN - 978-986-2543-48-1

9 789862 543481

中國學術思想研究輯刊
十 編 第十九冊   ISBN：978-986-254-348-1

陸象山心學要義探究

作　　者　林于盛
主　　編　林慶彰
總 編 輯　杜潔祥
出　　版　花木蘭文化出版社
發 行 所　花木蘭文化出版社
發 行 人　高小娟
聯絡地址　台北縣永和市中正路五九五號七樓之三
　　　　　電話：02-2923-1455／傳真：02-2923-1452
網　　址　http://www.huamulan.tw 信箱 sut81518@ms59.hinet.net
印　　刷　普羅文化出版廣告事業
封面設計　劉開工作室
初　　版　2010 年 9 月
定　　價　十編 40 冊（精裝）新台幣 62,000 元

陸象山心學要義探究

林于盛　著

作者簡介

林于盛，男性，1970年出生於臺灣高雄。國立中山大學中國文學系博士畢業，學術專長為宋明理學、儒家義理、中國思想史，另對古典詩詞頗有興趣。目前在中山大學中文系等等學校服務，已發表學術論文若干篇。平日教學之餘，致力於中國傳統思想之探討，未來將以儒、道、釋三家修養成聖之學為研究重心，並導向現代生活課題，期望能活化古典知識，並對個人及社會大眾之身心安頓、生命圓融有所裨益。

提　　要

　　陸九淵（西元1139～1193），學者稱象山先生，為南宋思想家，其學強調「心即理」，而與朱熹頗有不同，成為宋明理學中「心學派」的奠基者。本文研究目的即在於呈現象山思想本身的原貌，闡明其要義，期供學術界澄清一二真相，復藉以自我修養；至於象山與時人的互動、其學的流衍及在思想史上的地位等等周邊問題，則暫不擬探究。本文在寫作策略方面，係以直接分析象山全集中的文字為主，而附歷來重要學者的意見為輔。在內容上，分為三大部分：「心即理、實踐工夫、思想淵源考辨」。而主要的結論則是認為象山主張：（一）人有本心，本心為道德根源，而為人之性；然因氣質、習染、不思之故，使本心不能彰顯，而有物欲意見之私，方始為惡。（二）事物有其客觀實然及所以然之理，人之本心則為道德應然之理；而本心可由善之價值躍升以涵攝一切價值與存有之理，故說「心即理」；而依此義，則人有承擔起圓成一切人事物存在與發展的行動。（三）實踐方法則是由自明與講明入手，以具備對本心之智識而志於道德，從此涵養省察以克私，再及物考究。（四）其思想淵源大抵自得於《孟子》，而補救時弊、陸氏家學門風、宋代理學諸家、禪，乃輔助性之外緣因素，故本質仍屬儒學系統。

目次

第一章　緒　論

第一節　研究取向

　　人是否存在？何種存在？爲何存在？有無依歸？應否依歸？如何依歸？凡此諸問，困擾有年，是以欲觀宋明理學，資爲一助，因聞唐君毅先生云：「能知治周秦儒學當自孟子入，即知治宋明儒學，當自象山入矣。」〔註1〕遂取陸象山之書，以爲入門。

　　象山爲理學大家，其學在世時即備受注意，由南宋以至清朝，歷代理學家、學術史家多有探討，此中論象山者甚眾，然當以朱熹爲尤要。蓋朱陸論學有同異，後遂衍爲門戶之爭，論者或宗朱、或主陸、或調停、或兩棄，不論持何種態度，總難脫朱熹對象山之評議而來。此外，《宋元學案》亦甚重要，其作者黃宗羲、黃百家、全祖望著眼於學術史之傳承流衍脈絡，調和朱陸，並選錄原典與諸家評語，頗爲後來學者研究之起點。除以上二者，陳淳、黃震、羅欽順、陳建多議九淵，楊簡、袁燮、王守仁、李紱則學近象山，此諸人之語，亦常爲學者參考提及。概括傳統對象山學之討論，以其時代較近，自具史料價值，且於理學有切身感受，所言自有其故，唯語多零星片段，解析較略。

　　降至民國，利用前代之材料而有較嚴謹、較全面之學術研究，迄今已有大量專書、期刊論文，而臺港地區以象山爲學位論文主題者亦有十餘篇。民國以來的研究，或許可舉范壽康、錢穆、陳榮捷、牟宗三、唐君毅、徐復觀諸位先生作爲代表，蓋後來學者多推衍、比較、綜合、或批判其說，而之前

〔註1〕見唐君毅：《中國哲學原論・原教篇》，頁347。

或與之同時者，其研究成績似可容受於此中。范先生以唯心論釋象山學；錢陳二先生，精考朱陸交遊行事，大有助於澄清史實；牟唐二先生則提出「道德的形上學」，能以哲學語言闡明象山義理與工夫之義蘊；徐先生則著眼於南宋時代環境與象山學之關係，且論及象山政治思想。另外，大陸學者們有謂象山以地主階級之意識，混淆自然界之理與封建彝倫之理，顛倒主客關係，建立唯心主義心學體系，強調退化史觀，以支持封建制度之合理，阻止農民革命，企圖挽南宋於將倒；雖其提供別種視角，揭示思想家與政治社會之糾葛脈絡，然與九淵之學問本質距離則似較遠。

由上觀之，可知象山學歷來論者已多、見解汪洋宏富，何以今仍欲以此筆之於文？蓋「理學家之理，係人生行為之內在的當然之理、而有形上之意義並通於天理者」，〔註 2〕故其「中心問題，在於討論道德實踐所以可能之客觀根據與主觀根據，亦即心性本體問題與實踐工夫問題，究其實質，則是以工夫為首而復反省至於本體」。〔註 3〕然而，觀歷來對象山之論述，似乎論本體處傷於艱難深奧、論工夫處苦於簡略空泛。當然，所謂艱難簡略者，自屬相對，賢智之士焉有此感，而愚頑之我則不能無此憾。且若就純學術立場言之，只要先賢知曉答案，則已解決問題，至於一人之解悟與否，實亦不足為學術對象。但是，象山學為道德之學，並非純知識之學，知識之學當求其日新月異，忌蹈先賢成說；而德性之學必求其存養湛深，不妨再三講論以三省自身，故孔子云：「古之學者為己」。是以今復究象山學，期以自修，倘若因茲而稍有助於學界澄清一二真相，則屬萬幸。

本文既期以自修，則將以呈現象山思想本身為主，尤其是疏通整理本體與工夫二方面的義理要點，至於朱陸異同、陸王比較、象山學之流衍、象山在中國思想史之地位種種，則因牽涉較廣，而非本文所敢致意，故以「象山心學要義」標題。此題並不在於涉及宋明理學之分派或稱謂問題，亦不暗示程朱之學不以心為其重鎮，〔註 4〕而是象山思想雖本可由多方面加以探討，然

〔註 2〕　見唐君毅：《中國哲學原論‧導論篇》，頁 24。

〔註 3〕　此約述牟宗三：《心體與性體》第一冊，頁 8 之語。

〔註 4〕　夏君虞：《宋學概要》，頁 409 謂宋學都是心學的方法，因為宋學根本就是心學。蔣維喬：《中國哲學史綱要》，頁 365 謂論根本思想，彼此都是唯理，不能說陸王唯心，程朱唯理。錢穆：《朱子學提綱》，頁 55 謂陸王是心學，程朱是理學，此一分別，未為恰當。勞思光：《新編中國哲學史（三上）》，頁 41 亦認為理學心學之分法於史實與理論皆不足取。林繼平：《陸象山研究》，頁 89～90 更指出象山從未以「心學」自稱，反而只稱「理學」，如照象山之命名，

正如王陽明所云：「有象山陸氏……其議論開闔……要其學之必求諸心，則一而已。」〔註5〕象山實以「心」爲其成德之核心，故本文以心學二字總括之，因用爲題。然觀象山之學，正如牟宗三先生所言：

> 象山之學並不好講，因爲他無概念的分解，太簡單故；又因爲他的語言大抵是啓發語，指點語，訓誡語，遮撥語，非分解地立義語故。在此種情形之下，若講象山學，很可能幾句話即完，覺其空洞無物，然亦總覺此似若不能盡其實者。〔註6〕

因此，本文擬加一「凡心」概念，以說明象山之意，〔註7〕此並非提出一詮釋方法論，亦非建立一套對人性人心之知識，而只在利於詮釋與理解之便。另外，又將歷來學者意見安排於文中，以資參考。然學者論述眾多，欲蒐羅完整、並尋出同類見解誰爲首倡、復論及學者之立意與學術，實因學力未逮，故亦只能懸諸理想，而以有助於說明象山思想本身爲目的。至於本文之章節安排，則先論象山學之本體，即「心即理」之說；再述其工夫；最後又論及思想淵源，以澄清歷來對象山的誤會，並更豁顯其學之旨趣和性質。其中不先談思想淵源，異於一般習慣，蓋以爲若明象山思想大旨，則於其淵源或較易釐清之故。〔註8〕

第二節　陸象山生平與著述

研究取向既如上述，在進入正式討論前，當略述象山其人其書，以爲背景之交代。

關於其家世生平，主要見於《陸九淵集》之〈行狀〉、〈墓誌銘〉、〈諡議〉、〈年譜〉諸卷，及《宋史・卷三四三》之〈陸九齡傳〉、〈陸九淵傳〉，與《宋元學案》卷五十七、五十八之〈梭山復齋學案〉、〈象山學案〉。各資料所記，大致吻合，〔註9〕易於翻查，又近來一般研究者，亦多轉載，故此處不擬詳述。以下即據〈年譜〉而略述之。

陸學還是稱理學爲宜。

〔註5〕見王守仁：《陽明全書・卷七・象山文集序》，頁14。

〔註6〕見牟宗三：《從陸象山到劉蕺山》，頁3。

〔註7〕關於「凡心」詳見第二章第一節，而此「凡心」概念及以此來說明象山學之作法，皆有啓於王師金凌：〈論道德經的無爲〉、〈莊子的生命觀〉二文的論述模式。

〔註8〕金東天：《象山的形上倫理說之探源》，頁70即是採取先論思想再論淵源的作法。

〔註9〕除《宋史》誤陸九韶爲陸九齡之弟、《宋元學案・卷五十八》之黃宗羲案語誤朱陸無極之辯先於鵝湖之會以外，其餘無重大出入。

　　陸九淵，字子靜，撫州金谿（今江西省金谿縣）人，生於南宋高宗紹興九年（西元 1139 年），卒於南宋光宗紹熙三年（西元 1193 年），〔註 10〕晚年講學於貴溪（今江西弋陽縣西）象山，學者稱象山先生，與兄九齡（字子壽，學者稱復齋先生）并稱「江西二陸」，合兄九韶（字子美，號梭山居士）并稱「三陸」，南宋寧宗嘉定十年（西元 1217 年）賜諡「文安」。

　　九淵三歲喪母，幼不戲弄，靜重如成人，遇事務必致問。四歲時曾思天地何所窮際至忘寢食。年八歲讀《論語‧學而》即疑有子三章，聞人誦伊川語，以為與孔孟之言不類。年十三，因宇宙字義而悟「宇宙便是吾心，吾心即是宇宙」、「千百世之上至千百世之下有聖人出焉，此心此理，亦莫不同」。年十六，讀三國六朝史，見夷狄亂華，又聞長上道靖康間事，乃剪去指甲，學弓馬，以優游懷安為恥。二十四歲以《周禮》中鄉舉秋試，冬月丁父憂。二十九歲娶妻吳氏。三十三歲以《易經》再中鄉舉秋試。三十四歲受呂祖謙、尤袤、趙汝愚賞識，中進士，名聲振行都，諸賢從游，秋七月至家，遠近風聞來親炙，闢舊屋「槐堂」為講堂。三十六歲調任隆興府靖安縣主簿。三十七歲應呂祖謙之邀，與兄九齡會朱熹於信州鵝湖寺，此會「易簡」與「支離」之辯為思想史上一大事。〔註 11〕三十九歲丁繼母憂，去職。四十一歲授建寧府崇安縣主簿。四十二歲兄九齡卒。四十三歲訪朱熹於南康，在白鹿洞書院講《論語》「君子喻於義，小人喻於利」一章，聽眾感動，至有流涕者。四十四歲調仕為國子正。四十五歲在國學，為諸生講《春秋》，冬日，遷敕令所刪定官。四十六歲上殿輪對時上五奏表，亟陳為政之要。四十八歲為當道所忌，調任主管台州崇道觀，於是奉祠歸鄉閒居，縣官為設講席於學宮。四十九歲登貴溪應天山建精舍講學，冬日始與朱熹書信往返論辯「無極太極」。五十歲易「應天山」名為「象山」，四方學徒大集，來見者踰數千人，有終焉之意。五十三歲知管荊門軍，政績卓著。五十四歲，冬十一月預知將死，旬日後血疾大作，十二月十四日卒於任所，吏民哭奠，充塞衢道。

　　由〈年譜〉所記，可知象山學問早成、思想要旨始終一致、無有重大曲

　　　　　　　　　　　　　　

〔註 10〕張立文：《走向心學之路》，頁 23 指出陸氏卒於紹熙三年十二月十四日，合西曆 1193 年 1 月 18 日，已非 1192 年。而吳康：〈陸象山學述〉，頁 31、勞思光：《新編中國哲學史》（三上），頁 380～381、陳榮捷：《朱學論集》，頁 8、曾春海：《陸象山》，頁 11 等，均已指出當作 1193 年，只是未言明日期。

〔註 11〕關於鵝湖之會的地點、日期、出席人物、討論題目等詳細情形，可以參考陳榮捷：〈朱陸鵝湖之會補述〉，《朱學論集》，頁 233～249。

折轉變之現象，（如少年時即以爲伊川之語與孔孟不類、因宇宙字義而悟「心同理同」；中年時以四端答楊簡本心之問、教人以義利之辨爲先、鵝湖之會主張先發明本心而後博覽；晚年時講學以先復本心爲主宰、從此涵養以使理明心盡），〔註12〕故研究者可視其全部遺文爲單一思想體系，至於作品之完整繫年與否，應無大礙於呈現思想。〔註13〕

　　關於著述方面，象山一生，並無專著，長子陸持之於南宋寧宗開禧元年（西元1205年）始編輯其遺文爲二十八卷、外集六卷，由楊簡作序，二年後由高商老刊行於撫州郡庠。〔註14〕嘉定五年（西元1212年）八月，張衍再度編成文集，由傅子雲作序，未知有否刊行；〔註15〕同年九月，袁燮刊行象山文集三十二卷，並自爲序，此係陸持之鑑於高商老所刊者未善，而再度重編。〔註16〕嘉定十三年（西元1220年），建安陳氏又再刊行，吳杰作跋，始附楊簡所作之行狀、孔煒所撰之〈文安謚議〉、丁端祖所撰之〈覆議〉於象山集中。

〔註12〕此處所舉之例，分別見於陸九淵：《陸九淵集‧卷三十六》紹興十六年（頁481）、紹興二十一年（頁483）、乾道八年（頁487～489）、淳熙二年（頁491）、淳熙十五年（頁502）諸條。而謝无量：《中國哲學史》，頁397已云：「象山少時，已悟宇宙二字之義，謂宇宙即是吾心、吾心即是宇宙，後來講學，不過推闡此義。」又牟宗三：《從陸象山到劉蕺山》，頁25～41簡述年譜各重要階段，亦可參看。

〔註13〕唐君毅：《中國哲學原論‧原教篇》，頁247～248大意謂象山書札多言省察克治之工夫而力戒勝心，語錄則偏教人直下拔起而求一是即皆是，二者內容辭氣不類；故或謂象山之學在語錄，書札乃勉自歙抑之語；或謂語錄乃門人所記，門人氣質不同，或有沾染禪習者，故所記多類禪宗之言頓悟；其實二者多有互相發明者，而語錄直接對學者問答以激勵鞭策之，書札則望與學者砥礪切磋而無意露精彩，大抵語錄是始教之言，書札則是進一步工夫，故二者並不衝突而應合觀。唐氏之言是，其實書札語錄之內容辭氣亦多有相同，論者不必嚴分而橫生枝節。

〔註14〕見《陸九淵集‧卷三十六》開禧元年、開禧三年二條，頁518。

〔註15〕見《陸九淵集‧卷三十六》嘉定五年條，頁519。

〔註16〕袁燮序中云：「臨汝嘗刊行矣，尚多闕略，先生之子持之伯微裒而益之，合三十二卷，今爲刊于倉司」，見《陸九淵集‧卷三十六》嘉定五年條，頁519～520。據此，則此重編當較開禧元年者爲詳，然只三十二卷，尚比開禧元年共三十四卷者少，而此後各家著錄皆云外集四卷，故紀昀《四庫全書總目提要‧集部‧別集類十三》，頁3170云：「獨年譜稱持之所編外集爲六卷，殆傳寫訛四爲六歟？」而瞿鏞《鐵琴銅劍樓藏書目錄‧卷二十一》，頁1284則云：「明刻本別有語錄四卷……楊序稱外集六卷，疑佚二卷，或即明本語錄歟？」因原本早佚，茲不論斷。

〔註17〕理宗紹定四年（西元 1231 年），袁甫因新建象山書院，復摹袁燮所刊本，再予刊行。〔註18〕嘉熙元年（西元 1237 年），陳塤始刊行象山弟子所輯之《語錄》。〔註19〕寶祐四年（西元 1256 年），謝奕樏、黃應龍始分別刻行《年譜》，此譜創稿於袁燮、傅子雲，由李子願彙編輯成。〔註20〕而陳振孫《直齋書錄解題》只云：「象山集二十八卷、外集四卷」，〔註21〕尚未著錄《語錄》及《年譜》。

降至元代，英宗至治三年（西元 1323 年）洪琳重刻文集、由吳澄作序，〔註22〕而諸家著錄大致仍是象山集二十八卷、外集四卷，〔註23〕雖亦有作外集五卷者，則係將謚議立為一卷所致。〔註24〕明代刻行漸多，最重要者為武

〔註17〕吳杰跋云：「右象山文安先生文集二十八卷、外集四卷，先生行狀附焉。杰聞建安狀元陳公子孫喜與人同其善，敬送上件文集，請用刊行，以與世之志學志道之士共之，仍以二賢謚議次于目錄之後，杰末學小子，竊以謂二議，一以為學得孟氏，一以為學非伊洛，此真得先生之心至論也，二賢可謂知人矣，覆議末章『伊川之言與孔孟不類』、『謂有子之言支離』、『謂太極之上不復更有無極』，未悉其用意何如？然其至論在此。嘉定庚辰秋九月，旴水吳杰謹識。」此跋見國立中央圖書館編：《國立中央圖書館善本序跋集錄・集部一》，頁 523。

〔註18〕見《陸九淵集・卷三十六》紹定四年條，頁 523。

〔註19〕見《陸九淵集・卷三十六》嘉熙元年條，頁 526。

〔註20〕包恢〈象山先生年譜後跋〉云：「文安陸先生之學……而不有年譜……金谿李君子願溯其淵源，緝而成編，矗若明備，恨久而未有鋟木以傳者，今年秋得臨川謝使君奕樏刻之於郡，以與文集并行，及冬又知衡山黃令君應龍得邑士劉君林，復刻行之，其間稍有增損，似去取詳略之尤宜……寶祐丙辰仲冬朔，後學包恢拜手敬書。」而李紱〈重刊象山先生年譜序〉云：「陸子年譜始創稿於高弟子袁正獻燮、傅琴山子雲，而彙編於李恭伯子願，宋寶祐四年劉應之林刻於衡陽。」此二文見陸九淵：《象山全集》書末所附。

〔註21〕見陳振孫：《直齋書錄解題・卷十八》，頁 1138。

〔註22〕吳澄序云：「至治癸丑金谿學者洪琳重刻文集於青田書院，樂順攜至京師請識其成」，見《陸九淵集》附錄一，頁 545。然考元英宗至治年間，當中並無癸丑，而至治三年為癸亥，則癸丑或誤。

〔註23〕如馬端臨《文獻通考・卷二百四十》，頁 1905 云：「象山集二十八卷、外集四卷」、《宋史・卷二百八》，頁 5378 云：「陸九淵象山集二十八卷、又外集四卷」，莫伯驥《五十萬卷藏書樓目錄初編・卷十七》，頁 2088 云：「元・方回《桐江續集・卷三》有送繆鳴陽六言詩云：陸象山文集二十八卷、袁燮序、外集四卷，楊簡所為行狀、孔熔所為謚議附……」。

〔註24〕彭元瑞：《欽定天祿琳琅書目・卷六・元版集部》，頁 499～501 云：「象山先生集三函十八冊，宋陸九淵著，正集二十八卷、外集五卷，共三十三卷，前宋楊簡、袁燮、吳杰三序……此書外集係五卷，其第五卷乃錄孔煒、丁端祖所撰謚議二篇，然則九淵外集仍止四卷也……外集卷五後有辛巳歲孟冬月安正書堂重刊木記，按嘉定十三年歲在庚辰，則木記所紀辛巳當為嘉定十四年，

宗正德十六年（西元 1521 年）李茂元刻本、及世宗嘉靖四十年（西元 1561 年）何吉陽刻本，前者由王守仁作序、後者由王宗沐作序，前者始將文集與語錄合併、〔註 25〕而後世將文集語錄和年譜合併則與後者關係密切。〔註 26〕另外，神宗萬曆二十五年（西元 1591 年）聶良杞取文集語錄年譜中之要者，編成《象山先生集要》八卷。〔註 27〕

　　清代刊刻較重要者為李紱將象山著作予以評點註解，由其孫李邦瑞請周毓齡重校、汪廷珍作序，於道光初刊行，此為《四部備要》本之所據。〔註 28〕另外，清人張師載、方宗誠、楊希閔、李紱，各有重編象山年譜，比舊譜稍加詳。〔註 29〕時至今日，宋元諸本已不可見，坊間印行則據明清諸本。〔註 30〕

但此書墨闇紙黝，絕非宋本，當屬元時翻刻之書。」

〔註 25〕聶良杞《陸象山集要·象山先生集要凡例》，頁 25 云：「考年譜，先生歿，子持之編文集，合三十二卷，其有語錄、有年譜，各為書以傳，余家藏成化間刻本，三書如故，正德間始併為全集，而年譜又別存之」。又《四庫全書總目提要·集部·別集類十三》，頁 3169～3170 云：「象山集二十八卷、外集四卷、附語錄四卷……其語錄四卷本於集外別行，正德辛巳撫州守李茂元重刻是集，乃并附集末，以成陸氏全書」。

〔註 26〕彭元瑞《欽定天祿琳瑯書目·卷十九·明版集部二》，頁 1726～1727 云：「象山先生全集……三十六卷……其後四卷，則孔煒撰諡議、丁端祖覆議、楊簡行狀、及其門人所編語錄也……此本嘉靖辛酉再刻，王宗沐序稱：『德安吉陽何先生，撫江西之明年，丕闡理學，乃改刻焉』，附錄徐階〈學則辨〉，蓋是時階方以講學執政，故引以為重也」。後來《四部叢刊》影印明嘉靖刊本，共三十六卷，其末四卷為諡議、語錄（二卷）、年譜，可知已併入年譜。

〔註 27〕聶良杞《陸象山集要·象山先生集要凡例》，頁 25 云：「竊見學士大夫，往往樂觀年譜，未必卒業全書，間有自為纂編，又多掛一漏萬，余小子是以忘其不肖，妄意此舉之日久矣。會中丞平湖仲鶴陸公，嘉惠來學，眖命下臨，因遂采三書之全，十得五六，名曰集要」。

〔註 28〕汪廷珍序云：「臨川李穆堂先生素佩陸，於其家得王文成公校本若干卷，為之評點，並詳註門人姓字里居，至是已百有餘年矣，未經刊布……」。見《陸九淵集》附錄一，頁 546。

〔註 29〕如李紱〈重刊象山先生年譜序〉云：「陸子年譜……其後陸氏家祠附刻於全集之末，凡集中所已見者輒加刪汰，止云見前某卷，以此施之著述文字可也，乃楊文元簡所撰行狀之辭亦不備載，則事實為不全矣。至先生之諸兄，為陸子淵源所自，復齋並稱二陸，合梭山稱三陸，其行實殆未可略，今悉為補入，而文字有當載者，亦附見焉。」見《象山全集》書末所附。

〔註 30〕關於臺灣現存象山著作諸版之館藏狀況，可以參見國立中央圖書館編輯：《臺灣公藏善本書目人名索引》，頁 699～700、王民信主編：《中國歷代詩文別集聯合書目》第七輯，頁 17～18。至於坊間印行者，如商務書局據四部叢刊本、世界書局據嘉靖何氏本，中華書局據四部備要本，里仁書局則以上海涵芬樓影印嘉靖本為底本，并參校另一嘉靖本、成化陸和刻本、正德李茂元刻本、

另外，《宋人小集》、《兩宋名賢小集・卷二百十三》、《宋元詩會・卷四十》中亦收有少量象山詩作，其中部分爲《陸九淵集》所無。綜觀象山之文字，諸版本大同小異，故版本問題應不致影響思想宏旨，然而在原初編輯遺文時，或已未能全備，〔註31〕所不存之部分是否關涉重大，則不予論斷。

萬曆周希旦刻本、道光槐堂書屋刻本而成。

〔註31〕陳榮捷：〈朱陸通訊詳述〉，《朱學論集》，頁 255 云：「《象山全集》所載涉于朱陸關係者，只錄其有利於己者，編《朱子文集》者恐亦不免偏見。」、頁264云：「陸函載于《象山全集》者六……陸譜略述者二……不知內容者一……稍知內容者十二」，可推測《陸九淵集》未盡收象山之文。

第二章　心即理

綜觀《陸九淵集》，可以「心」與「理」爲其思想核心，故本章即依「心」、「理」、「心與理之關係」、「心即理之意義」之次第逐層展開討論。

第一節　心與性

一、凡心

象山對「人」的理解，可以分爲「小體」、「凡心」、「本心」三者。〔註1〕

〔註1〕本文以爲象山論「心」，若析爲本心與凡心二義，則可較清楚理解，而一般論象山者，雖多只以象山之心爲道德主體心，然究其所論，多已指出或暗示象山之心有此二義。如：

（1）馮友蘭：《中國哲學史》，頁 940～941 認爲象山之心與朱子之心相同，心乃能思慮者、能發四端之情者。馮氏以朱陸二者之心相同，不當，然馮氏所謂思慮、四端之心，實可進而詳析爲二義。又李日章：〈陸象山「心」的思想之解析〉，《宋明理學研究》，頁 106 認爲心爲一能思之心與仁義之心。

（2）勞思光：《新編中國哲學史（三上）》，頁 358、382 認爲象山之「心」爲最高實有，乃含超驗義之主體，即指價值自覺，此外又有具體及特殊之心意狀態，當價值自覺昧時，心意狀態遂不正。

（3）黃公偉：《宋明清理學體系論史》，頁 247、252 則以爲象山是「心體性用」論，即以先天心體爲理道，後天心體爲知志思念之活動作用而有自主自明的知覺靈明，故即心之作用爲性。黃氏此說頗怪，蓋象山未說「心體性用」一詞，亦不說體用（唐君毅：《中國哲學原論·原教篇》，頁 503 已指出象山罕用體用二名），且象山主張心性是一：然而黃氏分先天心體與後天心體，似亦隱然以爲象山論心有二義。又孫振青：《宋明道學》，頁 415 認爲心有兩層意思，一爲心之體，一爲心之用，前者即理即性即四端，後者則是思。孫氏分體用，亦表示出象山之心有二義。至於林繼

　　所謂「小體」，即是耳目手足等等肢體器官，小體具有官能，如目可以視、足可以行之類，乃至於如食色之要求亦屬之。小體及其官能，皆是中性義，尚無涉於善惡等等之價值。至於「凡心」，象山並未使用此詞，然其稱「人心」或「心」者，有時即是此義，而普通常識所以為的心正是此者，故本文特以凡心為名。何謂凡心？凡心具有許多能力，例如：「能知」、「能藏」、「能動」、「能決」等等。象山云：

> 《書》曰：「思曰睿，睿作聖。」《孟子》曰：「思則得之。」學固不可以不思……《易》曰：「擬之而後言，議之而後動。」《孟子》曰：「權然後知輕重，度然後知長短，物皆然，心為甚。」《記》曰：「心誠求之，雖不中不遠矣。」日用之間，何適而非思也。(《陸九淵集‧卷三‧與劉深父》，頁34)

> 人之所喻，由其所習，所習由其所志。(《陸九淵集‧卷二十三‧白鹿洞書院論語講義》，頁275)

> 人不可以無所主，尤不可以主非其所主。蓋人而無所主，則倀倀然

平：《陸象山研究》，頁158～183 大意謂象山本心可分為現成的本心（即一般所謂的良心，如正義感、是非心之類）、本體的本心（即心體，其屬性為超時空、無形體、靈明、本然、圓滿、超認識、神不可測）、發用的本心（即由本體心發用而來的仁義禮智諸德）三者。林氏所言雖有三義，其實皆是本心一義而加以細分，此分法似太瑣碎，其他研究者亦少見採用此說。

(4) 吳爽熹：《陸王心學辨微》，頁23～24 謂象山之心有私欲之心與本體之心兩方面。又方蕙玲：《鵝湖爭議真諦之研究》，頁72～73 謂象山之心乃是思考活動的主體，其既以德性認知為學說目的，故認知主體排除情、才及利害部分，而專指能反而思之的道德認知部分，即仁義之心。

(5) 金東天：《象山的形上倫理說之探源》，頁10～11 謂象山之心，一指思官，一指道德之超越法則或原理，而以後者為多見。又如徐紀芳：《陸象山弟子研究》，頁102 認為象山所理解的「心」不單是「思之官」，更且是具有倫理本能的實體。又蒙培元：《理學的演變》，頁102 認為陸九淵所謂心就是認識器官，但又說心是主觀精神，即本體之心，而不單是物質之心。又張立文：《走向心學之路》，頁89 認為心一方面是知覺能力，是具有意識活動的主體精神；一方面是具有倫理道德屬性的主體意志。

大體上而言，一般所謂「思慮之心」、「具體心意狀態」、「人心」、「私欲之心」、「認識心」、「知覺主體」之類，義與本文「凡心」相近；至於一般所言「四端之心」、「超驗主體」、「先天心體」、「道德心」、「無限心」、「普遍心」、「道德理性」、「道德意志」、「道心」之類，則義與本文「本心」相關。

無所依歸，將至於無所不爲，斯固有所不可也。然至於主非其所主，則念慮云爲擧出於其心之所主，方且陷溺於其中而自以爲得……流而放僻邪侈，而不能以自反矣。當是時，其心之所主，無非物欲而已矣。（《陸九淵集・卷二十二・主忠信》，頁 373～374）

爲善爲公，心之正也；爲惡爲私，心之邪也。（《陸九淵集・卷二十・贈金谿砌街者》，頁 249）

心當論邪正，不可無也。（《陸九淵集・卷十一・與李宰（二）》，頁 149）

人能立志、能有所主、能發出言動行爲、能爲善爲惡，表示凡心有意志自由，可以發念慮、生信仰、作選擇、下決定，此即「能決」。凡心既能出言動行爲，則其必有能驅使小體之能力，此即「能動」。人能學習、能曉喻、能擬議、能權度，則凡心有理解、推理、感受、辨別、反省等等理性與感性之類的認識力，此即「能知」。而由習而喻、由權度而知、由擬議而行，則必有能容受藏納所經歷而來之資訊、所權度擬議之比較依據，此即「能藏」。至於所以能知、能藏、能動、能決之主人翁，則是凡心之「自我意識」。

凡心之自我意識，其活動爲一不間斷的「駕御」與「統合」過程。方便權說之，即自我意識藉由駕御知藏動決諸能以驅使小體，藉由知藏動決諸能與小體官能而感知或動作「事物」，此感知或動作之結果回傳，而由自我意識統合爲一體。此處所謂事物，包括外於人的事物、乃至於小體、凡心諸能與自我意識本身。此中，尚須再論駕御與統合二者。

所謂駕御，係指自我意識對凡心諸能的驅使，因此駕御可以說是自我意識的一種能力，既是能力，則必有驅使能力者，而驅使者必可發動是否驅使，如此則自我意識與凡心之能動、能決有何區別？所以不同者，即在於統合。其實單純之自我意識本身、知藏動決諸能、諸小體、外界事物、與活動結果之資訊，這些東西本是分離獨立之存在，自我意識將其化成整體，進而將此一整體視爲自我意識自身，於是形成具體之自我（亦即自我之中除單純之自我意識外，尚有了其它內容），此即是統合。因此，統合固然可以視爲一種能力，然而此一能力亦爲統合自身所消融（所謂消融即視爲自身、即是無能所、無對立、無分別），而上述駕御一能力亦爲統合所消融，當統合消融統合與駕御時，則自我意識只是渾無相對的自一。再進一步說，統合將單純之自我意識本身、知藏動決諸能、諸小體、外界事物、與活動結果之資訊，形成具體之自我，則具體自我因自我意識之故，其內容物亦無能所、無對立、無分別，

即自我意識與具體自我不再可分別，而只是單一自我。由此觀之，統合既是無能所、無分別的吸納消融，則人又何以能區別人與外物、乃至於做出上述對凡心與小體之種種分析呢？此則在於駕御。前文曾云自我意識駕御諸能以感知或動作事物，而事物包括外於人的事物、小體、凡心諸能、乃至於自我意識本身，則顯然將因「駕御」駕御了駕御與統合，而使諸事物互相展開作用，從而使自我意識產生種種的能所、對立、分別，於是使統合所建立之自我變得清晰起來，（例如自我意識駕御凡心之能知而反覺其自身），因此不但自我意識可以知覺、驅使、決定自身，且能對一切內在外在事物予以認識、分別、定位，而使產生一事物之關係網、或秩序觀成為可能。

總上所述，自我意識與凡心之知藏動決諸能並不相同，自我意識乃是一不間斷之駕御與統合活動的自身。駕御是一清晰作用，統合是一消融作用；有消融則自我始能存在，有清晰則自我始意識其存在；自我意識既存在而又意識其存在，則可以成為一主人翁，而為一般人日常生活之主宰。因此雖可說駕御及統合是自我意識的能力，實則自我意識亦只是一種純粹的活動，此活動之自身即是其能力、其能力即是其自身；而駕御與統合的活動是同時同地進行著、互相作用著，因統合而自我意識有自我，因駕御而自我意識有意識，統合使自我不致分裂，駕御使自我不渾同於物。

自我意識，表現在《陸九淵集》中，則是「自」、「己」、「我」或「某」之類的人稱代名詞，如：

> 方且陷溺於其中而自以為得。（《陸九淵集‧卷三十二‧主忠信》，頁 374）

> 人莫不有夸示己能之心……人皆惡人言己之短……。（《陸九淵集‧卷三十四》，頁 428）

> 四端皆我固有，全無增添。（《陸九淵集‧卷三十五》，頁 461）

> 吾家合族而食，每輪差子弟掌庫三年，某適當其職，所學大進。（《陸九淵集‧卷三十四》，頁 428）

此處的自、己、我、某即是自我意識，又如：

> 有學者終日聽話，忽請問曰：「如何是窮理盡性以至於命？」答曰：「吾友是泛然問，老夫卻不是泛然答……」（《陸九淵集‧卷三十四》，頁 428）

此處發問者與應答者，即是二個自我意識，一般人日常生活中，總是不離於此，而以之爲主宰。

如上所言，可知「凡心」，就其具知藏動決諸能而言，亦可以視爲某種小體，然以其尙具自我意識，故凡心至多只可視爲一甚特殊之小體，是以仍以區分小體與凡心爲宜。而小體及其官能、凡心之知藏動決諸能力與自我意識，實皆爲中性而無涉於善惡等等之價值，然此中卻存在著本質缺陷，使其活動之結果在價值上未必能理想，依照象山的用語，即是「氣質」、「習染」、「不思」、「物欲」、「意見」、「私」的問題，以下分別說明。

（一）氣質

凡心之知藏動決及小體之官能，就人這一物種而言，是在某一範圍之內而有個體差異的（如一般狀態下，跑步速度因人而異但亦不可能快過某一極限）；而凡心之自我意識亦有此種現象，即自我在駕御諸能力時有先天之傾向（如在未受訓練下，就有些嬰兒常與外界互動、有些則較不理會環境之異）、自我在統合爲一體時有結合力的強弱（如有些人先天對某些身中或身外事物，便易於認同而較無彼此或能所之分別）。因此合凡心及小體而表現出共同中的歧異，則是體力、才能、個性等等種種差別。象山云：

> 其人似多讀曾南豐、陳后山文，却是好時文秀才，觀此人之才，似亦有可用，終是氣格卑小。（《陸九淵集・卷六・與吳仲時》，頁 88）

> 故官人之才者，雖易以自見、易得盛譽，而無補風俗、無救大勢。至其不才，必至大亂。中人無以自立，皆從風而靡、隨波而流。守正而材術不足以自見者，其心僅不泯滅，而不復可伸，外之驅迫流狗者，亦不少矣。（《陸九淵集・卷五・與徐子宜（二）》，頁 68）

> 夫子曰：「民可使由之，不可使知之。」非聖人固不使之知也，若道之義，則彼民之愚，蓋有所不能知也。（《陸九淵集・卷二十九・使民宜之》，頁 340）

> 人之技能有優劣，德器有小大，不必齊也。（《陸九淵集・卷三十二・毋友不如己者》，頁 375）

此論人有才器智力之異，多以「才」字稱之。又云：

> 挺之氣質勁直，本無他病。（《陸九淵集・卷三・與曹挺之》，頁 38）

> 氣稟有厚薄、昏明、強柔、利鈍之殊。（《陸九淵集・卷六・與傅聖

謨（三）》，頁79）

某氣稟素弱，年十四五，手足未嘗溫煖，後以稍知所向，體力亦隨壯也。（《陸九淵集・卷十・與涂任伯》，頁135）

嘗讀〈洪範〉至於「沉潛剛克，高明柔克」之辭……夫文帝之爲君，固寬仁之君也，然其質不能不偏於柔……武帝之爲君，固英明之君也，然其質不能不偏於剛。（《陸九淵集・卷三十一・問漢文武之治》，頁370～371）

人之資質不同，有沉滯者、有輕揚者。（《陸九淵集・卷三十五》，頁451）

此「氣稟」、「資質」、或「氣質」諸詞，或指人之體能健康，或指才能，或指人之個性偏向。又云：

制子……初時與春弟蓁，春弟頗不能及，今年乃反出春弟之下，近旬日蓁甚進，春弟又稍不逮矣，凡此只在其精神之盛衰耳。（《陸九淵集・卷六・與包敏道（二）》，頁86）

尋常懈怠起時，或讀經史，或誦詩歌，或理會一事，或整肅几案筆硯，借此以助精彩。（《陸九淵集・卷三十五》，頁446）

有一段血氣，便有一段精神。有此精神，却不能用，反以害之。非是精神能害之，但以此精神，居廣居、立正位、行大道。（《陸九淵集・卷三十五》，頁451）

則「精神」、「精彩」似指人之專注力，與頭腦清醒、身體體力有關，近於今人日常語義。然而象山又云：

人精神千種萬般，夫道一而已矣。（《陸九淵集・卷三十五》，頁451）

顏子爲人最有精神，然用力甚難，仲弓精神不及顏子，然用力卻易。顏子當初仰高鑽堅，瞻前忽後，博文約禮，遍求力索，既竭其才，方如有所立卓爾……仲弓之爲人，則或人嘗謂「雍也仁而不佞」，仁者靜，不佞、無口才也，想其爲人，沖靜寡思，日用之間，自然合道……然顏子精神高，既磨礱得就，實則非仲弓所能及也。（《陸九淵集・卷三十四》，頁397）

顏子問仁之後，夫子許多事業，皆分付顏子了，故曰「用之則行，舍之則藏，惟我與爾有是」。顏子沒，夫子哭之曰「天喪予」，蓋夫

子事業自是無傳矣。曾子雖能傳其脉，然參也魯，豈能望顏子之素蓄？幸曾子傳之子思，子思傳之孟子，夫子之道，至孟子而一光。然夫子所分付顏子事業，亦竟不復傳也。（《陸九淵集·卷三十四》，頁397）

則精神似又指人之個性中的進取性格、且和才能智力有關，從而形成一種承擔力，故精神關係著具體功業之成就。以上才、氣質、精神種種，可籠統稱之爲氣質，而人之氣質，係由小體及凡心所致，其特點即是有限與有偏。

（二）習染

具體存在之人，其凡心與小體始終活動於有限之時空，故所接觸之事物並不全面，以致具體自我之所知所藏，皆爲有限有偏之資訊，而其所動所決，亦爲之有限有偏，象山稱此現象爲「風俗」、「事勢」、「聞見」。其云：

治古盛時，黎民於變，比屋可封，漢上游女如彼喬木，中林武夫可爲腹心……逮德下衰，此心不競，豪傑不興，皇極不建，賢智迷於會歸，庶民無所歸命。（《陸九淵集·卷十九·經德堂記》，頁235）

古者風俗醇厚，人雖有虛底精神，自然消了。後世風俗不如古，故被此一段精神爲害，難與語道。（《陸九淵集·卷三十四》，頁404）

風俗之所由來，非一日也……取士之科，久渝古制，馴致其弊，于今已劇……家藏其帙，人誦其言，而所汲汲者顧非其事……而舉世不以爲非，顧以爲常。（《陸九淵集·卷十九·貴溪重修縣學記》，頁237）

則所謂風俗殆指社會大環境的風氣、價值取向之類，此點在於強調人能接受社會化之過程而塑造出某種表現型態。又云：

郴據嶺爲荊湖南徼，宜章又郴之南徼，遠於衣冠商賈之都會，其民宜淳愿忠樸、顓蒙悍勁、而不能爲詐欺。不才之吏，不能教訓拊循其民，又重侵漁之，民不堪命，則應之以不肖，其勢然也。夫淳愿忠樸、顓蒙悍勁、而不能爲詐欺，此侵漁者之易於逞志，而其積之已甚，有所不堪，則不肖之心勇發而無所還忌，亦其勢然也。不數十年間，盜孽屢起，宜章以是負惡聲，有自來矣。（《陸九淵集·卷十九·宜章縣學記》，頁229）

則所謂事勢意指由於社會變遷所致之人事發展的客觀狀態、從而造成一種時代壓力或需求之類。又云：

學者規模，多係其聞見。孩提之童，未有傳習，豈能有是規模？是
故所習不可不謹。(《陸九淵集‧卷三十四》，頁 412)

則聞見意指後天經驗學習而來的常識、知識之類。總上所述種種，可以總名
之爲「漸習」或「習染」。習染之所以可能，正是由於人有凡心與小體。

（三）不思

「不思」則指自我意識未必充分活動。蓋自我意識雖可以駕御統合，卻
不能保證駕御充分、統合完全，如人駕御能知，可以從事理性思考，但不必
然能至於深度之理性思考；如人統合能知，然卻未必信任或服從理性，即不
將理性眞正視爲自我。關於不思，象山多連帶道德而爲言，如其云：

> 是心之稂莠，萌於交物之初，有滋而無芟，根固於怠忽，末蔓於馳騖，
> 深蒙密覆，良苗爲之不殖。(《陸九淵集‧卷十九‧敬齋記》，頁 228)

> 然人之生也，不能皆上智不惑。氣質偏弱，則耳目之官，不思而蔽
> 於物，物交物，則引之而已。由是向之所謂忠信者，流而放僻邪侈，
> 而不能以自反矣。當是時，其心之所主，無非物欲而已矣。(《陸九
> 淵集‧卷三十二‧主忠信》，頁 374)

> 不善之不可爲，非有所甚難知也。人亦未必不知，而至於甘爲不善
> 而不之改者，是無恥也……人之無恥者，盍亦於是而少致其思乎？
> (《陸九淵集‧卷三十二‧人不可以無恥（又）》，頁 376)

> 義理之在人心，實天之所與，而不可泯滅焉者也。彼其受蔽於物而
> 至於悖理違義，蓋亦弗思焉耳。誠能反而思之，則是非取舍蓋有隱
> 然而動，判然而明，決然而無疑者矣。(《陸九淵集‧卷三十二‧思
> 則得之》，頁 376)

此處交物的主人翁，則指凡心之自我意識；至於交物之時而怠忽馳騖，則指
自我意識活動並未充分，是以隨順小體官能之作用感受，而只專注流連於此
中，不復知道德之義理或雖知而不遵奉，於是至於悖理違義。此即是自我意
識未將道德之資訊或能力加以充分駕御統合，謂之「不思」。

（四）物欲、意見、私

以上所論之氣質、習染、不思三者，雖各自獨立，然其間又互相牽連。蓋
有某種偏向之氣質或習染，可以影響思或不思之表現；而氣質偏向、思或不思，

可以影響某種習染之深淺；而習染久暫、思或不思，則可影響氣質偏向的表現
與否。故此三因素交相作用之後，自我意識隨著活動的持續進行，不斷駕御統
合，而具體自我，其內容亦不斷變化，逐漸形成一「相對穩定」之狀態，即是
自我意識建立起具體自我之「大概規模」而有其慣性之「反應模式」。此中，所
謂相對穩定，意指實際只有甚少或局部的變化，而在可預測的未來，全面變化
只是可能但發生機率不高；所謂大概規模，意指具體自我之內容中的主要資訊
（如常識、知識、情緒、感情、經驗、信仰等等）；所謂反應模式，意指具體自
我的活動傾向（如思維習慣、感受習慣、行為習慣等等）。

此種穩定狀態不一定能理想，即其未必是凡心、小體之完全呈現，而只
是眾多可能狀態中的一種，因此成為一種局限，當其從事於某種具體應用時
（如宗教信仰、藝術創造、知識研究、謀衣謀食等等），此局限則表現出適合
與否，不適合者對此應用固為不佳，而適合者亦未必適合他種應用。就道德
實踐這一應用而言，象山云：

> 資稟好底人闊大，不小家相，不造作，閒引惹他都不起不動，自然
> 與道相近。資稟好底人，須見一面，自然識取，資稟與道相近。資
> 稟不好底人，自與道相遠，卻去鍛鍊。（《陸九淵集・卷三十五》，頁
> 462）

則是氣質表現出容易實現道德與否之傾向，而前文論氣質時曾謂顏子比仲
弓、曾子更能任平天下之大事，亦為一例。然而此種傾向是否必然呢？象山
云：

> 人生天地間，氣有清濁，心有智愚，行有賢不肖。必以二塗總之，
> 則宜賢者心必智、氣必清，不肖者心必愚、氣必濁，而乃有大不然
> 者。（《陸九淵集・卷六・與包詳道》，頁 80）

則二者之相關並非呈完全正相關，而象山更進一步指出：

> 學者之病，隨其氣質，千種萬態，何可勝窮？（《陸九淵集・卷五・
> 與呂子約》，頁 62）

> 風恬浪靜中，滋味深長。人資性長短雖不同，然同進一步則皆失，
> 同退一步則皆得。（《陸九淵集・卷三十五》，頁 458）

> 因嘆學者之難得云：「我與學者說話，精神稍高者或走了，低者至塌
> 了。」（《陸九淵集・卷三十四》，頁 404）

則不論氣質如何，皆不僅不能保證道德之實踐，而且似乎皆有妨害道德實踐

之可能。氣質與道德實踐的關聯之所以失去規律，正因尚有習染與不思二因
素存在，如象山云：

> 子貢在夫子之門，其才最高，夫子所以屬望磨礱之者甚至……當時
> 若磨礱得子貢就，則其才豈曾子之比。顏子既亡，而曾子以魯得之，
> 蓋子貢反爲聰明所累，卒不能知德也。(《陸九淵集・卷三十四》，頁
> 396～397)

> 夫子生於周季……而終不能使予、賜、偃、商、由、求之徒進於知
> 德，先入之難拔，積習之錮人，乃至於此。(《陸九淵集・卷十九・
> 經德堂記》，頁236)

即以子貢爲例，說明才高之好氣質不能表現道德，係因受先前習染之故，是
以新的磨礱難入；因其不思之故，故爲聰明阻礙了自我意識對道德之駕御統
合；而由此而致的具體自我已達穩態，建立起大概規模與反應模式，是以自
我之活動定型少變，終於不能知德。關於此種穩態之大概規模，可歸爲「物
欲」、「意見」二大類，而依此物欲與意見決定其反應模式。象山云：

> 愚不肖者之蔽在於物欲，賢者智者之蔽在於意見。(《陸九淵集・卷
> 一・與鄧文範》，頁11)

> 顏子之賢，夫子所屢歎，氣質之美，固絕人甚遠……以顏子之賢，
> 雖其知之未至、善之未明，亦必不至有聲色貨利之累、忿狠縱肆之
> 失，夫子答其問仁，乃有克己復禮之説。所謂己私者，非必如常人
> 所見之過惡而後爲己私也。己之未克，雖自命以仁義道德、自期以
> 可至聖賢之地者，皆其私也。顏子之所以異乎眾人者，爲其不安乎
> 此，極鑽仰之力，而不能自已，故卒能踐克己復禮之言，而知遂以
> 至，善遂以明也。若子貢之明達……夫子既沒，其傳乃不在子貢，
> 顧在曾子，私見之錮人，難於自知如此。(《陸九淵集・卷一・與胡
> 季隨（二）》，頁8)

所謂物欲，主要指追求名利、富貴、聲色等等之欲望，或暴力、易怒、狂妄、
放縱等等之情緒特質；所謂意見，則是堅持某些所見之經驗、知識、感情、
信仰等等爲絕對眞理，而這種堅持實際上未合乎眞相；因物欲之故，而有徵
逐算計之慣性反應；因意見之故，而有爭辯自是之定型表現。而物欲與意見
又涉及「私」，故物欲與意見亦稱爲「私欲」、「私見」，而私或稱「己私」、或
簡稱「己」。然則何謂私？象山又云：

今世人，淺之爲聲色臭味，進之爲富貴利達，又進之爲文章技藝，
又有一般人都不理會，卻談學問。吾總以一言斷之，曰：勝心。(《陸
九淵集·卷三十四》，頁 406)

有所蒙蔽，有所移奪，有所陷溺，則此心爲之不靈，此理爲之不明，
是謂不得其正……若愚不肖之不及，固未得其正，賢者智者之過失，
亦未得其正。溺於聲色貨利，狃於譎詐姦宄，牿於末節細行，流於
高論浮說，其智愚賢不肖，固有間矣，若是心之未得其正，蔽於其
私，而使此道之不明不行，則其爲病一也。(《陸九淵集·卷十一·
與李宰（二）》，頁 149～150)

綜合以上諸文，可知自命仁義、自期聖賢（即所謂「學問」）、貪利好色、忿
狠姦詐、保守規矩、放縱高談、文章技藝種種皆可以是私，即一切物欲與意
見皆可以是私，則私爲物欲與意見之共同點，而非某種具體之物欲或意見，
即「私」當指一種幽隱難察的自以爲是，故云「勝心」。且這種自以爲是，又
是肇因於蒙蔽、移奪、陷溺，則私實係自我意識的變質，即自我意識之統合
變質爲有取捨的堅執，而駕御變質爲有好惡的操控。變質的發生、取捨與好
惡標準的形成，則是由於氣質、習染、不思而生之蒙蔽、移奪、陷溺所致。
一旦有取捨則統合之消融有特定，有好惡則駕御之清晰有限制，於是自我意
識不但不能正視客觀的外在，亦不能察覺自身的主觀，從而其活動變成一種
狹隘的盲動。由我變質爲私，有了私，於是形成物欲和意見。所謂物欲其實
是中性義的凡心知藏動決與小體官能受到私的扭曲（如以官能而來的感覺爲
是，於是有貪好聲色之欲望），而意見則是經驗、感情、知識、信仰等等受到
私的誤執，所以物欲與意見之本質其實是私。

　　總上所述，因氣質、習染、不思而自我意識變質爲私，故有物欲與意見，
有物欲與意見，又從而加重其私，影響氣質、習染、不思之表現，凡此諸種，
互相牽連，故象山多兼合以立論。如其云：

物之所蔽，說之所迷，欲之所制，意之所羈，獨不可研極考竟，圖
所以去之，而顧安之乎？(《陸九淵集·卷十九·貴溪重修縣學記》，
頁 237)

氣有所蒙，物有所蔽，勢有所遷，習有所移，往而不返，迷而不解，
於是爲愚爲不肖，彝倫於是而斁，天命於是而悖。(《陸九淵集·卷
十九·武陵縣學記》，頁 238)

意即在此諸因素作用下而形成之具體自我，其應用於道德實踐時，將有不勝任之情況，故在道德價值上，人表現出不善或惡的具體行為。至此，當再詳論道德的問題，此涉及人之另一成分：「本心」。

二、本心

象山言心，實以「本心」之義者居多，本心或稱為「此心」、「人心」、「良心」、或逕稱為「心」。〔註2〕何謂本心？其云：

> 惻隱，仁之端也；羞惡，義之端也；辭讓，禮之端也；是非，智之端也。此即是本心。……是者知其為是，非者知其為非，此即敬仲本心。（《陸九淵集・卷三十六・乾道八年》，頁487～488）

> 孟子就四端上指示人，豈是人心只有這四端而已？又就乍見孺子入井皆有怵惕惻隱之心一端指示人，又得此心昭然，但能充此心足矣。（《陸九淵集・卷三十四》，頁423）

> 良知之端，形於愛敬，擴而充之，聖哲之所以為聖哲也。（《陸九淵集・卷十九・武陵縣學記》，頁238）

> 仁，人心也。（《陸九淵集・卷三十二・學問求放心》，頁373）

> 仁義者，人之本心也。（《陸九淵集・卷一・與趙監》，頁9）

> 呂伯恭為鵝湖之集，先兄復齋……方得一詩云：「孩提知愛長知欽，古聖相傳只此心……」……某云：「詩甚佳，但第二句微有未安。」……某和得家兄此詩云：「墟墓興哀宗廟欽，斯人千古不磨心……」（《陸九淵集・卷三十四》，頁427）

由以上諸條，可知本心即是生活中所表露之惻隱、羞惡、辭讓、是非、愛敬、哀欽種種，而為仁義道德之端始；或者說本心表露於此中；或者說本心即是仁義道德；而本心之特性則是成聖成賢之關鍵、但卻不須教學相傳而來、而是千古不磨的、常存不滅的。〔註3〕象山又云：

〔註2〕 賴永海：〈佛性、本心與良知──陸王心學與佛學〉，頁35認為象山之「心」指宇宙萬物的本體，「本心」則指天生的道德本能，二者不同。此說似待榷。

〔註3〕 對於象山不同意復齋之詩，學者有幾種相近而稍異的解釋。如林繼平：《陸象山研究》，頁265認為復齋只說到聖人分上，卻未說到一般人身上。如馮友蘭：《中國哲史新編》，頁206認為此心是天賦的，並不是古聖相傳的。如牟宗三：《從陸象山到劉蕺山》，頁86認為此心乃人人具有之永恒而普遍、超越而同一之本心，不必言傳；而關於以上二詩完整之翻譯解釋，亦可詳見此書頁84

此心之良，人所均有。(《陸九淵集・卷五・與徐子宜》，頁 67)

心只是一箇心。某之心，吾友之心，上而千百載聖賢之心，下而千

百載復有一聖賢，其心亦只如此。(《陸九淵集・卷三十五》，頁 444)

意即本心人人皆有皆同，非僅局限於少數聖賢身上，故本心是普遍的。又云：

四端皆我固有，全無增添。(《陸九淵集・卷三十五》，頁 461)

仁，人心也，心之在人，是人之所以為人，而與禽獸草木異焉者也。

(《陸九淵集・卷三十二・學問求放心》，頁 373)

則本心是人所本具而為人之特質、而有別於其他物種，此即內在於人、而非

後天塑成、非獲致於外之意。又云：

其他體盡有形，惟心無形。然何故能攝制人如此之甚？(《陸九淵集・

卷三十五》，頁 448)

心之所為，猶之能生之物得黃鍾大呂之氣，能養之至於必達，使瓦

石有所不能壓，重屋有所不能蔽。(《陸九淵集・卷十九・敬齋記》，

頁 228)

則本心是有作用的、能攝制人的、能生養的、可擴充的（前文有云「擴而充

之，聖哲之所以為聖哲」），則本心是活動的、變化的，非只是靜態存在而已。

至此，必須解答「人如何認識到本心而有以上對本心之種種描述」一問題，

若得其解，則當可更明白本心之意義。

　　人在日常生活各種情境中，表現出種種活動，比如見到孺子將入於井而

產生怵惕惻隱、看到宗祠而肅然起敬、看到墳墓而慘然哀傷、愛父母、敬兄

長，此中有感情；知是而是是、知非而非非、知羞惡而不為羞惡之事、知辭

讓而行辭讓，此中有理性與意志，亦即知為理性、行則是意志。這些感情、

理性、意志的活動是如何發生呢？茲舉孺子入井為例，餘可類推。首先必須

有具體的人事物，如孺子、井、將入、目擊者，而目擊者由其凡心之知藏動

決諸能、小體官能、與具體自我中之知識經驗，而察覺事態緊急，而怵惕惻

隱。此中，「察覺」是發生在自我意識處，而非知藏動決或小體處，知藏動決

與小體只負責資訊之傳輸與處理，並不具有最後之認識。在察覺之後，人又

　　～88，及吳有能：〈朱陸鵝湖之會唱和三詩新釋〉一文。至於錢穆：《朱子學
　　提綱》，頁 139 則認為復齋言古聖相傳只此心，則欲傳聖人之心，仍須讀聖人
　　之書，自不免留情傳注，寖及支離，象山改為斯人千古不磨心，則今日我之
　　心便是往日聖人之心，所謂此心同此理同，直從己心契入，豈不易簡。

興發起怵惕惻隱，此感情則是自我意識駕御凡心「能知」中的一能力所致，然則，自我意識何以會有此駕御之活動呢？顯然，自我意識並不是基於種種考慮（如同情孺子將有利可圖、或若不同情將有禍患等等），故不涉及小體、凡心之知藏動決，然而自我意識又只是單純之駕御統合的活動，則自我意識之自身不能決定怵惕惻隱之活動，故必是尚有凡心小體之外的存在，此即是本心，即自我意識受到本心的影響而後開始怵惕惻隱之活動。因此，怵惕惻隱為本心之發露處，即於孺子將入於井一情境中吾人可察覺本心之存在。同理，前文所說之哀欽、愛敬、是非、羞惡、辭讓，皆是本心之發露處，亦可知在這些例子以外，日常生活中有舉不盡的事例皆可見本心之發露，故說「孟子就四端上指示人，豈是人心只有這四端而已？又就乍見孺子入井皆有怵惕惻隱之心一端指示人」、「良知之端，形於愛敬」。

由惻隱可知有本心，然而是否人人皆有本心？就孺子入井一例而言，通常健康的成人會有惻隱，故這些人具有本心。然而部分健康的成人、稚齡的嬰幼兒、乃至於全聾全盲、老年痴呆、精神病、智障、植物人種種患者，不能因孺子入井而有惻隱，但是將會在其他情境、事例中，有惻隱或其他等等，而可知其有本心。蓋凡舉證以言人無本心者，皆不能證明人無本心，而只能說明人在某一情境中無本心之發露（如無惻隱之類）。在某一情境中無本心之發露，不足以證明在另一情境中本心亦不發露；且無本心之發露，亦不能證明無本心之存在。論者或謂前文既以本心之發露以證有本心，今又以無本心之發露不可證無本心，已犯循環論證之誤。其實，此疑不當，蓋本心不是凡心小體，故無本心之發露，可以凡心小體不在人之正常、健康、或成熟之狀態下而予以解釋，即凡心小體負責資訊之傳輸與處理，若不能勝任，自不能察覺情境或不受本心影響，故無本心之發露。此現象既能解釋，則人皆有本心可以成立，而且人人之本心必是相同，蓋所有的個體差異，皆在凡心小體處。因此，本心是人人皆有皆同的、普遍的，故說「此心之良，人均有之」、「心只是一箇心，某之心，吾友之心，上而千百載聖賢之心，下而千百載後有一聖賢，其心亦只如此」。本心既是普遍的而不是凡心小體，則本心自是先天即具而不待後天雕塑，故說「四端皆我固有，全無增添」、「斯人千古不磨心」、不須「古聖相傳」。

前文說自我意識受本心「影響」而後開始怵惕惻隱之活動，所謂影響，可從二方面來看。首先，自我意識不能拒絕此一本心之影響，亦不能改變本

心之實質，既無法拒絕亦不能改變，故云「能攝制人如此之甚」；其次，自我意識可以接受本心之影響，然而自我意識只是駕御統合之活動，故其接受本心之攝制，必是其駕御統合之活動可以施之於本心，故云本心可「擴而充之」、「猶能生之物」、「能養之於必達」。自我意識是人之主宰，然就本心之攝制自我意識而言，則本心才是真正之主人翁；但若就自我意識可以本心為其駕御統合之對象而言，則自我意識仍然是主人翁。以下分別說之。

首先，自我意識察覺到本心之攝制，始知一切道德價值之判斷（即人斷定如何是道德、如何是不道德之真正依據）、一切有道德意涵之活動（如四端、愛敬、哀欽）、一切具體之道德行為（如行仁義、博施濟眾），不過是自我意識受到本心攝制而產生的。在道德領域中，自我意識感覺自身宛如傀儡，而承認道德根源在於本心，故說「惻隱，仁之端也；羞惡，義之端也；辭讓，禮之端也；是非，智之端也。此即是本心。」、「仁義者，人之本心也」、「仁，人心也」，即：

（一）四端雖只是可察見本心發露之處，雖實為小體凡心與本心共同作用下之產物，然自我意識以本心攝制義故，亦必逕視四端之自身無異於本心，而凡心小體不過是共襄本心之盛舉；

（二）同理可知，仁義之具體道德行為，雖必有凡心小體之參與，然以本心攝制義故，自我意識必承認道德行為之自身可等同於本心；

（三）根本地看，自我意識之所以能認定惻隱羞惡辭讓是非之類為本心發露處，雖必有凡心小體諸能之助，但以本心攝制義故，亦必承認此乃自我意識以本心為判斷標準之結果，即不必質疑「自我意識如何在因其惻隱之類時，將其所察覺之攝制者斷定為本心」，因自我意識早已在本心攝制下，當其一見本心之發露，即知此為本心之發露，而若無本心之早已攝制自我意識，則自我意識於此時將只能知另有攝制者，而不能真知此攝制者為何，於是此攝制者將被自我意識定義為一種合理之預設，而不能完全地認識到此攝制者之全體；

（四）同理可知，自我意識之所以能認定惻隱羞惡辭讓是非之類為仁義禮智之端，亦必以本心之攝制而已知何謂仁義禮智，方能如此。

由以上所述，可以結論出：所謂「本心」，即是道德之根源；而以其攝制義故，自我意識可以宣稱本心即是道德之始與終，道德乃是本心一己之伸展

與朗現，凡心小體不過是勤王的附庸，一向貫徹王命而已。〔註4〕

　　其次，前段所言之種種，正是自我意識對本心之描述。其實，本心不是
自我意識，故其攝制不是駕御統合，而只是對自我意識有恒常不滅之持續作
用，既然不是駕御統合，則本心不會意識到本心自己，即本心不是人之另一
自我意識，即本心不是「我」。因此，嚴格說來，本心是不能計數的，故說「心
只是一箇心，某之心，吾友之心，上而千百載聖賢之心，下而千百載後有一
聖賢，其心亦只如此」。即人人皆有一自我意識，故世界上的自我意識為多、
不是一個，所謂「某」、「吾友」、「聖賢」皆有其自我意識；而所謂「心只是
一個」，雖可解釋為人人相同，但不妨亦可說成其數量為一不為多；而所謂「一
個」、「某之心」、「吾友之心」、「聖賢之心」，皆是以自我意識之立場來看待本
心的結果，其實若就本心之立場來看，本心是不能說出這些話的。所以，若
將本心視為人之真正的主人翁，其實正是由自我意識來看待本心所致，當自
我意識宣稱本心為主宰時，其意只是自我意識藉由凡心小體諸能而察覺到本
心之存在與攝制，而以其自身駕御統合之情形來類比或形容本心，才會如此
言說，而一旦如此說，則已暗示自我意識的主宰性質。而自我意識之主宰力
尚不僅此。前文曾述，凡心與小體有其本質缺陷，故所形成之具體自我，不
一定能適合於道德實踐。此正是自我意識為主人翁之現象，即自我意識雖受
本心之攝制，但其始終是一駕御統合之活動，故本心必為其一駕御統合之對
象，然而人以氣質、習染、不思之故，自我意識可變質為私，從而有了物欲
與意見，而使穩態下之具體自我中的自我意識不一定能充分駕御統合本心，
故使自我意識不易接受本心之攝制，而有惡之發生，即背反道德。故由自我
意識對本心之描述、與惡之出現，必須承認自我意識之主宰義，即其駕御統
合義。

　　雖然凡心小體此種缺陷是無法消除之本質，而有惡之發生，但是此缺陷
在道德實踐方面，卻可以超克，即是使之不表現、不妨礙；而超克之所以可
能，主因正是本心有攝制義、自我意識有駕御統合義，而助緣則是凡心小體
之諸能。象山云：

〔註4〕黃甲淵：《陸象山道德哲學之研究──以心即理為中心》，頁38～39 謂象山由
　　　　當下向外表露之道德情感見到先驗存有之本體，即本心，故本心為創造道德
　　　　之原理或實體。案本文以上數大段對本心之討論，見解不出黃氏，只是特別
　　　　輔以凡心為釋，而此中之種種陳述又實啟於「道德的形上學」中「逆覺體證」
　　　　之說，特此註明，而逆覺體證請見本文本章第三節。

田野隴畝之人，未嘗無尊君愛親之心，亦未嘗無尊君愛親之事，臣子之道，其端在是矣。然上無教，下無學，非獨不能推其所爲以至於全備，物蔽欲汩，推移之極，則所謂不能盡亡者，殆有時而亡矣，弒父與君，乃盡亡之時也……仁之在人，固不能泯然而盡亡，惟其不能依乎此以進於仁，而常違乎此而沒於不仁之地，故亦有頑然而不仁者耳。(《陸九淵集・卷二十一・論語説》，頁 263～264)

古之人自其身達之家國天下而無愧焉者，不失其本心而已……然或者過於勢而狃於習，則是心殆不可考……方其流之未遠，平居靜慮，或有感觸，豈能不怵惕於其心？至其同利相挺，同波相激，視己所行爲天下達道，訕侮正言，仇讎正士，則是心或幾乎泯矣……黃鍾大呂施宣於內，能生之物莫不萌芽，奏以大簇，助以夾鍾，則雖瓦石所壓，重屋所蔽，猶將必達。是心之存，苟得其養，勢豈能過之哉？(《陸九淵集・卷十九・敬齋記》，頁 227～228)

義理之在人心，實天之所與，而不可泯滅焉者也。彼其受蔽於物而至於悖理違義，蓋亦弗思焉耳。誠能反而思之，則是非取捨蓋有隱然而動、判然而明、決然而無疑者矣。(《陸九淵集・卷二十二・思則得之》，頁 376)

因爲不論具體自我之狀態如何，本心之攝制是恒常不滅的，故自我意識自能由凡心小體之助而接受、察覺到本心的作用或訊息（如平居靜慮之怵惕、見孺子入井之惻隱）、或者經由他人指導而知，從而修正其活動（如反而思之），逐漸改變其已形成之穩態下的具體自我，發展成一新穩態，於是可以勝任道德實踐。此中，主要關鍵在於自我意識能自己或經由學習而接受到本心，若無本心，則自我意識根本無此對象可駕御統合，豈有道德實踐之情形？而若無自我意識，又何必道德實踐？至於凡心小體則是輔助條件，即亦必須凡心小體無重大傷殘或精神障礙之類、且具體自我之穩態不是完全膠固定型（穩態雖是相對的，但不否認有極端情況），才有可能。〔註 5〕

　　由以上對人的分析，已討論了道德實踐中，惡的形成與善的可能，下文

〔註 5〕孫振青：《宋明道學》，頁 421 認爲氣稟之昏濁能否經後天改正，象山説得不夠清楚，正如天生愚笨或智識蔽塞之人，不易變爲天才。孫氏之言有理，其實不止象山，大部分宋明理學家似未注意此點，然而，吾人雖可說腦部殘障（如植物人）沒有凡心之正常活動，卻難說其無本心。

須再述本心與凡心之關係。吾人已知本心與凡心並不相同，然而象山云：

> 天理人欲之言，亦自不是至論。若天是理，人是欲，則是天人不同矣，此其原蓋出於老氏。〈樂記〉曰：「人生而靜，天之性也；感於物而動，性之欲也。物至知知，而後好惡形焉，不能反躬，天理滅矣。」天理人欲之言蓋出於此。〈樂記〉之言亦根於老氏。且如專言靜是天性，則動獨不是天性耶？《書》云：「人心惟危，道心惟微。」解者多指人心爲人欲，道心爲天理，此說非是。心一也，人安有二心？自人而言，則曰惟危；自道而言，則曰惟微。罔念作狂，克念作聖，非危乎？無聲無臭，無形無體，非微乎？因言莊子云：「眇乎小哉！以屬諸人；謷乎大哉！獨遊於天。」又曰：「天道之與人道也相遠矣。」是分明裂天人而爲二也。（《陸九淵集・卷三十四》，頁395～396）

依前文所言，不論是本心或凡心，當然不是人欲（物欲），故此處反對天理人欲之分，即反對有先天存在的人欲。依象山而言，先天而來的本心凡心與小體皆不是欲，欲是後起之不正常現象，故人原來只是一個天理而已，即人是理，不是欲，天人同一。然而其力主一心之說，其故安在？細究此段文意，人之本心當然只是一，不可能有分歧、有雜質，故非二；此本心不是凡心小體，故較難察覺，故是幽微；此本心不能保證其必充分實現，故是危殆，其所以如此，則當係人有凡心小體之故。因此，引文中所出現之「心」字，意皆指本心，而罔念克念之主人翁，則是自我意識，然文中卻不點出。若不考慮古人用語不嚴謹，則推測象山之用意，約有三端：〔註6〕

第一，基於現實效果的考量，若明說出人有本心凡心二者，則有人會認爲本心凡心不相屬，而以爲人未必應孜孜於道德實踐，如謂「分明裂天人而爲二」，正是基於此種顧忌。〔註7〕

〔註6〕張君勱：《新儒家思想史》，頁239～241大意謂朱熹用兩個層次解釋心的本質，即以「性即理」解釋心的一個層次，四端產生於此，而另一個層次只是知覺活動；象山則認爲此種形上形下、道心人心之劃分是多餘的，因爲心是唯一，只在一個自然層次上活動，無超越層次，象山將此兩層化爲一層，並未接近歐洲經驗主義者之說，卻使其接近菲希特（Fichte）唯心論。本文以爲象山未否定本心凡心之別，然其爲一心，則又有道理可說。

〔註7〕李鈞棫：《陸象山思想之研究》，頁14～15謂象山不分理欲、人心道心，蓋因不忍心戳破人性中的黑暗面，而只強調光明面來鼓舞提撕，只要人能成熟發展，則自不會耽於欲望，故不必從本質上討論理欲對立之問題。而謝偉光：

　　第二，凡心之自我意識有統合之活動，故必吸納本心而消融之，因此在具體自我中，實亦不需分別，故云：「人之本心……我固有之。」（《陸九淵集·卷一·與趙監》，頁 9）、「此心此理，我固有之。」（《陸九淵集·卷一·與姪孫濬》，頁 12）即在具體自我裏，不必意識到凡心本心之分，而只是一個整體的我。

　　第三，在道德實踐中，由自我意識觀之，若強調其駕御統合義，則本心為其駕御統合之對象而成為具體自我之一部分，故自我意識為主人翁；若強調本心之攝制義，則本心為主人翁，而凡心小體則是本心作用之對象，或者說是承載本心的載具。若以自我意識為主人，當其不適於道德實踐時，則可說是自我意識（及其所成之具體自我）有病有蔽，不能客觀地正視對象（本心），所以是對本心的一種傷害戕賊；若以本心為主人，當道德不能實踐時，則是載具（凡心小體）有蔽有病，而使本心受蔽受陷。故可知不論何者為道德實踐之主人，理皆可通，不過是對同一現象，所做之不同角度的觀察而已，故象山亦不甚區分二者。茲舉例明之。象山云：

> 孟子曰：……「人有四端，而自謂不能者，自賊者也。」人孰無心，道不外索，患在戕賊之耳、放失之耳。（《陸九淵集·卷五·與舒西美》，頁 63～64）

此處係以自我意識為主人，「自」即自我意識，而其中「心」字釋作本心。象山又云：

> 人非木石，安得無心？心於五官最尊大，〈洪範〉曰：「思曰睿，睿作聖。」《孟子》曰：「心之官則思，思則得之，不思則不得也。」又曰：「存乎人者，豈無仁義之心哉？」……四端者，即此心也；天之所以與我者，即此心也……有所蒙蔽，有所移奪，有所陷溺，則此心為之不靈，此理為之不明，是謂不得其正，其見乃邪見，其說乃邪說，一溺於此，不由講學，無自而復。故心當論邪正，不可無也。以為吾無心，此即邪說矣。若愚不肖之不及，固未得其正，賢者智者之過失，亦未得其正。溺於聲色貨利，狃於謅詐姦宄，牿於

《陸九淵哲學思想之研究》，頁 37 謂象山反對人心道心之別，蓋恐此將破壞天人合一之思想。又曾春海：《陸象山》，頁 76～77 認為象山所以反對人心道心之分，係因此乃人為之區分，而生命本為不可分割之整體，若著眼於此一分析，恐人成為自身生命之旁觀者。此三氏之說，亦是「基於現實的考量」一義。

末節細行，流於高論浮說，其智愚賢不肖，固有間矣，若是心之未
得其正，蔽於其私，而使此道之不明不行，則其爲病一也。(《陸九
淵集・卷十一・與李宰（二）》，頁149）

此處，可見象山不嚴分凡心本心而交雜言說，其中之「心」字，有的指凡心，
有的指本心，然若爲求一致，亦可以強調本心攝制義而皆釋作本心，即以本
心爲主人，因以本心爲主人，故原爲凡心能知之思，在道德實踐中，即成爲
本心活動之思（即有本心之思，方有凡心道德之思，故道德中之思即本心之
思）；而所謂心不靈、當論邪正、未得其正，則係有所蒙蔽、移奪、陷溺所致，
意即因載具有問題而令本心不彰，使人有邪見邪說，即其具體表現背離原始
本心；至於其見、其說、其私之「其」字，意指人，即在此種狀況下的人，
即具體自我。〔註8〕

　　總之，象山只說一心，雖其終未言明心有本心凡心之分，且整個《陸九
淵集》中有「心」字之處，大多釋作本心，然而若忽略象山思想中有凡心一
義，非僅難於解釋某些語句，且無法說明惡之形成，更不能理解其工夫論中
之種種主張，故本文析之如上。

三、人性

　　至此，則可討論象山論「性」之說法。考《朱子語類》載：

舜功云：「陸子靜不喜人説性。」曰：「怕只是自理會不曾分曉，怕
人問難。又長大了，不肯與人商量，故一截截斷了。然學而不論性，
不知所學何事？」〔註9〕

而明朝羅欽順亦言：

蓋心性至爲難明，象山之誤正在於此，故其發明心要，動輒數十百

〔註8〕宇野哲人：《中國哲學概論》，頁82認爲象山道心係由道體而言，人心係由備
　　　於人而言，用現今的話說，則象山所謂道心即大我，人心即小我。而唐君毅：
　　　《中國哲學原論・原性篇》，頁438～440大意謂象山所以反對天理人欲之分，
　　　蓋因如此則人心縱然一念警策而與天地相似，仍上有天理在此心之上，或下
　　　有人欲在此心之底，則心與理終不得爲一，不免自與理或欲成相對，此相對
　　　之感，足使此心再落於細小，而使其易簡直截之工夫爲不可能；故象山自此
　　　一本心之自降陷，以言物欲意見之起；自本心之自升起，以言其拔於物欲意
　　　見之外；又自本心之可降陷，以言其爲有危之人心者。又甲凱：《宋明心學述
　　　評》，頁14認爲因象山力主本心唯一不二，故對人心道心、天理人欲之分皆
　　　以爲不可。案此三氏之説，皆不立凡心一義，而只以本心爲主體。
〔註9〕見《朱子語類・卷一二四》，頁1191。

言，亹亹不倦，而言及於性者絕少，閒因學者有問，不得已而言之，只是枝梧籠罩過，並無實落，良由所見不的，是誠不得於言也。嘗考其言有云：「心即理也。」然則性果何物耶？又云：「在天者爲性，在人者爲心。」然則性果不在人耶？既不知性之爲性，舍靈覺即無以爲道矣。〔註10〕

就《陸九淵集》看來，象山誠是多談心而少談性，然而，是否因其不解心性之義而故作含糊？考象山有云：

> 告子與孟子並駕其說于天下，孟子將破其說，不得不就他所見處，細與他研磨。一次將杞柳來論，便就他杞柳上破其說；一次將湍水來論，便就他湍水上破其說；一次將生之謂性來論，又就他生之謂性上破其說；一次將仁內義外來論，又就他義外上破其說。窮究異端，要得恁地，使他無語始得。（《陸九淵集·卷三十四》，頁 426）

是則象山深知分析義理之必要，而談心論性亦不可無。象山又云：

> 誤解了《書》，謂「人心，人僞也；道心，天理也」，非是。人心，只是說大凡人之心。惟微，是精微，纔粗便不精微，謂人慾天理，非是。人亦有善有惡，天亦有善有惡（日月蝕、惡星之類），豈可以善皆歸之天，惡皆歸之人？（《陸九淵集·卷三十五》，頁 462～463）

> 韓退之原性，卻將氣質做性說了。（《陸九淵集·卷三十四》，頁 404）

> 且如情、性、心、才，都只是一般物事，言偶不同耳。……若必欲說時，則在天者爲性，在人者爲心。（《陸九淵集·卷三十五》，頁 444）

是象山認爲人並非純善無惡、而氣質不是人性、人之心性情才又只是一，故可知心既是性、而氣質是凡心小體所致，則人之性必是本心。因此，必須討論二問題：一是分析論辯既屬必需，何以不多言性？一是何以本心方是人性？推測其用意，殆與上文不分人心凡心之三理由相似，以下分別說之。

（一）象山云：

> 孟子曰：「言人之不善，當如後患何？」今人多失其旨。蓋孟子道性善，故言人無有不善。今若言人之不善，彼將甘爲不善，而以不善向汝，汝將何以待之？故曰：「當如後患何？」（《陸九淵集·卷三十

〔註10〕見羅欽順：《困知記·卷二》，頁 11。

四》，頁 410）

是則象山基於效果之考量，若以有惡之凡心小體爲性，則人缺乏爲善之動力，危害群體生活，故必以純善之本心爲性，方可無此流弊。象山又云：

> 〈告子〉一篇，自「牛山之木嘗美矣」以下，可常讀之，其浸灌培植之益，當日深日固也。其卷首與告子論性處，卻不必深考，恐其力量未到，則反惑亂精神，後日不患不通解。（《陸九淵集・卷七・與邵中孚》，頁 92）

語錄又載：

> 伯敏云：「如何是盡心？性、才、心、情如何分別？」先生云：「如吾友此言，又是枝葉……今之學者讀書，只是解字，更不求血脉。且如情性心才，都只是一般物事，言偶不同耳。」伯敏云：「莫是同出而異名否？」先生曰：「不須得說，說著便不是，將來只是騰口說，爲人不爲己。若理會得自家實處，他日自明。若必欲說時，則在天者爲性，在人者爲心，此蓋隨吾友而言，其實不須如此……『牛山之木』一段，血脉只在仁義上，『以爲未嘗有材焉』、『此豈山之性也哉』、『此豈人之情也哉』，是偶然說及，初不須分別。所以令吾友讀此者，蓋欲吾友知斧斤之害其材，有以警戒其心……聖賢急於教人，故以情、以性、以心、以才說與人，如何泥得？若老兄與別人說，定是說如何樣是心、如何樣是性、情與才，如此分明說得好，剗地不干我事，須是血脉骨髓、理會實處始得。」（《陸九淵集・卷三十五》，頁 444～445）

是則象山以爲析論心性問題，對於道德踐履之初學，恐有反效果，待實踐已至，自能通透，方論未遲，因此不必費力多言性，此中已涉及工夫問題，詳見下文第三章第一節論「讀書」處。〔註11〕

（二）若以自我意識爲主人時，象山云：

> 有善必有惡，眞如反覆手。然善卻自本然，惡卻是反了方有。（《陸九淵集・卷三十四》，頁 400）

> 人性本善，其不善者遷於物也。知物之爲害，而能自反，則知善者乃吾性之固有，循吾固有而進德，則沛然無他適矣。（《陸九淵集・

〔註11〕 夏君虞：《宋學概要》，頁 213 意謂只求理會實處，不必空言心性才情，這是陸門不言性的緣故。

卷三十四》，頁 416～417）

所謂善惡如反覆手，即以手喻自我意識，手能覆能反，猶如自我意識可充分或不充分進行駕御統合之活動，然（1）自我意識自身即是此活動，故當其充分活動時，為本然；若無活動或未完全活動，則為反本然；而（2）一旦充分活動，則人之一切成分必完全融成具體自我而不再可分離，故凡心、小體、本心皆只是一我，即心、性、情、才只是一般物事；（3）可是這些成分中，凡心小體皆屬中性義，只有本心方具有道德上善之價值，故具體自我變成善而非中性，（猶如一杯清水，一旦溶入一滴紅墨汁，則滿杯通紅），此係自然正常的狀態，故具體自我適於道德之時為本然，其不適合則是凡心發展不當而未能統合本心所致，故是反本然，因此本然之人性是善，即人性是善；而（4）人性是善，善由本心所決定，故本心是人之性，中性之凡心小體（即氣質），不能為人性。由此一推論，可知人之心性情才是一、性善、本心即性，因此，論心即可知性，故亦不必侈言論性。

　　（三）若以本心為主人，則凡心小體只是本心驅策之部屬，則真正的人是本心，故人之性是本心，氣質不得為人性；而本心是善，故人性是善。至於人之情、才，若解釋為具體之情緒情感、才能材質，〔註12〕則猶如服從的下屬即是長官之旨意，故氣質與本心無二別，即心性情才只是一般物事；而若將情、才解釋為本心自身之情實、良能，〔註13〕則心性情才亦只是一本心自己；而此二種解釋，皆可以本心之攝制義而皆予承認。〔註14〕因此，本心既是性、性善、心性情才是一，則言心即可，亦不必多著墨於論性。

　　由本節所論，可知象山言心性，義實兼及理學家所言義理之性與氣質之性，〔註15〕所異者為其只說氣質，而不說氣質之性，故如朱熹所謂：

〔註12〕如朱熹《孟子集注·卷十一》注「乃若其情」一句云：「情者，性之動也」；注「非才之罪」一句云：「才，猶材質，人之能也」。

〔註13〕如牟宗三：《心體與性體》第二冊，頁 190～192 即認為孟子之才，指性體之能，即不學而能的良能；而「乃若其情」之情，指性之情實，即性之實。

〔註14〕勞思光：《新編中國哲學史（三上）》，頁 390 認為就主體性著眼，則心性情才種種不同描述字，只表達從何方面看主體而已，究竟只是一主體，故不須分別。

〔註15〕謝无量：《中國哲學史》，頁 398 已指出：「象山言性，亦主孟子性善說……亦兼論氣質。」又蔣維喬：《中國哲學史綱要》，頁 380～381 意謂朱子的理氣二元論出來後，陸王二人還是同樣的主張，認為除了理以外，還有氣質在。又宇野哲人：《中國哲學概論》，頁 131 謂象山以吾人之心所以竟至和天理背馳的理由，在主觀方面，係由於氣稟的昏濁，在客觀方面，則為惡習陋俗使然，所謂氣稟的清濁，原係程朱所常言，而象山亦同樣加以承認。

陸子靜之學，看他千般萬般病，只在不知有氣稟之雜，把許多粗惡底氣，都把做心之妙理，合當恁地自然做將去……看來這錯處只在不知有氣稟之性……孟子不說到氣一截，所以說萬千與告子幾箇，然終不得他分曉。告子以後，如荀楊之徒，皆是把氣做性說了。〔註16〕

這便是以爲「象山對自然生命之氣性，其生成、內容、機能、特徵、作用、與本心之互動關係如何，皆未客觀平實探討，而只論本心，掛一漏萬」。〔註17〕由以上所論，可知此種說法，應係誤會。〔註18〕

〔註16〕 見《朱子語類・卷一二四》，頁 1192～1193。

〔註17〕 此約述曾春海：《陸象山》，頁 54 之語。又蔡元培：《中國倫理學史》，頁 116～117 意謂象山既不認理欲之別，則必無不善，而何以有不善之資及漸習，固未暇研究，故不知不覺間，由一元論蛻爲二元論，與孟子同病。李日章：〈陸象山「心」的思想之解析〉，《宋明理學研究》，頁 120 亦認爲氣稟、物欲與意見是什麼？又是如何而來？與心的關係如何？象山始終未論及，此實爲其學之一大漏洞。而韋政通：《中國思想史（下）》，頁 194 認爲象山由本心看人，所以人不是欲，人心也不是人欲，自然看輕德性工夫，眞是天眞，不能接觸現實人生中複雜的道德問題。又金東天：《象山的形上倫理說之探源》，頁 33～34 亦謂象山以形上方法找到道德之超越原理，但在惡的問題上，只就行爲上研究，不如朱子已進入形上本體論惡之根源而說「氣」。而林浩德：《陸象山心學研究》，頁 143 則謂象山雖提到氣稟，但只是一種認定，用以解釋智愚及個性，而未與其論本心、理、道，有任何關聯。

〔註18〕 勞思光：《新編中國哲學史（三上）》，頁 80～90 大意謂理學中凡持「天道觀」或「理氣對立」之說者，皆有理論上之困難；蓋天道觀以一切存有與價值皆由天道所決定，於是無法解釋人之活動何以可能違背天道，而天道之內容即「生」，然萬物之生必賴他物之死傷，故天道自身將成一「背反」之矛盾，終不能實踐善惡規範；至於理氣對立，以萬物雖受理之規定，但理須透過氣以實現萬物，因氣之阻礙而使理未能完全實現於萬有中，如此一來，既不能有理氣之外的第三者，則必致氣不受理之規定、理卻又能克服氣之矛盾；故唯有持「心性論」之說，認定一最高主體，以其「最高自由」或「究竟意義之主宰性」爲內容，則以其最高自由故，主體之正面活動即是理，主體之反面活動則是世界，故世界中有違理之成分，亦可有道德文化之努力。而吳盛林：《陸象山心學之研究》，頁 76～78、86～87 承勞氏之說而謂北宋諸子之形上思想，概以氣或心爲樞紐，以解釋何以有善惡之現象，皆不如象山特重本心主體性之無理論困難，蓋主體性以自由意志而顯，而善惡之產生，純是依自由意志之選擇而起，人之自由意志乃依於主體之價值取向，不須求諸客觀存有之天道或理。案勞吳之說似待榷，天道以生爲內容，此生不必是具體生命之存在，而可以是萬物變化現象所彰顯之純粹生命的抽象自身，故生物之生死相倚並不代表天道之背反，於是所謂人之活動違背天道，其實亦在天道之中，而人若知天道實質，必依天道而去惡從善；至於理氣對立，可以理爲生命現象所彰顯之生命本質，以

第二節　理

上節已述象山對「人」自身的討論，此處則論述人所生存之環境。人所生存的環境可歸爲宇宙及社會，前者是天然自成，後者是人文所造，觀象山對此之言論，可總結爲「理」之觀念。而象山「理」、「道」、「天」、「太極」諸詞，義常可通，〔註19〕故下文不別。分析其「理」，約有五義：實然、所以然、應然、理一而變、獨立，〔註20〕以下分別論之。

一、實然

象山云：

〔註19〕 理氣相合爲具體生命之存在暫態，故亦不矛盾；至於心性論之主體性亦非自由意志之選擇而有善惡，蓋本心雖亦可言是「自由意志」，然此乃自我意識以其自身來類比的形容詞，本心實非意志，然若必欲如此說亦可，但須知此本心之自由意志是指其能依其自身而普遍地、不斷地爲善（故曰自由），決不可能有爲惡之情形，故吳勞二氏所謂之自由意志乃是凡心之自由意志，非本心之自由意志，即其所謂主體似已是理氣相合下之心，且又謂主體有最高自由，似亦天道觀之所涵。故勞吳之說，似未足以難理學大家，且對象山或有誤解，象山其實在本心之外還有凡心小體之氣質。

〔註19〕 羅光：《中國哲學思想史·宋代篇》，頁647以爲理和道在主體方面，意義不同，理是人心之內、宇宙之間的原則，道則是在事物之內的應對事物之理，故象山只說人心即理、事外無道，不說人心即道、事外無理。而張立文：《走向心學之路》，頁106亦認爲理與道有差異處，理是宇宙萬物的規律和道德規範，道是宇宙萬物的一般規律和一般道德規範。張氏之意似以共同之理爲道，以分殊之理爲理，而羅氏之見恰相反，此正顯示出象山之理與道皆兼理一與分殊二義，故不必做此細分。錢穆：《中國思想通俗講話》，頁6、12～13、23～24、46指出東漢前重講「道」，東漢後重講「理」，道是常然與當然，理是所以然與必然，理是先於事物而存在，道是須待與活動而完成，然而，宋儒說「天理」，又以理之觀念代替古人「天」之觀念，中國人又抱持道理合一相成的宇宙觀，道即理，理即道，故道理雖可分而不必嚴分。又甲凱：《宋明心學述評》，頁13認爲象山理又稱爲道，名其實則曰「理」，從而行之則謂「道」。而李鈞械：《陸象山思想之研究》，頁10謂象山的理實際就是道，此因古人無精確用語之習慣。方蕙玲：《鵝湖爭議眞諦之研究》，頁110謂象山道、理、太極的内涵往往可以等同。黃甲淵：《陸象山道德哲學之研究——以心即理爲中心》，頁61謂象山不把道、太極、理分開講，三者是同體同實而異名之形上本體。張念誠：《象山人格教育思想之研究》，頁58謂「道」象山或以皇極、上帝、天，等語表示之。由此諸說觀之，爲免分疏之煩繞，可逕以理、道、天、太極無別。

〔註20〕 金東天：《象山的形上倫理說之探源》，頁24～25謂象山的理是具有先天性、普遍性、唯一性、無限性的宇宙超越原理或道德超越原理，且認爲理與氣是同一物。本文同之，而分成五端。

太極判而爲陰陽，陰陽播而爲五行。天一生水，地六成之；地二生火，天七成之；天三生木，地八成之；地四生金，天九成之；天五生土，地十成之。五奇天數，陽也；五偶地數，陰也。陰陽奇偶相與配合，而五行生成備矣。故太極判而爲陰陽，陰陽即太極也；陰陽播而爲五行，五行即陰陽也；塞宇宙之間，何往而非五行？水火金木土穀，謂之六府。土爰稼穡，穀即土也，以其民命所係，別爲一府，總之則五行也。（《陸九淵集・卷二十三・大學春秋講義》，頁 281～282）

有一物，必有上下，有左右，有前後，有首尾，有背面，有內外，有表裏，故有一必有二，故曰「一生二」。有上下、左右、首尾、前後、表裏，則必有中，中與兩端則爲三矣，故曰「二生三」。故太極不得不判爲兩儀，兩儀之分，天地既位，則人在其中矣。（《陸九淵集・卷二十一・三五以變錯綜其數》，頁 261）

人共生乎天地之間，無非同氣。（《陸九淵集・卷三十四》，頁 401）

陰陽一大氣，乾坤一大象。（《陸九淵集・卷三十四》，頁 425）

所謂「有一物，必有上下左右⋯⋯」、所謂「太極判而爲陰陽，陰陽播而爲五行」，著一「物」字、「判」字、「播」字，已隱然以太極、陰陽爲實質者。又以六府總爲五行、以五行爲塞宇宙，則五行當指宇宙萬物之形成素，而五行即陰陽、陰陽即太極，則太極陰陽五行皆爲同質，即太極與陰陽亦皆是形成素，只是其爲尚未分化或作用之形成素。此種形成素稱爲「氣」，故說「無非同氣」、「陰陽一大氣」，即太極、陰陽、五行、具體人物，皆是氣的不同狀態，故不論是將「氣」理解成一種粒子、〔註21〕或能量、或「一物之形式質料之存在性所在」、〔註22〕或者其他，皆涉及一廣義之物質觀念。而爲進一步解釋此種氣的分判、播遷、累積過程，則藉助「數」之觀念，絕對的「一」表太極，奇偶表陰陽，奇偶相配而成四象五行，又配成八卦方位圖、河圖，此種數論在解釋萬物之創化，而此亦非象山首創，《易傳》、漢儒、邵雍《皇極經世》即已有之，且更複雜於象山。〔註23〕如象山云：

〔註21〕 錢穆：《中國思想通俗講話》，頁 82～84 大意謂中國的「氣」包括兩個要義：極微的、能動的；分析宇宙物質至最後，得一極微相似、不可再分析的最先物質，乃是萬物之共同原始，此稱爲氣，極微相似的氣積而成變，而聚合分散，便開啟萬象萬物，亦即由量變而至質變，而氣之量即是「數」，故說「氣數」。

〔註22〕 引語見唐君毅：《中國哲學原論・導論篇》，頁 468。

〔註23〕 此處論象山以數說氣之分判並非首創，見羅光：《中國哲學思想史・宋代篇》，

數至四而五在其中矣。一與四自爲五，二與三自爲五。二與三，少陰少陽之裏也。一與四，老陰老陽之表也。五數既見，二得五爲七，三得五爲八，故七爲少陽，八爲少陰。一得五爲六，四得五爲九，故六爲老陰，九爲老陽。故七與八合，其數十五；六與九合，其數亦十五。少陰、少陽、老陰、老陽，是謂四象。（《陸九淵集·卷二十一·易數》，頁258）

三者，變之始；五者，變之終。……三象著於三才，五象上著五星，下著五嶽，總爲五方。五方之形，正分之亦四，隅分之亦四，五無分界，故天有四時。春木、夏火、秋金、冬水，而土寄旺四季……易有太極，是生兩儀，兩儀生四象，四象生八卦……十日者，陽也，乃二五之數。十二辰者，陰也，乃二六之數。天中數爲十日，地中數爲十二辰。五音六律，亦由是也。（《陸九淵集·卷二十一·易數（又）》，頁260～261）

載九履一，左三右七，二四爲肩，六八爲足，縱橫之數皆十五。（《陸九淵集·卷二十三·荊門軍上元設廳皇極講義》，頁286）

皆屬此類。〔註24〕總上所述，太極之義爲氣，可說是「一切事物之實然」。

二、所以然

象山云：

自形而上者言之謂之道，自形而下者言之謂之器，天地亦是器，其生覆形載必有理。（《陸九淵集·卷三十五》，頁476）

天覆地載，春生夏長，秋斂冬肅，俱此理。（《陸九淵集·卷三十五》，頁450）

數即理也，人不明理，如何明數？（《陸九淵集·卷三十五》，頁465）

由前已知數表萬物之生成過程。此云「不明理則不能明數，則數的演化，是由於理的規律如此」；〔註25〕又以爲自然界之生載，皆因有理；則理可說是「一切事物之所以然」。象山又云：

頁644～645與曾春海：《陸象山》，頁58～60。

〔註24〕象山此類言論，主要見於《陸九淵集·卷二十一》〈易數〉、〈三五以變錯綜其數〉二篇（頁258～263），原文較長，不擬細引，讀者可詳見原書。

〔註25〕引語見康雲山：《南宋心學易研究》，頁29。

易之大傳曰：「形而上者謂之道。」又曰：「一陰一陽之謂道。」一陰一陽已是形而上者，況太極乎！（《陸九淵集·卷二·與朱元晦》，頁 23）〔註 26〕

至如直以陰陽爲形器而不得爲道，此尤不敢聞命。易之爲道，一陰一陽而已，先後始終、動靜晦明、上下進退、往來闔闢、盈虛消長、尊卑貴賤、表裏隱顯、向背順逆、存亡得喪、出入行藏，何適而非一陰一陽哉？奇偶相尋，變化無窮，故曰：「其爲道也屢遷，變動不居，周流六虛，上下無常，剛柔相易，不可爲典要，惟變所適。」……今顧以陰陽爲非道而直謂之形器，其孰爲昧於道器之分哉？……亦知一陰一陽即是形而上者，必不至錯認太極別爲一物。（《陸九淵集·卷二·與朱元晦（二）》，頁 29）

〈大傳〉曰：「在天成象，在地成形。」又曰：「見乃謂之象，形乃謂之器。」見乎上者，可得而見矣，猶不謂之形，而謂之成象；必形乎下，可得而用者，乃始謂之器。《易》之言器，本於聖人備物致用，立成器以爲天下利。……故道者，形而上者也；器者，形而下者也。器由道者也。一陰一陽之謂道，繼之者善也。而謂其屬於形器，不得爲道，其爲昧於道器之分也甚矣。（《陸九淵集·卷三十六·淳熙十五年條》，頁 505～506）

總合以上諸條，可分解如下：

（一）形而上與形而下，就是指無形體與有形體；

（二）小至於一草一木，大至於天地，皆是有形之物，故皆是象或形而下之器；

（三）有形器物，其生覆形載之所以然，則是形而上的無形之理；

〔註 26〕《陸九淵集·卷二》〈與朱元晦〉二書，即是朱陸無極太極之辯。此一辯論，或以朱子勝；或以爲象山勝；或以爲雙方不得要領，二人之說並無根本區別，徒在文字繞纏，流於意氣，沒有多大意義；或以爲象山借題發揮，非在辯無極太極本身，意在期望朱子不可以知識之路講道德；或以爲此涉及道統之爭；或以爲此是二者思想系統不同所致（即理一元與理氣二元、或主體實有與客體實有）；或以爲此在討論無極一詞的儒家正統性……本文不處理朱陸此一爭辯，亦不問象山之說是否合於《易傳》原意，只欲由此中以直接討論其對宇宙形上之看法。唯馮友蘭：《中國哲學史新編》第五冊，頁 200 認爲象山眞正的意思不只反對無極而已，其眞意實在於反對太極，即萬化自萬化，不須有太極作爲萬化的根源。本文則與馮氏不同，蓋象山凡提及太極之處，似無否定意。

（四）陰陽無形，故爲形而上；

（五）有形器物之生覆形載，只是器物之時間、空間、形體……種種變化與現象，現象雖是繁雜多端，歸結起來不過是先後始終、動靜晦明、上下進退、盈虛消長、尊卑貴賤、表裏隱顯、存亡得喪……種種在時空關係中的相對，亦即描述任何一具體現象，可以聯結種種成對的狀態或概念，加以完整表達，所有成對的狀態或概念自身，正可化約爲單純的對立，亦即是陰陽，因此可以陰陽表達器物之生覆形載現象，即陰陽是器物生覆形載現象之所以然，而陰陽又是無形，故陰陽即是形而上之道；〔註27〕

（六）一般將陰陽釋爲氣，而據上文可知象山亦有以太極陰陽爲實然之氣，然而象山此處之陰陽是理，而太極是理之別名，所以說太極就是一陰一陽，不是在陰陽之外別有太極。

由上可知，此處之太極即陰陽，二者皆是所以然之理，並不是事物實然之氣。

三、應　然

象山云：

> 自有《大傳》，至今幾年，未聞有錯認太極別爲一物者……且「極」字亦不可以「形」字釋之。蓋極者，中也，言無極則是猶言無中也，是奚可哉？若懼學者泥於形器而申釋之，宜如《詩》言「上天之載」，而於下贊之曰「無聲無臭」可也，豈宜以無極字加於太極之上？（《陸九淵集・卷二・與朱元晦》，頁23～24）

> 「五皇極，皇建其有極，斂時五福，用敷錫厥庶民，惟時厥庶民，于汝極，錫汝保極。」皇，大也；極，中也。〈洪範〉九疇，五居其中，故謂之極。是極之大，充塞宇宙，天地以此而位，萬物以此而育……捨極而言福，是虛言也，是妄言也，是不明理也。惟皇上帝，

〔註27〕蔣維喬：《中國哲學史綱要》，頁393～394謂乾坤、開闔、動靜、陰陽，都是對待的名詞，也是對偶的法則，爲宇宙活動的規律，但總括起來，還是陰陽二端。曾春海：《陸象山》，頁61～62認爲現象界之事物在時間、空間中，往來不已於對待的兩端，乃因形上陰陽相運之故，即形上陰陽之理充塞於萬物之內，陰陽資以解釋一切發展與創造變化之原因，其本身具無窮潛相和動能。又顧春：〈陸象山教育哲學的本體論思想研究〉，頁39意謂道之內容多端，但就道、理之根本法則而言，則不出彼往此來、此往彼來、相即相離、相離相即之一陰一陽變化之理。此三說皆在說陰陽之道，此處之（五）點即依此三說而來。

降衷于下民，衷即極也……天之生斯民也，使先知覺後知……身或不壽，此心實壽；家或不富，此心實富；縱有患難，心實康寧。或爲國死事，殺身成仁，亦爲考終命……世俗不曉，只將目前富貴爲福，目前患難爲禍……愚人不能遷善遠罪，但貪求富貴，却祈神佛以求福，不知神佛在何處，何緣得福以與不善之人也。(《陸九淵集‧卷二十三‧荊門軍上元設廳皇極講義》，頁 284～285)

用中者雖異其時，獲吉者皆極其大。中之爲德，言其無適而不宜也……附麗者患不得中正，如所麗之中正，安往而不大吉哉？……然子思之言中，不獨有大中之說，而又有時中之論，蓋中而非其時，則烏在其爲中也……雖然，古之聖賢未有不中者，夫子之聖而卒於旅人，顏子之賢而終於陋巷，則所謂元吉者果安在哉？曰：孔顏萬世稱聖賢，吉孰大焉，若乃險賊而崇軒列鼎，吾見其益疾而已，未見其吉也。(《陸九淵集‧卷二十九‧黃裳元吉黃離元吉》，頁 338～339)

此理塞宇宙，誰能逃之？順之則吉，逆之則凶，其蒙蔽則爲昏愚，通徹則爲明智。昏愚者不見是理，故多逆以致凶；明智者見是理，故能順以致吉。(《陸九淵集‧卷二十一‧易說》，頁 257)

因此，太極不是「物」，而是「大中」，〔註28〕「中」即「無適而不宜」之意，而得中則吉，反中則凶，但是吉凶又非關於現實之生存幸福，則所謂理、太極、大中者，可說是「一切事物之應然」。〔註29〕故象山又云：

此理在宇宙間，未嘗有所隱遁，天地之所以爲天地者，順此理而無私焉耳。人與天地並立而爲三極，安得自私而不順此理哉？(《陸九淵集‧卷十一‧與朱濟道》，頁 142)

此理充塞宇宙，天地鬼神且不能違異，況於人乎！(《陸九淵集‧卷

〔註28〕朱熹於《朱文公文集》卷三十六之〈答陸子靜〉、卷七十二之〈皇極辨〉，皆反對象山以中訓極，本文不究論以中訓極之是非，而只直接討論象山的意思。

〔註29〕關於中，茲附幾種說法於下，以資參考。如陳榮捷：〈朱熹集新儒學之大成〉，《朱學論集》，頁 9 釋朱子之太極時認爲「中」非爲每一事物之形體之中，乃爲其品性之適中，爲其質地之無過與不及，爲其體性之內在，所以太極實指謂每一事物之最高理則。又方東美：《新儒哲學十八講》，頁 56～58 認爲宗教上玄秘經驗的中心，爲所崇祀的宇宙之最高眞相、最高價值，爲屬於理所不能企及的玄秘之一面，就稱爲大中。又李鈞棫：《陸象山思想之研究》，頁 10 謂中指不論在本質上、時間上、空間上的表現，都是毫無偏缺，貫穿內外、掌握形上形下。

十一·與吳子嗣（八）》，頁147）

吾所明之理，乃天下之正理、實理、常理、公理。所謂本諸身，證
諸庶民，考諸三王而不謬，建諸天地而不悖，質諸鬼神而無疑，百
世以俟聖人而不惑者……天下正理，不容有二，若明此理，天地不
能異此，鬼神不能異此，千古聖賢不能異此。（《陸九淵集·卷十五·
與陶贊仲（二）》，頁194）

道者，天下萬世之公理，而斯人之所共由者也。君有君道，臣有臣
道，父有父道，子有子道，莫不有道。（《陸九淵集·卷二十一·論
語說》，頁263）

此道充塞宇宙，天地順此而動，故日月不過，而四時不忒；聖人順
此而動，故刑罰清而民服。（《陸九淵集·卷十·與黃康年》，頁132）

典禮爵刑，莫非天理，〈洪範〉九疇，帝實錫之，古所謂憲章、法度、
典則者，皆此理也。（《陸九淵集·卷十九·荊國王文公祠堂記》，頁
233）

此即說明人文事物有其應然之理，自然事物亦有其應然之理，對於任何一事
物，皆有其自身應該依從之規範、律則，當順由之而不能違異。

四、理一而變

象山云：

語大，天下莫能載焉。道大無外，若能載，則有分限矣。語小，天
下莫能破焉。一事一物，纖悉微末，未嘗與道相離。（《陸九淵集·
卷三十五》，頁476）

吾嘗言天下有不易之理，是理有不窮之變，誠得其理，則變之不窮
者，皆理之不易者也。（《陸九淵集·卷二十一·易數》，頁259）

《易》之為書也，不可遠，為道也屢遷，變動不居，周流六虛，上
下無常，剛柔相易，不可為典要，惟變所適。臨深履薄，參前倚衡，
儆戒無虞，小心翼翼，道不可須臾離也。五典天敘，五禮天秩，〈洪
範〉九疇，帝用錫禹，傳在箕子，武王訪之，三代攸興，罔不克敬
典。不有斯人，孰足以語不可遠之書，而論屢遷之道也。其為道也
屢遷，不遷處；變動不居，居處；周流六虛，實處；上下無常，常

處；剛柔相易，不易處；不可爲典要，要處；惟變所適，不變處。(《陸
九淵集・卷三十四》，頁 416)

道塞宇宙，非有所隱遁。在天曰陰陽，在地曰柔剛，在人曰仁義。(《陸
九淵集・卷一・與趙監》，頁 9)

天下之理無窮，若以吾平生所經歷者言之，眞所謂伐南山之竹，不足
以受我辭。然其會歸，總在於此。(《陸九淵集・卷三十四》，頁 397)

意即一切事物有其自身具體之理，這些殊別之理雖數量眾多而各不相同，但
又源自一共同根源之理，無能出其籠罩，故可說「理一而有無窮之變」。

五、獨立

象山云：

人能弘道，非道弘人，此理在宇宙間，固不以人之明不明、行不行
而加損。(《陸九淵集・卷二・與朱元晦（二）》，頁 26)

道在天下，加之不可，損之不可，取之不可，舍之不可，要人自理
會。(《陸九淵集・卷三十五》，頁 434)

則事物不能改變理之自身，即理是獨立的。〔註30〕

合併以上理之五義，似乎其中頗有矛盾。比如：

（一）「應然」與「所以然」實屬不同之領域，若收歸於一理，則似有衝
突，例如具體之事物爲若不合乎應然，亦至少能有暫時之出現或存在，既出
現而存在，則亦是有其所以然，如此依所以然而不應然，似有衝突。

（二）又如太極既是事物之實然、所以然、應然，則事物當依太極而不
能異，於此又怎能說理爲獨立不因事物而改？蓋事物之活動即是太極，故事
物之變，即太極之變；事物既變，則太極已變。

（三）又如「理一而有無窮之變」，一理是如何變爲宇宙萬事萬物各自之
理呢？是否只是理自身的變化？或是須藉「氣」之不同而將理加以局限，從
而形成各自之理？是氣動理隨、抑或理動氣挾？若如此，則此氣與理又有何
關係？氣又來自那裏？〔註31〕

〔註30〕 曾春海：《陸象山》，頁 74 已指出理具有形上根基的意義，爲萬物所共具之普
遍性原理，係超越的客觀實有之理，非人所能改變，有時又稱爲「道」。

〔註31〕 孫振青：《宋明道學》，頁 414～415、420 指出象山云：「人非木石，安得無心？」
然而理只有一個，理展現爲天地萬物，如何人有本心而木石禽獸卻無，此無

　　（四）而象山一方面以太極爲所以然者的形而上之理，一方面又以太極
爲一陰一陽之氣，故學者或謂「象山哲學中只有一在時空之世界，則對於所
謂『無形而有理』者，自根本不能承認，蓋若以陰陽爲形而上者，則所謂形
而上者，亦在時空有具體的活動，與所謂形而下者，固同在一世界中也」、
〔註32〕或謂此是「體用不二，離用無所謂體，器即是道」、〔註33〕「道和器，
是相即而不相離，道器雖有形而上下之分，但形而上之道只能在形而下之器
中，而不能在形器之先、之外、之上」、〔註34〕或謂此是「不承認道器之分、
形上形下之分」。〔註35〕但是此種「理氣一元論」，〔註36〕逕將不同領域的
理和氣等同起來，是否有所矛盾、理會不澈？〔註37〕或者只是象山無意識
地受到傳統漢儒氣化論影響，而爲其思想之歧出？〔註38〕或者象山「只是
要爲宇宙萬物找到一個自然而合理的解釋，卻受其時代之知識局限，不以氣

必是木石禽獸之心因氣所蔽塞而不能顯現，此點象山未言明，亦未指出氣與
　　理、心有何關係、及氣之來源如何。而羅光：《中國哲學思想史‧宋代篇》，
　　頁 642 亦認爲象山未說明一絕對之理怎麼可以化生陰陽兩氣。又吳爽熹：《陸
　　王心學辨微》，頁 25 亦有類似之說。
〔註32〕見馮友蘭：《中國哲學史》，頁 942～943。
〔註33〕見戴君仁：〈朱陸辯太極圖說之經過及評議〉，《梅園論學集》，頁 220。
〔註34〕此爲蒙培元：《理學的演變》，頁 98～99 之意。
〔註35〕見馮友蘭：《中國哲學史新編》第五冊，頁 201。
〔註36〕夏君虞：《宋學概要》，頁 265、269 大意謂理氣一元論以理和氣本是一個，不
　　是二物，宋儒持此說者，只江西陸學一派。又謝偉光：《陸九淵哲學思想之研
　　究》，頁 28 亦謂象山以爲理和氣就是一個。
〔註37〕如蒙培元：《理學的演變》，頁 100 認爲象山既以道爲形上之理，又以道爲
　　一陰一陽之氣，此一思想自相矛盾，不如朱熹精密。而牟宗三：《心體與性
　　體》第一冊，頁 411～413 大意謂象山重視心體，而對於於穆不已之道體太
　　缺乏興趣，故于此方面學力不足，理會不澈，籠侗顢頇，出語有差，其以
　　陰陽爲道，甚誤，蓋道體非即陰陽之變動，至多只能以道體不離乎陰陽，
　　不可直以陰陽爲道體，且象山又說「天地亦是器，其生覆形載必有理」則
　　又似不直以陰陽爲道，凡此，可見象山之粗。而劉述先：《朱子哲學思想的
　　發展與完成》，頁 454 亦認爲由陰陽以識道則可，而直以陰陽爲道則不可，
　　道器兩層的分別必須維持住，此則無疑問者，概念分疏非象山所長，故其
　　思路不明澈。而羅光：《中國哲學思想史‧宋代篇》，頁 643 亦認爲易傳「一
　　陰一陽之謂道」是說所以有一陰一陽，乃是一種變易之理，並不是說陰陽
　　兩者實爲形上之道。
〔註38〕謝偉光：《陸九淵哲學思想之研究》，頁 25～26 謂象山雖承《易》而不言氣，
　　卻在大學春秋講義中承漢學談五行、讖諱，實爲瑕疵。而曾春海：《陸象山》，
　　頁 62 亦以爲象山對宇宙萬物化生過程，並未認眞思辯，其宇宙發生論之進路
　　不是其形上思想之主要思路。

化過程解釋人物之生，亦別無它途」？〔註39〕

　　凡此種種困難，象山似未予以澄清。

　　然而，推原象山之意，似乎：

　　（一）一方面在以對反的陰陽原則來表述現象界事物之活動原理，〔註40〕故其以陰陽是形而上的所以然之理。而「數」（案象山云：「數即理」）及「理一而變」則是輔助說明此種陰陽原理的另一種表述方式。則象山所謂「氣」，當不重其物質之意義，而是隨順或借用《尚書》、《易傳》之語句，來充實此種陰陽原理的具體內容。然而在《尚書》、《易傳》本身，卻是以氣化宇宙論式之萬物化生思路為主，故象山此舉，反易令人滋生誤解，而此似又暗示象山於此中不同型態之理論分際，尚未正面釐清。

　　（二）而在另一方面，象山似亦有意說明現象界事物之存有原理，其云「一陰一陽已是形而上者，況太極乎」、「惟皇上帝，降衷於下民」、「天之生斯民也」、及「理」之「獨立」，似皆在表達事物之存有根源，故所謂「上帝」、「天」當非傳統中人格神之信仰，而只係借用。故理是所以然之理，其義除了活動原理之外，又兼有存有原理之義，而此陰陽活動原理當依太極存有原理而來，即陰陽是用，太極是體，陰陽是太極之屬性。然而，象山畢竟未說體用，而又直以陰陽為道，則體用之分際其亦未嚴加區別。

　　（三）以上二點，當是象山形上學之主要義旨，至於其論「理」是應然之「大中」，則似非指涉現象界事物，而是轉論價值世界，則此時之理是應然之規範原理，而大中則是價值規範之根源、或完成價值之極致。然而，象山卻使用同一名詞「理」以指涉現象所以然、又指涉事物之應然，則其對存有與價值二大領域之區別，似又未嚴。

　　（四）此外，象山似未說明人是如何認識到理，而有以上之種種形容，故象山論「理」似乎帶有相當濃厚之假想性質，或許其只是略採宋儒之通說而來。又「太極」或「理」其具體內容未予正面討論，似乎只是象山思想中一未經嚴格證明之合理保證或預設，即吾人在觀前文所引象山之語句後，仍是不易澈底說出所謂事物之所以然與應然究係何指。而且象山又未詳細處理事物之具體樣

　　〔註39〕見劉述先：《朱子哲學思想的發展與完成》，頁535，劉氏之意原為朱子而發，此則借為指稱象山。

　　〔註40〕羅光：《中國哲學思想史·宋代篇》，頁646認為象山的「理」不是像黑格爾以一種絕對精神體充塞宇宙，也不像老莊以絕對實體的道充塞宇宙萬物，而是宇宙變易之道。羅氏所謂變易之道，殆即形下之器物的活動原理。

態及其特質，亦即對限制、決定具體存在事物的原理、材料與過程未予正視，當然或許象山實然之「氣」亦有此一理論意向，然總是稍略。因此，象山於此，並未建立一套完整而嚴格之哲學理論。〔註41〕

其實，象山之意亦不在建立理論，而只關心道德實踐之問題。〔註42〕故下節當進而論述「本心與理之關係」。而經過以上討論，或許對於一般研究者所謂「理爲自明、爲自足、爲眞實、爲無所不在、爲永恒與不變、爲一致、爲不增不損、爲事物本質之構成、創造之因、主宰萬物、宇宙秩序、自然法則」，〔註43〕所謂「理具客觀性、爲所以然者、具本體意義」，〔註44〕所謂理是條理與規範……等等抽象之解釋，或可更爲明白其旨。

第三節　本心與理之關係

一、本心即理

依前節所述，象山之「理」總覺其帶有預設性質、且對各種領域之分際不嚴，不禁稍感虛歉，所幸其言「本心即理」，舉出一實例來，而能一窺其立意。象山云：

> 蓋心，一心也；理，一理也。至當歸一，精義無二，此心此理，實不容有二……仁即此心也，此理也。求則得之，得此理也；先知者，知此理也；先覺者，覺此理也；愛其親者，此理也；敬其兄者，此理也；見孺子將入井而有怵惕惻隱之心者，此理也；可羞之事則羞

〔註41〕 蔣維喬：《中國哲學史綱要》，頁 382 意謂陸王對於本體論，實是語焉不詳，蓋因理學開始是偏重宇宙問題，經過相當時期，乃轉變爲討論認識問題，陸王出世較遲，乃注意認識問題，而對本體問題，只有傳承前人而未闡發。又顧春：〈陸象山教育哲學的本體論思想研究〉，頁 38 意謂象山於以道、理爲核心的宇宙本體念念不忘，但又蜻蜓點水一帶而過，未見深入的理論分析，其始終將天道與人道緊密聯繫，天道只是起點、鋪墊和過渡，人道才是鵠的，其論宇宙本體的眞正目的並不在於探究宇宙之然與所以然，而是在於由宇宙本體向道德本體推演，並由倫理本體推出教育本體，方是其宇宙本體論的本質所在。本文此第（四）點即依蔣顧二氏之說。

〔註42〕 請參看前註41顧春之說。

〔註43〕 見陳榮捷：〈朱熹集新儒學之大成〉，《朱學論集》，頁 6～7，陳氏原意在說明二程之理，此處移以總括一般研究者對象山之理的解釋。

〔註44〕 見蒙培元：《理學的演變》，頁 97。

之，可惡之事則惡之者，此理也；是知其爲是，非知其爲非，此理
也；宜辭而辭，宜遜而遜者，此理也；敬，此理也；義，亦此理也；
內，此理也；外，亦此理也……此吾之本心也，所謂安宅、正路者，
此也；所謂廣居、正位、大道者，此也。古人自得之，故有其實，
言理則是實理，言事則是實事，德則實德，行則實行。（《陸九淵集‧
卷一‧與曾宅之》，頁4～5）

四端者，即此心也；天之所以與我者，即此心也。人皆有是心，心
皆具是理，心即理也。（《陸九淵集‧卷十一‧與李宰（二）》，頁149）

象山集中正式言明「心即理」處雖僅一見於〈與李宰（二）〉書中，然當屬晚
年成熟之思想，〔註45〕此由〈與曾宅之〉書可證，〔註46〕蓋二者意同。而由
文義可知，此處所謂之「心」意指「本心」，而「理」則指人倫道德應然之理，
故「心即理」意爲本心就是道德應然之理。此一論斷，可由前文第一節論本
心之攝制得知，蓋道德活動之可能與出現，其決定因素係因人有本心，本心
爲一不得不服從之律則規範。故本心即理，非謂本心即於理而合理，乃本心
即是理、心就是理、心理爲一，不是心與理合而爲一，而是此心自身之自一。
〔註47〕然而象山又云：

理只在眼前，只是被人自蔽了……須是事事物物不放過，磨考其理。
且天下事事物物只有一理，無有二理，須要到其至一處。（《陸九淵
集‧卷三十五》，頁453）

古之君子，知固貴於博，然知盡天下事，只是此理。（《陸九淵集‧
卷三十五》，頁452）

此理在宇宙間，未嘗有所隱遁，天地之所以爲天地者，順此理而無
私焉耳。人與天地並立而爲三極，安得自私而不順此理哉？（《陸九
淵集‧卷十一‧與朱濟道》，頁142）

天之所以與我者，即此心也。人皆有是心，心皆具是理，心即理也。

〔註45〕石訓、姚瀛艇等著：《中國宋代哲學》，頁1125根據〈與李宰書（一）〉中提
及陳宰之事，而同卷〈與陳宰〉年譜繫於淳熙十五年戊申五月條下，則此〈與
李宰書（二）〉至少寫於該年，此時象山已年逾五十，故爲晚年成熟之文。

〔註46〕《陸九淵集‧卷三十六‧淳熙十六年條》，頁507記〈與曾宅之〉書作於象山
五十一歲，亦爲晚年成熟之作。

〔註47〕此論本心即理乃本心自身之自一，見牟宗三：《從陸象山到劉蕺山》，頁10、216。

（《陸九淵集·卷十一·與李宰（二）》，頁 149）

天之所以命我者不殊乎天。（《陸九淵集·卷三十五》，頁 439）

心之體甚大，若能盡我之心，便與天同。（《陸九淵集·卷三十五》，頁 444）

萬物森然於方寸之間，滿心而發，充塞宇宙，無非此理。（《陸九淵集·卷三十四》，頁 423）

四方上下曰宇，往古來今曰宙。宇宙便是吾心，吾心即是宇宙。（《陸九淵集·卷二十二·雜說》，頁 273）

塞宇宙一理耳。學者之所以學，欲明此理耳。此理之大豈有限量，程明道所謂有憾於天地，則大於天地者矣，謂此理也。三極皆同此理，而天爲尊，故曰「惟天爲大，惟堯則之」。五典乃天敘，五禮乃天秩，五服所彰乃天命，五刑所用乃天討。今學者能盡心知性，則是知天；存心養性，則是事天。人乃天之所生，性乃天之所命。（《陸九淵集·卷十二·與趙詠道（四）》，頁 161）

某聞諸父兄師友，道未有外乎其心者。自可欲之善，至於大而化之之聖、聖而不可知之神，皆吾心也。（《陸九淵集·卷十九·敬齋記》，頁 228）

《孟子》言「知天」，必曰「知其性，則知天矣」；言「事天」，必曰「養其性，所以事天也」。〈中庸〉言「贊天地之化育」，而必本之「能盡其性」。人之形體，與天地甚藐，而《孟子》〈中庸〉則云然者，豈固爲是闊誕以欺天下哉？誠以吾一性之外無餘理，能盡其性者，雖欲自異於天地，有不可得也。（《陸九淵集·卷三十·天地之性人爲貴論》，頁 347）

據此，則天地人三極皆順同一理，本心是天所與我者，而天所命我者與天不異，故本心不異於天，且盡本心則與天同，而宇宙便是吾心、吾心即是宇宙、心外無道、性外無理，則似乎象山認爲本心即是天（理、道、太極）而爲一切事物之應然、所以然、實然。故學者多謂「象山心比理高、心比理更根本」、〔註48〕「象山只是一心之朗現、一心之申展、一心之遍潤」、〔註49〕「心即

<hr>

〔註48〕見石訓、姚瀛艇等著：《中國宋代哲學》，頁 1124。
〔註49〕見牟宗三：《心體與性體》第一冊，頁 47。

理就是宇宙萬化萬理皆存乎一心」、〔註50〕「象山將仁義、陰陽、性理、人道、天地、自然、宇宙全部歸屬於同根同源、同辭同意的一心」、〔註51〕「象山的宇宙是一道德的宇宙，而且是唯一的宇宙」、〔註52〕「象山將本心視作宇宙萬事萬物產生及現存秩序的精神本原和存在基礎」……。〔註53〕但是象山又云：

> 仁，人心也，心之在人，是人之所以爲人，而與禽獸草木異焉者也，可放而不求哉？（《陸九淵集・卷三十二・學問求放心》，頁373）
>
> 道塞宇宙，非有所隱遁。在天曰陰陽，在地曰柔剛，在人曰仁義。故仁義者，人之本心也。（《陸九淵集・卷一・與趙監》，頁9）
>
> 儒者以人生天地之間，靈於萬物，貴於萬物，與天地並而爲三極。天有天道，地有地道，人有人道。人而不盡人道，不足與天地並。（《陸九淵集・卷二・與王順伯》，頁17）
>
> 人生天地之間，稟陰陽之和，抱五行之秀，其爲貴孰得而加焉？（《陸九淵集・卷三十・天地之性人爲貴論》，頁347）
>
> 位乎上而能覆物者，天也；位乎下而能載物者，地也。天地能覆載萬物，而成其能者則有待乎聖人。天地未嘗專之也，而覆載之功卒歸之天地，此天地之所以爲不可及也；聖人參天地而立，成天地之能，其智能非天下之敵也……大哉！天地、聖人之所以爲不可及者乎。（《陸九淵集・卷二十九・天地設位》，頁342～343）

文中之心指本心，而本心爲人所特有，並不爲禽獸草木所具，是則人以外之萬物並無本心；至於陰陽是天之理，柔剛是地之理，仁義是人之理，陰陽柔剛並不是仁義，仁義只是人之理，不是天地之理，且又是道所分化；而人異乎萬物，即人以其人道而靈貴於萬物、從而能與天地並立爲三極。由此觀之，則本心不當爲萬事萬物之理，而本心之上還有道。於是研究者頗困擾於「本心」與「理」究竟何者地位爲高、究竟何者包含何者。〔註54〕

〔註50〕見黃公偉：《宋明清理學體系論史》，頁244。

〔註51〕見姜允明：〈從心體的形上意義申論宋明心學中天人合一的理論基礎〉，《心學的現代詮釋》，頁98。

〔註52〕見韋政通：《中國思想史（下）》，頁1193。

〔註53〕見吳雁南：《心學與中國社會》，頁49。

〔註54〕象山心與理之關係，學者意見頗紛歧。如：

（1）陳鐘凡：《兩宋思想述評》，頁247謂象山合惟理主義、惟心主義，而有

「心即理」之言,更歸結於惟我主義。張起鈞、吳怡:《中國哲學史話》,頁 324 謂象山是「理一元論」。肖萐父、李錦全:《中國哲學史》,頁 91 則謂象山是「心一元論」。而宇野哲人:《中國哲學概論》,頁 68 意謂陸子雖然述說心即理,而他卻爲理一元論者,毋寧係詳說本體的理,而以此理即吾人之心,陽明固和象山相同述說心即理,但其所注重的毋寧爲心。

（2）勞思光:《新編中國哲學史（三上）》,頁 384～385 認爲象山之「理」觀念不如「心」觀念明確,理或指價值標準與規範、或指事物規律本性、或指規律義的共同之理、或指規律義的殊別之理,但言「心即理」時,指的是規範義之理,至於規律義之理亦應以心爲根源,則象山故當同意,然決不能證立此點,蓋此乃知識論之解析,非傳統儒學所有。又頁 67～72 大意謂「心性論」本身之理論已甚圓滿,不須再依於「天道觀」,蓋「存有」可分成「獨立意義之存有」與「依於主體性之存有」,心性論以主體性爲中心,故不必認定獨立於主體之外的存有,而存有若是依於主體性,則已爲心性論所涵;至於天道觀乃是存有與價值合一,此在實然界中不能成立,故天道必仍只取主體活動義,爲一理想方向或信仰,否則必有自身背反之情形（因若取獨立意義之存有,則一切既爲天道所決定,何以又有存有與價值不合之事實）,但如此一來,天道則可收攝於心性下,而無心性之外的地位可說。而勞氏:《新編中國哲學史（三下）》,頁 516～528 大意又謂孟子、象山、陽明一派心性論,雖透顯出主體性,然遺落「主體性之客觀化」問題,所謂客觀化,即是道德主體創造制度或秩序之間接活動,或者說是眾多主體之並立境域（即個人是一主體,他人亦是一主體,則人群生活乃是眾多主體並立）。

（3）錢穆:《中國思想史論叢（五）》,頁 264 指出在宋學第二、第三期裏,只有象山似乎淨盡擺脫宇宙本體論的束縛,其後楊簡、王陽明又不免邁進宇宙論範圍。又董金裕:〈楊簡的心學及其評價〉,頁 31、41 意謂象山之心有二點意義,一是宇宙萬物的本體,一是倫理道德的根源;而心所以有此地位,蓋因心具有此理之故,心之具有此理,又由於天所賦與;故心在其學並非第一義,須待後後來楊簡之深化,故楊簡在心學發展史上不可忽視。又徐紀芳:《陸象山弟子研究》,頁 137～138 認爲象山心學中仍有不純粹的「心」,其「理」似比「心」更廣泛而獨立,又沿用「氣」來解釋惡的產生,而楊簡之思想即在純化心學,使象山心學之唯心主義明確。

（4）林繼平:《陸象山研究》,頁 247～248 認爲象山愛將理歸併一路來說,雖肯定物理與事理之存在,卻將事理、人理、天理併爲「此理」以說,徒增混淆。又林浩德:《陸象山心學研究》,頁 38、53、56 大意謂象山只是說事物之理的本源和人心的本源是同一的理,並未混淆各種理,且不礙其各自獨立。又吳有能:〈朱陸鵝湖之會唱和三詩新釋〉,頁 39 謂象山之理固内在於心,但又何嘗否定宇宙大化流行中有一個理在,以理在心内,只是其論學所強調之一面。

（5）潘柏世:《象山心學之探討》,頁 55～56、61～62 大意謂吾人基於道德實感向天投射,因而肯定此天如何如何者,則其始終不脫其爲道德學;

推測象山之意，似有兩種立場：一是從客觀面討論事物之存在與活動的

故必需基於一個肯定，予一切存在以一根源性的解釋，方可成其爲存有論；而象山確曾深具存有論思維，其太極（皇極、上帝、天），即由存有論以確植道德之超越根據，雖未予明白的解釋而稍嫌不足，但已點明此進路，而使其系統圓融。

（6）吳爽熹：《陸王心學辨微》，頁 24、26～28 大意謂象山心和理不能劃等號；所謂心即理，心只是本然之心，非形體或私欲之心，理只是性理之理（人倫之理），非一切客觀事物之理；所謂萬物森然於方寸之間，此物意指事，非客觀之物，而因本體之理與性理之理本爲一體而互相貫通，依本體之理的整體其理互通之立場，故有此語。

（7）汪義麗：《象山心學在宋學中之歷史意義》，頁 120～124 大意謂象山只論主觀之妙用，不涉及客觀之存有一面，則其說只限於「人分」上，善乃須待人已生之後始定，而於緣起未有說明，於是，善在無超越而普遍意義下，其所得之天，只是一主觀化之人文天，而非宇宙緣起至善之天，故成爲一理境上之局限。

（8）孫效智：〈論朱陸異同與會通〉，頁 60 意謂象山心即理之「即」字係宋儒借用佛家語，意指「相即」而非「即是」；且象心原意亦非說心即是理，其云「滿心而發，無非是理」，若心等於理，則發字無從說起；而在義理上，價值性的理固以本心自覺爲基礎，但決不能忽略它的存有基礎，且朱陸均以太極爲萬有之理的終極根源，因此價值之理的終極基礎亦不當在主體之上，人性的自律性不能被絕對化，不能將價值的客觀秩序完排除，而只以超驗主體作其自圓自成的根本。

（9）祝平次：〈「性即理──心即理」與「理學──心學」──略論兩對判分程朱、陸王學說的概稱的使用〉，頁 109 謂「理」概念在象山思想中是否可被完全消納入「心」概念中頗可商榷。而成中英：〈原性與圓性：論性即理與心即理的分疏與融合問題〉，頁 63～65 意謂象山接受孟子的論證，人有心自覺其善端的體驗，故心爲善的顯示途徑，亦爲其主體，故可言心即理，然此「即」是心表露或顯現理的意思，是否有「等同」義或甚至以心來界定理，卻是值得探討；大概象山以心不僅意涵天理，且等同於理，但又並不全然以等同或相應於宇宙爲模式，其後演爲楊簡、陽明，顯明了心本體和宇宙本體合一的境界，但卻遺留三個問題：（a）未對心所原的性和天有所交代、（b）如何理解與認知物理、（c）天理或理是否僅限於良知。

（10）張立文：《走向心學之路》，頁 93、95、101、110～111、114 大意謂「心即理」中，心與理並不等同，而是心包理，心是體，理是心之用，心發用之理爲自然與社會之法則。然而「理」在象山哲學中是一不和諧的怪物，理充塞宇宙，似具有外於吾心之性格，然吾心與理又通融爲一，似乎心與理都是象山哲學之最高範疇，故有人以象山爲二元論者，其實象山談「理」，正是構築心學以與程朱理學相抗，欲以心去統一理，故必須先批判理學，因而談及理，故談理雖有損其哲學之完整，但又不能不談。

形上依據；另一則是從本心討論事物之圓滿歸趨。此二種立場於其文句中交雜並現，觀象山云：

> 人乃天之所生，性乃天之所命。自理而言，而曰大於天地，猶之可也。自人而言，則豈可言大於天地？（《陸九淵集・卷十二・與趙詠道（四）》，頁161）

即說明其有此二種立場，所謂「自理而言」，即是第二種立場，此可說是採取近乎價值的觀點，故說本心可括天地萬物；所謂「自人而言」，則是第一種立場，此可說是採取近乎存有的觀點，故說人不過天地間萬物之一。

依第一種立場，即是前節所述之道、理、天、太極，即是論事物之存有及活動原理（乃至於包括限制原理），以說明事物之所以然、實然，而人與本心亦可視為萬物，故必依此形上原理而有其存在與活動，故說「人乃天之所生，性乃天之所命」而不可「大於天地」，而整個宇宙皆是道所充塞，依此道此理而有仁義本心。此種道、理，可說是存有論義的道、理。

依第二種立場，則討論事物之存在與活動是否合理、是否應該、是否有價值、有目的、有意義，而斷定「本心即理」，此種道、理，可說是本心義的道、理。析言之，若只論事物之存有論義的道、理，並不能涵蓋事物應然的價值領域；而價值的原理，先就人類道德活動來看，善之價值原理即是本心，此由本心之攝制義可知；再進而觀之，人的活動中唯有善是以一切能存在為目的，即本心自身即欲令一切人事物得其存在與發展，故道德之本心可以超越上來，而為其他價值之理（如真、美）與存有論義的道、理之所因，蓋事物之所以然、實然、應然總是須不背於存在；於是進而仿照理性的認識，借用存有論之道、理諸名詞，以指稱此種意涵下的本心。因此，所謂「本心即理」，其狹義自是指本心即道德應然之理（如前引〈與曾宅之〉書），然由此狹義可進而指本心即眾理之理（如前引「萬物森然於方寸之間，滿心而發，充塞宇宙，無非此理」之類），以本心為眾理之理，而眾理各得其所、各遂其圓滿發展，並不是要取消眾理。〔註55〕

〔註55〕關於本心即理，陳榮捷：〈新儒學「理」之思想之演進〉，《王陽明與禪》，頁44指出：「陸象山……持『心即理』之說……但象山於其說之所以然，則未有闡明。」陳氏之說誠然，而學者則有幾種說明方式可參考，附記於此，如：
　（1）勞思光：《新編中國哲學史（三上）》，頁382認為心指價值自覺，以此價值自覺作為一切價值標準之根據，故云「心即理」。
　（2）張起鈞、吳怡：《中國哲學史話》，頁323～324意謂象山首先將太極、

由以上所論，可知象山既採取第一種立場，則不抹殺事物之客觀地位，

理、氣捏成一個理，成爲「理一元論」，只承認宇宙爲理所充塞，再用理溝通宇宙和人心，因宇宙只是一理，而理本具於人心，人心只是此理。

（3）楊祖漢：〈陸象山的直指本心〉，頁 39～40 謂人在本心流露的刹那實感下，以爲宇宙間並無別的道理、別的價值，比我當下的感受真實，於是良心便是人的本性，而創造人的主宰亦以此爲本性，整個宇宙的產生必然是爲實現此刻心所呈現的道德價值，故天是道德價值的自身、一切物由此道德價值生出，故心即理。

（4）謝偉光：《陸九淵哲學思想之研究》，頁 39 謂因心是至靈、至仁、至良、至善，理是至明、至仁、至公、至常，且又將心網羅到理內，又不言氣，故心與理一。

（5）潘柏世：《象山心學之探討》，頁 14、28、34、43 大意謂理有「實有」與「實感」兩層意義。循於吾心之存養擴充處以爲指點，最後達於吾心即宇宙，乃實感之路；循於吾心所不容已於實事實行處，有以見乎此理之確具成己成物之實者，則是實有之路。實感是主觀呈現於內的感動，而當體肯定此感動（即是心）不殊於感動之能力或原理（即是理）；實有是尋求客觀面之依據，即於此心開出實事實行的功能上確定。由此二路，故心即理。而象山基本上以實感之路爲著腳處，實有一路則較少。

（6）方蕙玲：《鵝湖爭議真諦之研究》，頁 80～82、99～100 謂象山之本心乃是自由與規律的共存（因本心可自由發出道德規律），而道（或理）雖是形上存有，卻在時空之內，其表現爲時空之規律性，又超越此規律，而有無限實現的可能而具自由性，故道的特性完全符合本心特性；且人與萬物同在宇宙之規律中，而本心既是規律，則心與理乃合一而互相涵攝，故二者爲一，而萬物存在之理包含於一心之中。

（7）金東天：《象山的形上倫理說之探源》，頁 25 謂象山既謂心爲道德超越原理或法則，又假設理亦是宇宙之超越原理或道德之超越原理，爲避免自我矛盾，必須承認兩者是一物。

（8）林浩德：《陸象山心學研究》，頁 49～50 謂心是天所與的而具有理，但不因人之有限而稟賦之理亦有限，故心即理。

（9）黃甲淵：《陸象山道德哲學之研究──以心即理爲中心》，頁 82 謂心是道德心，理是道德法則，故（a）從邏輯概念上言，心概念包含於理概念，理概念包含於心概念，故心理同值；（b）從外延形式上言，心是唯一的、絕對的、普遍的、永恒的、內在本有的形上實體，理亦如此，故心即理；（c）從本質內容意義上言，心是道德與萬物創生的實體、法則，理亦如此，故心即理；（d）但象山不從以上三點來說，而是直接本於道德實踐所得體悟而言心即理，其先證悟吾心之周遍、永恒、絕對、無限之價值性，當下體悟吾心所發現之理爲至極之理，故說心即理。

（10）「道德的形上學」與「唯心論」，此二說詳見下文。又以上楊、潘、黃氏之說應亦屬於「道德的形上學」之思路。

故象山要在本心之外，談氣質、習染、不思、物欲、意見、理、道、天、太極、陰陽、氣、數，依形上根源之保障而一切事物各有其客觀自身具體之應然、所以然、實然。另一方面，象山採取第二種立場，先由道德活動出發，進而以本心涵攝一切理，跨過事物之種種具體存在與活動、差異與分殊，逕入一存有與價值統一的圓滿境界，故其不分人心道心、本心凡心、天理人欲、動靜、心性情才、形上形下、體用、道器、理氣、應然與所以然與實然、宇宙論與存有論、存有原理與活動原理（與限制原理）、本心與理，而全滾一起，實因專注此中，則不必分別，亦不能分別，並非象山真未意識到此中領域之分殊、或徒襲人言又駁雜不清。

象山的這兩個立場，其實並不衝突，而是各有其出發點，若知其分際，則不惑於象山究竟是心、還是理在其思想中具最高地位；而且，此兩種立場，在實踐過程中，確有兼立之必要，以下再略說之。蓋人類一切的活動，總是須兼及道德，方可感覺徹底圓滿，如象山云：

> 常人所欲在富，君子所貴在德。士庶人有德，能保其身；卿大夫有德，能保其家；諸侯有德，能保其國；天子有德，能保其天下。無德而富，徒增其過惡，重後日之禍患，今日雖富，豈能長保？（《陸九淵集・卷二十二・雜說》，頁 274）

> 竊謂理勢二字，當辨賓主。天下何嘗無勢，勢出於理，則理為之主，勢為之賓，天下如此則為有道之世，國如此則為有道之國，家如此則為有道之家，人如此則為有道之人，反是則為無道。當無道時，小人在位，君子在野，小人志得意滿，君子阨窮禍患，甚者在囹圄、伏刀鋸、投荒裔，當此之時，則勢專為主，群小熾然，但論勢不論理，故平皆深惡論勢之人。今門下肯相與扶持此理，洗濯流俗之習，以理處心，以理論事，何幸如之！（《陸九淵集・卷十二・與劉伯協》，頁 168）

> 主於道，則欲消而藝亦可進；主於藝，則欲熾而道亡，藝亦不進。（《陸九淵集・卷二十二・雜說》，頁 272）

> 以道制欲，則樂而不厭；以欲忘道，則惑而不樂。（《陸九淵集・卷二十二・雜說》，頁 272）

此中即以富貴、政治、藝、欲為例，說明事物在人類活動中雖有其自身客觀

地位，然而這種種活動終是涵於生命活動之中，因此亦將以生命活動之最終目的爲依歸，而生命活動之最終目的即是存在與發展，在人則是須以道德之本心始能爲存在與發展之根本基礎，以化解彼此之衝突與傷害，故本心涵蓋、保障、圓成人類一切活動。故象山云：

> 道外無事，事外無道。(《陸九淵集‧卷三十四》，頁 395)

> 理只在眼前，只是被人自蔽了……須是事事物物不放過，磨考其理。
> 且天下事事物物只有一理，無有二理，須要到其至一處。(《陸九淵集‧卷三十五》，頁 453)

> 古之君子，知固貴於博，然知盡天下事，只是此理。(《陸九淵集‧卷三十五》，頁 452)

此處之道、理，係本心之義，非存有論義之道、理，而象山之意爲道事不離，即本心體現人類一切活動之最終目的。然而，現實中的人則常常不能達此體現，其云：

> 人能知與焉之過，無識知之病，則此心炯然，此理坦然，物各付物，會其有極，歸其有極矣。所過者化，所存者神，上下與天地同流，豈曰小補之哉？(《陸九淵集‧卷一‧與趙監(二)》，頁 10)

> 宇宙不曾限隔人，人自限隔宇宙。(《陸九淵集‧卷三十四》，頁 401)

> 道大，人自小之；道公，人自私之；道廣，人自狹之。(《陸九淵集‧卷三十五》，頁 448)

> 道遍滿天下，無些小空闕，四端萬善，皆天之所予，不勞人粧點，但是人自有病，與他相隔了。(《陸九淵集‧卷三十五》，頁 448)

> 道在宇宙間，何嘗有病，但人自有病。千古聖賢，只去人病，如何增損得道？(《陸九淵集‧卷三十四》，頁 395)

所謂「物各付物、會其有極、歸其有極，極者、中也」，[註56] 意即令一切事物得其適宜恰當之狀態而能存在與發展，而先決條件是人能「知與焉之過，無識知之病」，所謂「與焉」意即物欲，所謂「識知」即指意見。蓋自我意識因私而有物欲意見，而使自我意識不能完全駕御統合本心，致令本心對自我意識之攝制不彰不顯，於是自我意識不能使事物得其極、不能有承擔與創造，

〔註56〕見林繼平：《陸象山研究》，頁 127。以中訓極，爲象山一貫主張，故本文從林氏之說。

故說「宇宙不曾限隔人，人自限隔宇宙」、「道大，人自小之；道公，人自私之；道廣，人自狹之」、「人自有病，與他相隔了」。〔註57〕既然如此，則「只去人病」即可，而所去者只是物欲、意見、私，至於人之本心、事物自身具體之理皆未嘗改異，故說「又如何增損得道」。

因此，可知象山兼立兩種立場之必要。蓋一方面採取價值的立場，則依本心而可防止物欲意見之私以超克人自身之惡，且圓成一切事物，得其存在與發展；另一方面維持存有的立場，可以正視事物自身客觀之理，而逐漸解決人類對事物認識之不足；於是，人的問題與事物自身的問題皆有解決之可能與途徑，則人事物之存在與發展始真有具體實現之可能；而此兩種立場，固是相成，然亦可說是在價值的立場下，開出存有的立場，蓋價值的立場通向存有與價值統一之境界，而保證了存有的立場。因此，人由道德活動而自覺本心之攝制義，進而確定「本心即理」，而必有克服人自身與一切事物自身問題之承擔、行動、與創造，故象山云：

> 宇宙內事，是己分內事；己分內事，是宇宙內事。(《陸九淵集・卷二十二・雜說》，頁273)

此即「本心即理」所開展出的意義。於是可知，如謂「人性中之價值多樣，道德僅為其一，尚有愛美情操、智性活動、宗教意識等等，若將道德價值絕對化，則有礙人生多向度之豐富發展，終將格局窄小，不能在文化上廣大悉備、曲成萬物；且象山之『道』，既涵具天地萬物之根源義，則包括道德之理與非道德之理，然此二者如何區別？如何對應、互動、轉換、相攝？皆未明確處理，故雖言及統攝自然與人事的道，實只是虛說，其旨趣實以道之湧現於心上之道德原理為主，至於其他層面，缺乏認真討論，其論雖精彩感人，事實上並不完備」，〔註58〕此類見解，應是誤會。蓋象山本心並不只局限於狹義之具體道德行為，而是由此中再躍昇以涵括人類一切活動，指出最終之圓滿歸趨。

本心即理既如上述，而一般對心即理有兩種流行的詮釋：一是「道德的形上學」，一是「唯心論」，茲附述於下，以為結束。

〔註57〕馮友蘭：《中國哲學史新編》第五冊，頁204已指出限隔的根源即是「私」。

〔註58〕見曾春海：《陸象山》，頁54、64～65。又方東美：《新儒家哲學十八講》，頁76～78已認為宋儒固執於道德理性，對於人類欲望、情緒、情感這方面都不敢沾染，故其生命不能開放，反而萎縮，表現清教徒精神，不免成為憤世嫉俗的偏執狂，不能同文學、藝術及開闊的文化精神結合起來，造成一種萎縮的哲學思想體系。

二、道德的形上學

　　所謂「道德的形上學，即經由道德實踐的進路來接近或證成形上學」。
〔註 59〕即道德實踐者接觸到道德主體自身之嚴整而純粹的意義；同時亦充
其極，因宇宙的情懷，此一主體不只成就道德行為，而須頓時普為絕對之大
主，直透至形而上的、宇宙論的意義，成為宇宙萬物之實體、本體；更透過
實踐工夫，而以一德性人格將此一主體作出具體真實的表現，於是道德界之
應然與自然界之實然二者相契合，不只是理論上之可能，而是具體之真實。
〔註 60〕

　　詳言之，人經由「逆覺體證」而認識道德主體。蓋人有本心，本心之本
質作用即是具體而真實化之意志自律與自由，道德法則與道德行為即在本心
自立自發之具體而真實的呈現中，本心不會消失，只是會受利欲感性所蔽而
無力為主，然本心終是一活物，必將由潛隱狀態而呈露端倪，吾人於此，逆
平素汨沒陷溺之流而警覺之，察識此一良心之萌蘗，知其不為任何其他目的
而單是本心自身之不容已，斷定其異於私欲之端倪，而當下判開感性界與超
感性界，直接體證本心非一抽象概念，而實是一真實之呈現，痛知向來汨沒
本心之非，肯定人人皆有此不假外求之道德實踐能力，從而悟知呈露端倪者、
逆覺察識者、直接體證者、所覺所證者，皆是本心自身之活動而已，始知本
心為道德活動之主體，進知此一主體原來獨立而無所限制，終大悟道德本心
同時即形而上的宇宙心，本心頓時普而為萬物之體，體萬物而不遺，成為具
體而落實之無限，由單純之一心，攝盡無窮豐富與奧祕，而象山言「心之體
甚大，若能盡我之心，便與天同」，即是經由上述過程而至的圓頓之悟、直承
本心之坦然沛然而說出者。〔註 61〕

　　然則何以道德本心即形而上的宇宙心呢？蓋人之仁心有二特性：一曰
覺、二曰健，健為覺所涵，覺者、感通覺潤之意，健者、不息不已之意。此
覺是不安、不忍、悱惻之感，如時雨之潤，覺至何處即潤至何處，即使何處
有生意、透生機、能生長，故覺潤即起創生，而因不容已之健故，覺潤並無
極限，其極也必以天地萬物為一體，綜此覺潤與創生，故仁心為道德創造之

〔註 59〕見牟宗三：《心體與性體》第一冊，頁 9。

〔註 60〕此論實踐者由道德主體而契合應然與實然，詳見牟宗三：《心體與性體》第一
　　　　 冊，頁 116～117、138、322～323。

〔註 61〕此一段論逆覺體證，詳見牟宗三：《從陸象山到劉蕺山》，頁 10～12、126～128、
　　　　 164～172、229～231。

眞幾、而其遍潤遍攝一切則爲與物無對之絕對普遍的本體。〔註 62〕同時，觀此宇宙，山河大地變化無窮，萬物生生不息，當中似乎確有一種深邃的力量，永遠起著推動變化的作用，故知形上實體天道天命即是於穆不已、創生不已之眞幾，而仁心之感通、擴充、參贊化育之作用，亦無窮無盡，故仁心可視爲天道，於是天道與仁皆是一個創造原理、生化原理、道德創造之眞幾。〔註 63〕再言之，「感應於物而物皆得其所，則吾之行事亦皆純、而事亦得其理。就事言，良知是吾實踐德行之根據；就物言，良知是萬物存有論的根據。故主觀地說，是由仁心之感通而爲一體；而客觀地說，則此一體之仁心頓時即是天地萬物的生化之理。就成己而言，是道德實踐；就成物而言，是形上學。而在合內外之道的實踐下，即成一實踐的形上學、道德的形上學。成者，實現之謂也，即良知是實現原理，就成己言，是道德創造之原理，即引生德行之純亦不已；就成物言，是宇宙生化之理，亦即道德形上之存有論的原理，使物物皆如如地得其所而然其然，即良知之同於天命實體而於穆不已，故道德創造與宇宙生化是一，一是皆在良知之感應中朗現」。〔註 64〕

　　易言之：（一）就經驗角度來看，就一存在者而言，有其當然之理，此當然之理不能離此存在者而言，故當然之理爲一種存在之理；而存在者實現當然之理，就其自身與所成之事物而言，則其存在之理已是此當然之理；而實現者依此理故，亦必肯定、要求其他存在者亦得以存在以實現此理，此肯定與要求即是仁，故此理爲仁之理、爲對一切存在維持促進其存在的存在之理；而實現仁之理者，即在於超越個體之現實存在以成就其他存在，故仁之理即生之理，而一切事物皆在變化生發之過程中，即皆在對其現實狀態之存在有所超越，既皆是超越，則一切事物亦是本一生之理（即仁之理）而存在；（二）若再就先驗角度來看，就實現仁之理者而言，可殺身以成仁，即可失去此人身而有仁，則仁之理並非繫屬於我之爲人的特殊性，而只是繫屬於我之爲一存在之存在性，故仁之理非主觀之希望，而是超主觀有形上實義者；而仁之理雖呈現於仁者之自覺，然其實現此理時必忘此自覺，且亦樂觀他人之實現此理，即仁之理以成物爲必要屬性，不以自覺與否爲必要，則不可以有否自覺以斷事物有無此理，故

〔註 62〕此論仁心之二特性，見牟宗三：《心體與性體》第二冊，頁 223～224。
〔註 63〕此論由宇宙變化而知天道與仁皆是一創造原理，見牟宗三：《中國哲學的特質》，頁 27、43、71。
〔註 64〕見牟宗三：《從陸象山到劉蕺山》，頁 241～242。

一切存在者可有此生之理；（三）一切存在者的生之事，其存在與變化之所以可能，必須在其氣之先，有一形上的生之理爲氣之根據；而當謂一切存在者有其特殊之理時，則是必謂此存在者能實現此特殊之理，然特殊之理不涵必被實現，故必根據生之理而有其能實現之氣，則特殊之理只是生之理的一特殊表現方式；而存在者若有不仁不生之現象，則是氣之所限而致不能充盡此理，非別有一不生不仁之理。依此三點，〔註65〕可知仁之理是生生之理、是萬物之理，而本心既爲一物，則生生之理似超越於本心之上，依此理方有本心之活動。然而：（一）本心虛靈明覺，故能自覺此生生之理，既能知覺此理，則本心必超越此理，否則無法自覺到超越於其身之上者，然心與理二者不能互相超越，故必同一；（二）當人謂有此理時，則是本心已知覺此理，則是此理與本心俱呈俱現；（三）就本心之發於愛人成物之情之事上看來，在此行爲中，心到則理到，理到則心到，二者亦俱呈俱現，對俱呈俱現之最佳解釋，即是二者同一。〔註66〕故可結論本心即生生之理。但是「本心之即理，乃聖人體證所及，在學者則初只能由推論、分證、自信而契入，即由推論知心即理，再由自觀心與理之俱發發用以見其合一處，由此部分之證明而生自信，而直下說心即理，以此爲究竟而著手工夫修持，以至於全證本心之即理」。〔註67〕

因此，人類現實生活之種種具體活動，在直接的道德行爲方面，「本心在種種機緣下，自然自發地表現爲各種應事接物之道德法則，成爲實事實行，於是事事物物皆得其理，即是皆得其正、皆得其成，一切事物皆在本心潤澤中而得其眞實成就，此即道德之創生，即『心即理』之中心義蘊」。〔註68〕而

〔註65〕此三點，詳見唐君毅：《中國哲學原論・原道篇卷三》，頁 473～511。

〔註66〕此處論本心之三點，詳見唐君毅：《中國哲學原論・導論篇》，頁 505～507。

〔註67〕見唐君毅：《中國哲學原論・原教篇》，頁 500～501。

〔註68〕見蔡仁厚：《王陽明哲學》，頁 146～147。另外，曾春海：《陸象山》，頁 45～46、50、65、77～80、114 於此義言之稍詳，約述於下，以資參考，大意謂：象山之理，爲吾人生命所具之德性特徵，較側重於人情事故之理，即人事之理，人事之理實爲本心所涵所發用，故非由外面窮索而來的經驗知識之理，而是吾人本心於日用常行的人倫道德中，所感通透悟出的自覺之理。因此，理是心發用爲諸般道德活動之所以然，亦即超越的形上依據，從理而言，有此理，則心才有此種性而萌發出理所預定的活動方向和特質；從心而言，心之存在和活動的依據，當爲普遍而一致的規律、規範，即是理，是以象山之理，是指本心所涵具之一切潛在德性的統攝語辭。本心若寂然不動，則諸理蘊藏於心而不得見；本心之發用處，即理之顯示和存在處，故理依心而在、隨心而顯、是心感通事物的方式、是心的呈現方式。心是能依循內在已然法則而發用的形上實體；理，

依此「本心即是道德的律則」之中心義蘊所展開者，即是：「因宇宙與人本無限隔，同是一生德之發育流行，天地化育萬物是宇宙內事，贊天地化育以使萬物各得其所、各適其性、各遂其生，便是人分內事，則宇宙之化育實即吾心之化育，若能盡我之心，便自然與天同，故本心是道德的創造原理，亦是宇宙萬物的實現原理」。〔註 69〕然而此一開展，必涉及「知識活動」，方有可能，然則本心如何開出知識呢？

蓋本心良知與知識之關係可分爲四：〔註 70〕（一）良知直接通過知識而表現，如依知識而知眼前之人爲親，依知識又知親之面容憔悴爲病，故良知即表現爲心懷憂慮；（二）良知與知識表面相斥而更迭呈現，即人依良知而肯定具有眞理價值之知識本身即是一種善，故決定引發求知活動以獲得知識，而一旦投身於求知，則良知隱退，一旦懈怠或完成求知則良知呈現，再依良知而再求知而良知再隱，如此二者互爲更迭隱現；（三）良知與知識爲目的與手段之相從，即欲貫徹良知所發動之行爲時，發現現有知識不足用，故主動抑制良知而求知，以完成原先之要求，如欲爲父母治病而研究醫藥；（四）良知與知識交互並存，即良知欲求一知識以完全貫徹己之要求，但發覺此知識終不可得時，而自願承擔此缺憾，此中整個過程即一套知識活動，如忠孝不能兩全，良知原先要求一知識以兩全，結果此知識卻不存在，故良知選擇其一，而自願受此命運。不管何種情形，良知皆是知識之主宰，蓋本心良知只是一個應當不應當的先天決定，當其欲將此一決定成就爲行爲時，自必涉及具體的事物，即涉及客觀的實然知識，良知雖不能有此知識，但在自身不容已地要求成就應然之行爲時，必然決定將良知自身坎陷爲一了別的認識心，藉此轉化，則可從物、而知物、而宰物，及其可以宰時，復自坎陷中湧出而歸己，如是其可以自足而欣悅自己。此種坎陷亦爲良知之不容已，則了別心

就寂然不動而言，爲渾然統體之理，即理之獨立自在的存有狀況；理，就感通而言，則是殊別之理；心是理的發源處，理是心的內涵，心在某種情中感通外物特定意向和回應方式的本身就稱爲理，故心與理的關係是互相涵攝、一而二、二而一。詳言之，心與理之等同已蘊涵心創生和實現出道德原理，仁心在具體情境發用而自我開顯實現，即成種種仁義禮智規範的分殊之理，所以心有形上生生的意涵，心爲理所從出的本根，心對外感通因對象之異而成特定之意向法則和方式（即殊別之理），統合而言就是理，由於理隨心發用而顯，理爲道德領域的德性原理，因此，可以說心創生實現道德原理。

〔註 69〕見蔡仁厚：《宋明理學·南宋篇》，頁 236～237、253。
〔註 70〕此四關係，詳見唐君毅：《中國哲學原論·導論篇》，頁 361～367。

亦是良知自身，故只是一心而非有二心，而藉此坎陷，一方面良知可以成就知識系統，一方面良知可以於此進一步反省此一坎陷之過程、而明白如何成就知識，即可建立知識論，於是知識方法、邏輯、數學、純幾何、乃至一切知識條件，皆有安頓，至此，道德的形上學可以開出知識而融納一知識論於其中，落實一切良知所決定之應然行為，則可圓滿無遺漏矣。〔註71〕

關於「道德的形上學」，其於哲學思維上之效力自非全無暇疵，然本文因學力有限而不欲論斷，而專就其對象山思想而言，其在釐清道德之本質方面，頗具見地，前文所論種種，實亦多承襲自此，且可補充所未細論處，故以上引之稍詳。

三、唯心論

許多研究者將象山思想視為唯心論（觀念論），〔註72〕其意大抵是「象山主張心即理，一切議論均自此出，以其唯心觀察宇宙之現象，故謂遍滿充塞於宇宙者，唯一心理現象而已，在宇宙謂之理，在人則謂之心，其名二，其

〔註71〕此處論良知坎陷，詳見牟宗三：《從陸象山到劉蕺山》，頁 250～256。

〔註72〕陳鐘凡：《兩宋思想述評》，頁 244 謂九淵以一心為宇宙人生之主宰，近純粹惟心之主張，且此心即在於我，非由外鑠，亦後代自我意識之萌芽；變前人客觀的宇宙而為主觀的宇宙，啟白沙陽明自我主義之先聲。馮友蘭：《中國哲學史新編》，頁 202～203 則認為象山是客觀唯心論，並非主觀唯心論，蓋象山承認有公共的世界，不是每個人的世界各不相干，其心是宇宙的心，不是個人的心。而張立文：《走向心學之路》，頁 383～384、388 指出有主張象山是主觀唯心論、有主張象山是客觀唯心論，前者以主觀精神（即人的意識、感覺、經驗、心等）為唯一實在；後者以客觀精神（即由先於或外於物質世界而存在的理念、宇宙精神、絕對觀念、理等）為世界的主宰或本原；即前者以為象山思想地位最高者是心，後者則認為是理。蒙培元：《中國心性論》，頁 398 意謂九淵所說的心，既是個體的心，又是超越、普遍的心，既是形而下的經驗知覺之心，又是形而上的道德本心，將二者一骨腦說下來，本體之心就是個體之心，這就增加問題的複雜性。楊國榮：〈心性之辯：從孟子到王陽明——兼論王陽明重建心體的理論意蘊〉，頁 164～165 謂象山對心體的理解存在二重傾向，一方面將心界定為個體之心，要求「盡我之心」，一方面強調心的普遍性格，呈現一種超時空的存在，於是個體性的品格則被架空，此二重規定，使其心學出現內在的緊張。本文不嚴分此主觀客觀二者，只籠統稱為唯心論，案此主觀客觀之異，似乎在大陸學者間頗有爭議，殆即始於蒙楊二氏所謂的二重傾向，其實此現象仍是象山理和心何者地位為高的變形，象山應無此內在緊張，蓋個體性只是凡心對本心之把握而致之現象，若只就本心觀之，本心實不能意識到自身，自無個體性，故凡心又可稱本心為普遍。

實一」。〔註73〕詳言之,亦即從認識觀點而言,象山主張「六經當註我,我何註六經」、「萬物森然於方寸之間」,以我為一切認識的中心和認識的實在,心之認識能力無窮,認識的對象只是意識的內容、只是主觀的內在物,否認其客觀的妥當性,故反對心外求知;從本體觀點而言,象山主張「宇宙即吾心,吾心即宇宙」,以心為中心,從而演繹宇宙萬有之內容,精神與物質皆為心所生之現象,人心精神是唯一的實在,無心即無物,心外無物,宇宙純粹是一種精神宇宙。〔註74〕然則象山如何證明上述之唯心論呢?此派學者則似說明較略。〔註75〕至於象山何以要建立此一唯心論呢?因其「興趣亦並不在以心來說明一切萬物的存在,而只是要替人類道德性的行為(即求與他人溝通合一的行為)與宗教性的行為(即求與宇宙溝通合一的行為)找到一個可靠的根源而已」。〔註76〕

象山既為唯心論,則其說將有諸種困難,如:(一)心即理,則理即主觀的、自我的,而人人皆為一自我,然此亦一是非,彼亦一是非,彼此互相矛盾對立,將如何作完滿解釋?(二)每人以自我意識為認識的出發點,但「自我」實已包含「非我」,因此自我的理論並非毫無瑕疵,又一切認識皆係主觀

〔註73〕 見甲凱:《宋明心學述評》,頁 12、14。

〔註74〕 此由認識觀點與本體觀點說象山為唯心論,見陳德仁:《象山心學之比較研究》,頁 1、3~4。而范壽康:《中國哲學史綱要》,頁 337~338 已認為一切天地萬物的現象都是心的現象,離開心,便無天地萬物的存在,心才是唯一的實在,「心即理」是澈底的唯心論。又渡邊秀方:《中國哲學史概論》,頁 91~92 亦類似。

〔註75〕 一般多未加說明,而直接據象山文句下斷定其為唯心論。其他亦有略作說明者,茲舉數例於下。如李日章:〈陸象山「心」的思想之解析〉,《宋明理學研究》,頁 115~116 略有解釋,大意謂須知象山之心,並不是個人主觀喜怒哀樂的心,而是人人相同的心,這個心是「我」之存在的所以然,即是我的「天」,而其他萬物亦有其所以然的天,然而正如同一母親所生的兒子,就每個兒子而言,都各有一母親,因此似乎有許多母親,但實際只有一母親,故我的心是天,亦必是萬物之天,即萬物之所以然是心。李氏之說,當屬客觀唯心論之說。又肖萐父、李錦全:《中國哲學史》,頁 91~96 大意謂象山經由「化氣為理」(將氣視為理而不談氣)、「以數釋理」(以象數解釋理如何生物,而數又歸於理)、「容理於心」(誇大人心認識的能動性,即人心能反映、儲存概念,進而將認識客體視為主體)三點,而建立其主觀唯心主義。又侯外廬:《宋明理學史(上卷)》,頁 561~562 大意謂把心理的東西作為始點,從心理的東西引出自然界,再從自然界引出普通的人的意識;即由人心共有的倫理道德屬性擴展開來,聲稱這種固有的道德規範是宇宙本原。

〔註76〕 見李日章:《中國哲學現代觀》,頁 266。

理性所引起，新經驗勢必無由發生，此不合事實，更主張無客觀物質世界之存在，此缺乏科學根據。（三）在天人一本之說法中，心究竟爲道德創化之本而非宇宙造化之本，且「心之靈、理之明」爲一有意識覺悟作用之精神體，至於天是否亦如此有自覺之意識活動呢？若無，又如何言天人一本？且純粹精神體之道如何造化有形質之器物世界？而道理通萬物，然人以外之其他萬物是否有心之意識活動？若有，則此活動內涵與方式如何？若無，則何以能言萬物一理且同本？象山雖契孟子，然孟子並未明顯肯定天地萬物皆可統括收攝爲一至大無外之心或精神，故無象山此等困難。（四）一切存在皆由來於心，然則萬物爲何有不同的氣？而妨害心運作的氣、物欲、邪見是否也自來自於心？心爲何要產生妨害自己的東西？如此心豈不是自我矛盾？心又豈能說是至善？象山皆未能予以回答。〔註77〕

　　其實，上述唯心論之困難，殆因誤會所致。學者已有辯駁，即認爲象山是否爲唯心論，當視唯心論之義如何而定，然要之不同於一般西方哲學由思辯建立之唯心論，其思想實不重在創立一理論，而是由德性工夫所顯示，其本心自始即有所對之外物（如孺子、井等），而後有發用（如惻隱），未嘗謂天地萬物乃此心之所變現、唯存在於此主觀之心內，亦未嘗謂天地萬物無其自身所以存在之理，則其思想非西方知識論上之唯心論甚明。〔註78〕此一辯駁中除以象山非知識論之進路一點不妥外（蓋象山亦取存有的立場），其餘可以成立，故如果必因象山重視本心而稱其有唯心成分的話，這只是說象山發掘本心之眞相而如實地陳述若此，自不是一般所謂的唯心論矣。〔註79〕

〔註77〕此四困難，第（一）、（二）點見陳德仁：《象山心學之比較研究》，頁7，此兩
　　　　點當屬主觀唯心論之說；第（三）點見曾春海：《陸象山》，頁66；第（四）
　　　　點見李日章：〈陸象山「心」的思想之解析〉，《宋明理學研究》，頁120～121。
〔註78〕此係唐君毅：《中國哲學原論・原教篇》，頁216～217之意。而羅光：《中國
　　　　哲學思想史・宋代篇》，頁651亦認爲象山的心即理，不是從認識論立論，故
　　　　非唯心論者。又吳登臺：〈心學是否爲唯心論商榷〉，頁10、黃甲淵：《陸象山
　　　　道德哲學之研究——以心即理爲中心》，頁109亦皆謂象山未否定客觀實然存
　　　　在之實在性，未言客觀存在是吾心所知覺者，未言認識對象只是意識之內在
　　　　物，未主張心是客觀實然存在的創造原理或實體。
〔註79〕吳怡：《中國哲學發展史》，頁476謂象山心學雖有唯心傾向，但與西方唯心
　　　　論不同，因後者是概念的分析，象山卻有實證的工夫。黃甲淵：《陸象山道德
　　　　哲學之研究——以心即理爲中心》，頁108謂如不與西方觀念論或唯心論連結
　　　　去想，象山學可以說是道德唯心論哲學，然若以爲就是西方觀念論或唯心論
　　　　則不妥，因兩者雖近似，但象山非由認識論之思辯來建立，而是由德性工夫

所顯現之道德價值論哲學。又王煜：〈從瑜伽與禪定以論陸象山、王陽明、王
龍溪之學非禪非佛〉，頁103亦謂孟子、明道、象山、陽明諸人，與其說他們
倡唯心論，毋寧說倡理想主義（以良知感通萬物、與宇宙打成一片的共同理
想），但不能說他們倡觀念論。以上數說錄以參考。

第三章　實踐工夫

　　由前章所述，現實之人，因氣質、習染、不思之故，其穩態下之具體自我早已充斥私、物欲、意見，一旦如此，則非唯出現道德上之惡，乃至於人自身及一切事物皆不得其存在與發展，故必須以工夫改正之。

　　然則，工夫何以可能？蓋人有本心之攝制、自我意識之駕御統合、凡心知藏動決及小體諸能，故可以超克惡，而改變具體自我之穩態。而工夫所治之對象爲何？顯然，工夫即在改變氣質、習染、不思之蔽害，故必針對物欲與意見，同時更拔除物欲意見之根源——私。一旦私去，則私還原成我、物欲還原成官能、意見還原成知識，故自我意識充分呈現其之駕御統合活動而不受氣質、習染、不思的限制，而形成一新的具體自我，彰顯本心之攝制，使凡心即本心、凡心即理，而一旦如此，則必有解決事物自身問題之後續行動。因此，工夫之對象即是私、物欲、意見、事物自身具體之理四者。

　　又工夫之實踐者爲何？專就本心之攝制義而言，則從事工夫的主人翁是本心；專就自我意識之駕御統合義而言，則主人翁是自我意識；故本心與自我意識二者皆可說是主人翁。然而，就實際之操作而言，初學者已在物欲意見之私中，本心已不十分彰顯，故實必從其自我意識出發，而展開具體之工夫，逐漸認識本心之攝制，逐漸改正其具體自我，以至於凡心即理；且一旦涉及事物自身具體之理時，則自我意識爲主人之現象尤其明顯。故在工夫論中，工夫之主人翁實以自我意識爲首重，至於本心之主人地位，反而不太具有現實意義，而爲理論上之保障性質居多。

　　至於象山工夫之具體作法，可分爲「先立其大」、「克己」、「及物」三階

段，〔註1〕以下分節說之。

第一節　先立其大

一、辨志與智識

　　人既已在物欲意見蒙蔽中，首先將如何突破呢？此即本節探討之主題。考朱熹云：

> 近來自覺向時工夫，止是講論文義，以爲積集義理，久當自有得力處，卻於日用工夫全少點檢，諸朋友往往亦只如此做工夫，所以多不得力。今方省而痛懲之，亦願與諸同志勉焉……陸子壽兄弟……氣象皆儘好，卻是先于性情持守上用力，此意自好，但不合自主張太過，又要得省發覺悟，故流于怪異耳。若去其所短、集其所長，自不害爲入德之門也。〔註2〕

而象山云：

> 朱元晦曾作書與學者云：「陸子靜專以尊德性誨人，故游其門者多踐履之士，然於道問學處欠了。某教人豈不是道問學處多了些子，故游某之門者，踐履多不及之。」觀此則是元晦欲去兩短，合兩長。然吾以爲不可，既不知尊德性，焉有所謂道問學？（《陸九淵集・卷三十四》，頁 400）

此處之尊德性與道問學顯然屬於方法問題。然而，方法何須唯一，只要能解決問題即可，何以象山卻如此堅持其教法？且古今儒士，少有不看重倫理道德者，至多只反名教，而未反道德，又何須特舉尊德性？其實象山答語不循朱子之思路，〔註3〕而是著眼於喚起當事者的切身實感。蓋通過道問學的道德

〔註1〕 汪義麗：《象山心學在宋學中之歷史意義》，頁 105 謂象山爲學步驟，由發明本心以立切己之志爲首，繼之以涵養，再就事物上考究磨練，而可達聖境。又張念誠：《象山人格教育思想之研究》，頁 89 分象山工夫爲簡易原則（立志）、去除心蔽工夫（剝復）、涵養工夫（優遊）三層次。本文依汪張二氏之分法，然其中具體工夫歸屬於何階段，則有出入。

〔註2〕 見朱熹：《朱文公文集・卷四十四・與吳茂實》，頁 752。

〔註3〕 朱熹《中庸章句・第二十七章》云：「尊者，恭敬奉持之意。德性者，吾所受於天之正理。道，由也。……尊德性，所以存心而極乎道體之大也；道問學，所以致知而盡乎道體之細也。二者修德凝道之大端也。不以一毫私意自蔽，不以一毫私欲自累，涵泳乎其所已知，敦篤乎其所已能，此皆存心之屬也。

學習並不必然取得尊德性的客觀效果，能否實現的關鍵在一個「志」字，故道問學之前必須以尊德性作原則和標準來辨志。〔註4〕即尊德性意指「以道德爲尊」，即「要把道德眞當成一回事而爲一生希企的所在」，即是「發願立志學道德」；至於道問學則意指文明體系中之一切知識與約定俗成之價值觀，而依本心即理之故，可知若無德性爲指歸，則文明將飄盪迷離，不能圓滿存在與發展，故說「既不知尊德性，焉有所謂道問學」。〔註5〕因此，志願學道德，

析理則不使有毫釐之差，處事則不使有過不及之謬，理義則日知其所未知，節文則日謹其所未謹，此皆致知之屬也。蓋非存心無以致知，而存心者又不可以不致知。」又黎靖德編《朱子語類・卷六十四》，頁631云：「問學工夫，節目卻多。尊德性工夫甚簡約，且如伊川只說一箇主一之謂敬、無適之謂一，只是如是，更別別事。某向來自說得尊德性一邊輕了，今覺得未是。上面一截，便是一個坯子，有這坯子，學問之功方有措處。」則朱子之尊德性與道問學應是主敬與窮理，二者爲不可偏廢的兩種成德工夫。故錢穆：《朱子學提綱》，頁146謂朱子所爭，乃在尊德性以後，還須得道問學，不要儘靠在一邊，不要儘把一邊話來開導他人。而陳來：《朱熹哲學研究》，頁314、331則指出朱陸二人尊德性、道問學意思不同。

〔註4〕 此處說道德學習以志爲關鍵，見顧春：〈陸象山教育哲學的本體論思想研究〉，頁41。

〔註5〕 學者對於尊德性說法不盡同，茲舉數例於下，如：

（1）王陽明《陽明全書・卷二十一・答徐成之（二）》，頁6～7云：「興庵是象山，而謂其專以尊德性爲主，今觀象山文集所載，未嘗不教其徒讀書窮理……曰先立乎其大者，而小者不能奪，是數言者，孔子孟軻之言也。烏在其爲空虛者乎？」而《宋元學案・卷五十八》黃宗羲云：「先生之學，以尊德性爲宗，謂先立乎其大，而後天之所與我者，不爲小者所奪，夫苟本體不明，而徒致功于外索，是無源之水也。同時紫陽之學，則以道問學爲主……先生之尊德性，何嘗不加功于學古篤行；紫陽之道問學，何嘗不致力于反身修德，特以示學者之入門各有先後，曰此其所以異耳。然自晚年，二先生亦俱自悔其偏重。」黃百家云：「二先生之立教不同，然如詔入室者，雖東西異戶，及至室中，則一也。」王黃之說，以先立其大釋象山之尊德性，而欲彌縫朱陸，故以象山未嘗偏廢讀書問學之事、朱陸只是方法不同爲說。又鄭之僑：《鵝湖講學會編・卷九・朱陸異同論》，頁377承黃氏而謂：「聖人之道，其揆則一，而學聖人之道者，或從知入，或從行入，及其知之一、行之一，則無有異也。學者多言陸子尊德性、朱子道問學，夫尊德性道問學一理而已矣」。案象山之立志似不純是行入，蓋象山於人應志於何事、應如何立志有其一套方法，此方法又以認知爲重，故非直接之操作演練。又本文以先立其大爲尊德性之完成，詳見下文。

（2）《宋元學案・卷五十八》全祖望云：「夫讀書窮理，必其中有主宰而後不惑，固非可徒以泛濫爲事。故陸子教人以明其本心……心明則本立，而涵養省察之功，于是有施行之地。」而牟宗三：《從陸象山到劉蕺山》，

對於道德修行者必是首出、必是本質之決定。〔註6〕故象山云：

> 頁 94～95 以為尊德性不是泛說之尊德性，而是必須能直下肯認本心於道德踐履上之直貫義；而道問學有直接與道德踐履相關者，亦有不直接相干、或根本不相干者，如讀數學、研究化學之屬，此種則為純智之興趣，而有其獨立性質，故象山只能說「不知尊德性則道問學亦無真切助益於道德踐履」，只能說「不知尊德性則一切道問學皆無真實而積極之價值」，但不能說「不知尊德性即無道問學」，且既知尊德性，則道問學於個人身上，隨緣隨分皆可為，不惟無礙道德踐履，反而有助成與充實之功。又古清美：《宋明理學概述》，頁 104 以為必先體認一切善皆具足於本心，蓋道德實踐的真實力量即來自於本心，決不是從知識書本外在的窮究而來。

(3) 錢穆：《中國學術思想史論叢（五）》，頁 256 意謂象山之道問學只出發在尊德性，亦歸宿在尊德性，故徹頭徹尾只是一種人生哲學，不認離卻人之德性還有學問。又張起鈞、吳怡：《中國哲學史話》，頁 328 謂因為人心是宇宙的根本，德性高於一切，若不能尊德性，僅僅道問學又有什麼意義呢。

(4) 張君勱：《新儒家思想史》，頁 238～239 意謂象山相信心的至高無上，人如果能訴諸本心，便能發現正道，不必訴諸道問學工夫。

(5) 蔡仁厚：《宋明理學·南宋篇》，頁 264、266～267 以為當下肯認本心，則無論研究學問、應事接物、乃至凡百技藝，都是吾分內事，都是本心之流行，而道問學自在其中，且不知尊德性，則一切學問可能落到損人利己之地步。

(6) 曾春海：《陸象山》，頁 48～49 以為象山並非偏廢道問學，其意是道問學必先在尊德性下，才能證成其對人道之進益、避免在知識進程中流失成德之目的，而尊德性下之道問學，在以本心之諸般實感來印證發明書中所載之道理，復以書中之道理來證悟和貞定本心所蘊之實理。

(7) 余英時：《歷史與思想》，頁 127～129 意謂尊德性即是以道德修養為主、以工夫保持德性不墜，道問學則是求實在的學問知識，此本為儒家不能分之二輪，所有宋明理學家皆尊德性，只是在尊德性下，還有要不要知識的問題在，而象山屬於一種有強烈信仰且不大需要知識來支持信仰的人，朱子則屬一種總想將信仰建築在堅實知識基礎上的人，故象山畢竟以讀書對成德是不直接相干，而朱子則以道問學大有事在。

(8) 韋政通：《中國思想史（下）》，頁 1188～1190 意謂朱陸同屬儒家，對尊德性這個前題不能不一致，只是尊法不同，而象山是很獨斷的，只相信自己才是對，不願考慮其他可能，且象山以人之物欲意見與科舉深切相關，以讀書為助長時文流行，因此主張不尊德性即無道問學。

〔註6〕《宋元學案·卷五十八》，頁 1070 載：「顧諟謹案，為學之要，首在立志，志不立，是猶欲築室而無其基也，縱與之言學，無處可說，所謂朽木糞土，不可雕杇，第懼人患此病證，故須先激發其志氣，使之知自奮厲，而後有門路進步可入。」此即指出立志之必首出，而唐君毅：《中國哲學原論·原性篇》，頁 436 謂象山以朱子所期之歸趨所在，為學者立志之始，而持此志以親師取友，共期為聖賢，則朱子所言之次第工夫，固亦必非先知道者也。又其《中

人之所喻由其所習，所習由其所志。志乎義，則所習者必在於義，
所習在義，斯喻於義矣。志乎利，則所習者必在於利，所習在利，
斯喻於利矣。故學者之志不可不辨也。(《陸九淵集·卷二十三·白
鹿洞書院論語講義》，頁275)

即是何以須先尊德性的說明，蓋自我意識駕御統合凡心之能決而形成志願，
依此志願而主導其活動，從而建立穩態之具體自我，故一旦不尊德志義，則
不會力習德性工夫，將無道德成就。因此，語錄載：

傅子淵自此歸其家，陳正己問之曰：「陸先生教人何先？」對曰：「辨
志。」正己復問曰：「何辨？」對曰：「義利之辨。」若子淵之對，
可謂切要。(《陸九淵集·卷三十四》，頁398)

即學者必先尊德志義。

　　然而一個原先對道德毫無感覺的人，要如何才能興發學道德的志願呢？
象山云：

「吾十有五而志于學」，今千百年無一人有志也，是怪他不得，志箇
甚底？須是有智識，然後有志願。(《陸九淵集·卷三十五》，頁450)

人要有大志。常人汩沒于聲色富貴間，良心善性都蒙蔽了。今人如
何便解有志？須先有智識始得。(《陸九淵集·卷三十五》，頁450)

孔子氣質、習染、不思之蔽輕，故少年即志學，而常人已在物欲意見糾結中，
本心之攝制早不彰，故唯有以自我意識駕御統合凡心之能知，形成一「智識」，
使自我意識據此智識重新判斷，而改變其駕御統合凡心之能決，形成新志願，
展開新活動，更正舊的具體自我，此亦即「先知後行」之說。《陸九淵集》載：

今善之未明，知之未至，而循誦習傳，陰儲密積，厪身以從事，喻
諸登山而陷谷，愈入而愈深，適越而北轅，愈驚而愈遠。不知開端
發足大指之非，而日與澤虞燕賈課遠近、計枉直於其間，是必沒身
於大澤、窮老於幽都而已。(《陸九淵集·卷一·與胡季隨》，頁7)

未嘗學問思辯，而曰吾唯篤行之而已，是冥行者也……講明之未至，

國哲學原論·原教篇》，頁345～347認爲象山兼具成學與成教之旨，若只就
成學而言，則象山可攝入朱子陽明之工夫中，然若就成教而言，則當爲朱子
陽明之所本，蓋朱子陽明之工夫，皆是針對人已能從事工夫者而說，若其尚
不知用功、尚不反省本心之存在，則將全無意義，故必須有象山之教，以開
人之心志，先通達於道然後可言其他工夫，故象山之旨有其獨立意義，亦最
爲弘闊而根本。

而徒恃其能力行，是猶射者不習於教法之巧，而徒恃其有力，謂吾能至於百步之外，而不計其未嘗中也。(《陸九淵集‧卷十二‧與趙詠道（二）》，頁160)

先生與學者說及智聖始終條理一章，忽問松云：「聖、智是如何？」……松又曰：「智聖雖無優劣，卻有先後，畢竟致知在先，力行在後，故曰始終。」先生曰：「是。」(《陸九淵集‧卷三十四》，頁421)

必先有智識，才能去做，否則難免是物欲意見下的冥行盲動，終適重物欲意見之蔽。〔註7〕象山又云：

不知其非，安能去非？不知其過，安能改過？自謂知非而不能去非，是不知非也；自謂知過而不能改過，是不知過也。真知非則無不能去，真知過則無不能改。人之患，在不知其非、不知其過而已。所貴乎學者，在致其知，改其過。(《陸九淵集‧卷十四‧與羅章夫》，頁185)

物欲意見之過非，唯有先知才可改去，然而既知則必能改，則所謂「知」是「真知」，即「知」當含有「認知」、「感動」、「自覺」三重意義，即須有理性上之知解、切身之感受、更自覺到此認知感動，故先知則能行，而此皆屬自我意識駕御統合凡心之能知的活動。〔註8〕人既當「先致其知」，然則是要知什麼「智識」呢？此即「格物」之說。象山云：

〔註7〕蒙培元：《理學的演變》，頁86云「朱熹…他所謂知行…具有認識論的意義」、頁111云「陸九淵…在知行關係問題上，他卻主張知先行後說…比起朱熹的相須並進說，要粗糙而遜色得多」。案象山先知後行應非針對人認識活動中經驗與知識的關係而發，而是為修養問題所發。而黃甲淵：《陸象山道德哲學之研究──以心即理為中心》，頁208～209則認為知行是一心體之事，故知行合一，此為象山陽明所同，唯陽明所說更圓滿。黃氏之說似待榷，象山似尚未全扣本心以言知行。
〔註8〕何兆男：〈象山學說闡微〉，頁17～18認為象山的「知」並非泛泛的知，而是真知，此種真知必觸動當事者直覺感情，故才能知則必行。又楊國榮：〈人格境界與成人之道──理學的人格理論及其內蘊〉，頁15謂知是理解的過程，覺是主體的了悟，理解固然可使人懂得應當做什麼，卻未必使人化為具體的行動，覺悟則意味所知轉化為主體的內在德性，形成行其所知的內在要求，由知到覺顯然是主體意識的重要飛躍，道德境界與道德意識即由知到悟的不斷過渡而形成。本文即依何楊之說，而以「認知」、「感動」、「自覺」三重意義釋象山之「知」。

格物者，格此者也，伏羲仰象俯法，亦先於此盡力焉耳。不然，所謂格物，末而已矣。(《陸九淵集・卷三十五》，頁 478)

彝倫在人，維天所命；良知之端，形於愛敬。擴而充之，聖哲之所以爲聖哲也。先知者，知此而已；先覺者，覺此而已……學校庠序之間，所謂切磋講明者，何以捨是而他求哉？所謂「格物致知」者，格此物、致此知也，故能「明明德於天下」。《易》之「窮理」，窮此理也，故能「盡性至命」。《孟子》之「盡心」，盡此心也，故能「知性知天」。(《陸九淵集・卷十九・武陵縣學記》，頁 238)

格、至也，與窮字、究字同義，皆研磨考索以求其至耳。學者孰不曰：「我將求至理？」顧未知其所知果至與否耳。所當辨、所當察者，此也。(《陸九淵集・卷二十・格矯齋說》，頁 253)

所謂格物，即是「格此物」，致知即是「致此知」；「格此物」即是窮究考索以求至乎「此物」，「此物」即是知此、覺此、講明乎此之「此」字，即是彝倫與良知；「致此知」即是致至於關於「此物」之知；「格物致知」即是窮究講明此物而致至於「知此物」之知。[註9] 語錄又云：

介甫慕堯舜三代之名，不曾踏得實處，故所成就者，王不成、霸不就。本原皆因不能格物，模索形似，便以爲堯舜三代如此而已，所以學者先要窮理。(《陸九淵集・卷三十五》，頁 442)

致知在格物……如何樣格物……只要明理。(《陸九淵集・卷三十五》，頁 440)

〔註 9〕此處對格物之解釋，見牟宗三：《從陸象山到劉蕺山》，頁 58～59。而黃彰健：〈鵝湖之會朱陸異同略說〉，頁 263～264 謂象山格物有二解，一研究物理，一即明理（即明心之理、即知止），前者是本義，後者是引申義，而主張先知止後研究物理；案黃氏所謂之本義，實爲象山及物工夫，且象山似未稱爲格物，故宜以明心之理爲解。戴君仁：〈象山說格物〉，《梅園論學集》，頁 402 亦已指出象山的「此」是「此心此理」，然而戴氏以爲「格物等於發明本心、等於先立其大」則稍不妥，蓋格物只是先立其大之方法。又甲凱：《宋明心學述評》，頁 30～31 認爲象山對「格」字之解釋與朱熹無異、然其「物」則全然爲倫理之事件；甲氏之說有誤，蓋「物」指本心，不是倫理事件。而勞思光：《中國哲學史（三上）》，頁 393 認爲象山亦講格物致知，其解釋與程門無甚不同，工夫下手處亦不在此；勞氏之見待榷，程門格物應非全等於明本心，且格物爲象山工夫之初始。

則「格物」、「窮理」、「明理」三者語義相同，〔註10〕格物即窮理、明理，既謂窮、明，則係「知」之事。格物既是窮究彝倫良知、又是窮理，而本心即理，則格物即是明本心。故所謂有智識、先知，即是「對本心有正確之認知、切身之感受、與自覺」，〔註11〕既能如此，則依自我意識之駕御統合、與本心之攝制，必能有依本心之志願及行動，即是志願於道德矣。〔註12〕

二、自明與講明

然而，欲明本心，須有方法，否則無以釋朱熹、羅欽順之疑：

> 義理不明，如何踐履？……如人行路，不見便如何行？今人多教人踐履，皆是自立標致去教人。〔註13〕

> 窮理之學，誠不可以頓進，然必窮之以漸，俟其積累之多，而廓然貫通，乃為識大體耳。今以窮理之學不可頓進而欲先識夫大體，則未知所謂大體者，果何物耶？〔註14〕

> 「既不知尊德性，焉有所謂道問學？」此言未為不是，但恐差認卻德性，則問學直差到底，原所以差認之故，亦只是欠卻問學工夫，要必如孟子所言「博學詳說、以反說約」方為善學，苟學之不博，說之不詳，而蔽其見於方寸之間，雖欲不差，弗可得矣。〔註15〕

故當論「格物之方」。語錄載：

〔註10〕張起鈞、吳怡：《中國哲學史話》，頁324謂在象山體系中，乃是以明理兩字，代替朱子的窮理，其格物不是窮理，而是明理，而是要明心中之理。又謝偉光：《陸九淵哲學思想之研究》，頁50～52指出象山論明理二字比言窮理二字多，佔了百分之八九十，在以明理二字來代替程朱之窮理。

〔註11〕謝偉光：《陸九淵哲學思想之研究》，頁49～50、61～62謂象山窮理與格物的對象，皆意識自己的本心為目的，所謂知，非指萬物之知識，而是指吾心之理，有時又稱為物理，所成之智識，非一般泛泛的智識，而是屬於大學之道的智識，即明德、親民、止於至善的智識。本文即據謝氏之說而稍易其詞。

〔註12〕蔣維喬：《中國哲學史綱要》，頁435謂陸王二人，則訓格為去，物為非，即不正的意念。又方蕙玲：《鵝湖爭議真諦之研究》，頁92謂象山格物乃是格除心中之非事，格除一切受制於欲望情緒牽引的念頭。案蔣方之說似不當，唯《陸九淵集・卷三十五》，頁457云：「某與人理會事，便是格君心之非事。」方氏即引此條為說，然此語當係解釋《孟子・離婁上》「惟大人為能格君心之非事」，故與格物不相關。

〔註13〕見《朱子語類・卷九》，頁61。

〔註14〕見《朱文公文集・卷四十九・答王子合》，頁844～845。

〔註15〕見羅欽順：《困知記・卷一》，頁6。

> 伯敏云：「如何樣格物？」先生云：「研究物理。」伯敏云：「天下萬
> 物不勝其繁，如何盡研究得？」先生云：「萬物皆備於我，只要明理。
> 然理不解自明，須是隆師親友。」（《陸九淵集·卷三十五》，頁 440）

格物即是窮理，窮理即是明理，而本心即理、本心又是人人同具，故理是不
解而自明，蓋此心此理非一般文明體系中的外鑠知識；然而，此心此理及人
之實踐工夫過程的種種曲折，亦可成為一套客觀的道德知識，故須經由踐履
道德之師友來點醒切磋。〔註 16〕故格物之法有二大方面：自明與講明，以下
再作說明。

所謂「自明」，蓋本心之攝制始終常在，日常生活中即可見其呈露，故人
可由此呈露而自知其本心，故象山云：

> 義理之在人心，實天之所與而不可泯滅焉者也。彼其受蔽於物而至
> 於悖理違義，蓋亦弗思焉耳。誠能反而思之，則是非取舍，蓋有隱
> 然而動，判然而明，決然而無疑者矣。（《陸九淵集·卷三十二·思
> 則得之》，頁 376）

> 良心之在人，雖或有所陷溺，亦未始泯然而盡亡……誠能反而求之，
> 則是非美惡將有所甚明……此無他，所求者在我，則未有求不得者
> 也。（《陸九淵集·卷三十二·求則得之》，頁 377）

> 諸公上殿，多好說格物，且如人主在上，便可就他身上理會，何必
> 別言格物。（《陸九淵集·卷三十四》，頁 404）

> 堯舜之前何書可讀？（《陸九淵集·卷三十六·淳熙二年》，頁 491）

> 女耳自聰，目自明，事父自能孝，事兄自能弟，本無欠闕，不必他
> 求，在自立而已。（《陸九淵集·卷三十四》，頁 399）

> 自得、自成、自道，不倚師友載籍。（《陸九淵集·卷三十五》，頁
> 452）

所謂「自聰、自明、自能孝、自能弟」之「自」，即是孟子所謂「不學」「不

〔註 16〕關於「理不解自明」一語，茲附錄幾種說法。如黃彰健：〈鵝湖之會朱陸異同
略說〉，頁 262～263 謂象山語意頗難曉，蓋其意，此理本具於人心，特吾人
非生知，為積習所蔽，故其心之理不克自明，其明之有待於學，有待於隆師
親友耳。而林繼平：《陸象山研究》，頁 194 則釋為「理不解，自明」，即理超
認識不容識知，而又「此理至明」。又張立文：《走向心學之路》，頁 169 認為
萬物皆備於我，故只要體認本心，萬物之理便不解自明了。

慮」。〔註17〕人有不學不慮的本心，而本心常在，本心是道德根源，異於一般後天經驗的知識，故由其呈露於身上近處即可知本心、依此本心即可充分實踐，故可「自立、自得、自成、自道」，正是孟子答曹交「子歸而求之，自有餘師」之意，古聖人無人教導、無所依傍，其可成就正以此故，此非禪家要人不假思索之鍛鍊法。〔註18〕

　　然欲自明，亦有具體做法，即是「靜坐」。關於靜坐，南宋葉適云：「朱元晦、呂伯恭以道學教士，陸子靜晚出，號稱徑要簡捷，或立語已感動悟入，為其學者，澄坐內觀。」、陳淳云：「象山之學……不讀書，不窮理，專做打坐工夫。」、「象山教人終日靜坐，以存本心，無用許多辯說勞攘，此說近本……但其所以為本心者，只是認形氣之虛靈知覺者，以此一物甚光輝燦爛，為天理之妙，不知形氣之虛靈知覺，凡有血氣之屬皆能趨利避害，不足為貴，此乃舜所謂人心者，而非道心之謂也。」〔註19〕據此，似乎象山以靜坐為主要工夫，且其澄坐靜坐與禪家打坐無大差別，主要在頓除妄念、求心之安靜純一，而內觀則是內省直覺之謂，故在方法上，象山與禪釋大同小異。〔註20〕然考《陸九淵集》，直說靜坐者並不多見，僅詹阜民所記語錄云：〔註21〕

> 先生舉「公都子問鈞是人也」一章云：「人有五官，官有其職。」某因思是，便收此心，然惟有照物而已。他日侍坐無所問，先生謂曰：「學者能常閉目亦佳。」某因此無事則安坐瞑目，用力操存，夜以繼日，如此者半月，一日下樓，忽覺此心已復，澄瑩中立，竊異之，遂見先生。先生目逆而視之曰：「此理已顯也。」某問：「先生何以知之？」曰：「占之眸子而已。」因謂某：「道果在邇乎？」某曰：「然。昔者嘗以南軒張先生所類洙泗言仁書考察之，終不知仁，今始解矣。」先生曰：「是即知也、勇也。」某因言而通，對曰：「不惟知勇，萬

〔註17〕此處對「自」的解釋，見戴君仁：〈王陽明與陸象山〉，《梅園論學續集》，頁314。

〔註18〕戴君仁：〈朱陸辨太極圖說之經過及評議〉，《梅園論學集》，頁220以為此簡直是禪。

〔註19〕所引葉適、陳淳第二條語，皆見《宋元學案·卷五十八》，頁1085。而陳淳「專做打坐工夫」一語見陳淳：《北溪大全集·卷二十三·與陳寺丞師復（一）》，頁11。

〔註20〕此處說象山靜坐與禪相似，見陳德仁：《象山心學之比較研究》，頁70～71。

〔註21〕吳炆熹：《陸王心學辨微》，頁36謂由象山全集觀之，象山未積極提到靜坐一事，然由詹阜民一事，可知其不反對靜坐。

善皆是物也。」先生曰：「然。更當爲說存養一節。」（《陸九淵集・卷三十五》，頁471）

此中，或謂〔註22〕「照物」即佛家光明寂照之照、「此心已復，澄瑩中立」即佛家頓悟識心之驗；或謂〔註23〕此乃由直覺而得的領悟之知，智光朗照，事理畢現，全賴道德的直覺作用；或謂〔註24〕詹阜民以能知覺的五官之心而識仁，正是從佛家心是空虛寂靜、映照萬物的角度來理解象山的「心」和儒家的「仁」。其實，與其說是由直觀而來的頓悟，不如說是深刻的反省，因爲象山未曾明白主張要人運用一種直接而在理智以外的或訴諸情緒的領悟能力，從而不經推理與經驗之間接手續以獲得對對象自身的認識；相反地，象山要人由自我意識的駕御統合以明本心，即藉經驗與知識的媒介，對某一對象積久地加以審慎地思考反省，並證明此思考方式爲合理，從而意識到自己的行爲、感情、意願與思想，並明確地注意到這些行爲、感情、意願與思想本身及其主體。〔註25〕故必先詹阜民的凡心有《孟子》「鈞是人也」一章的知識、對張南軒《洙泗言仁錄》的考察思索、象山對其閉目的教導指示、半個月夜以繼日的努力持續思維，方能復見本心。因此，靜坐實在是一種幫助自我意識駕御統合的途徑。故所謂靜坐即是「收此心，惟有照物」，即靜下凡心來，不涉雜事；以此而「安坐瞑目，用力操存」，即自我意識專注於體會思繹本心的道理，從事如前述之如何認識到本心之思維活動；所謂「澄瑩中立」、知「萬善皆是本心」，即是自我意識初覺本心之攝制、認識到本心爲道德之始終。故靜坐不好說是一種神秘的或純粹的直觀，〔註26〕亦非將能思之凡心視爲本心，亦非遏伏停止凡心之活動，取消自我意識。〔註27〕

〔註22〕見曾春海：《陸象山》，頁22。又羅欽順：《困知記・卷二》，頁12、宇野哲人：《中國哲學概論》，頁132皆已謂此爲禪家參禪。

〔註23〕見陳德仁：《象山心學之比較研究》，頁61。

〔註24〕見徐紀芳：《陸象山弟子研究》，頁102～103。

〔註25〕此論象山非直觀而是反省，係以己意截取更易布魯格編著、項退結編譯：《西洋哲學辭典》，頁289～291、450之「直觀」、「直觀主義」、「反省」諸條中之文字。

〔註26〕肖萐父、李錦全：《中國哲學史》，頁98謂此是神秘主義的反觀內省、頓悟本心。

〔註27〕陳榮捷：《朱子新探索》，頁299～308論朱子與靜坐，大意謂朱子承二程、李侗之教，乃藉靜坐以收放心、排除慌亂之心思，一方面收斂專一而有助於存養持敬，一方面心平氣定而明曉道理，即靜坐爲幫助涵養明察、讀書篤行之一途徑，故靜坐之法只是「不必要似禪和子樣去坐禪……只令放教意思靜便了」，即收斂心思、不令胡亂邪思、不令走作閒思而已，決非斷絕思慮、不應

藉由靜坐，雖可因此而自明本心，然象山又云：

> 更得師友講磨，何患不進？未親師友，亦只得隨分自理會，但得不
> 陷於邪惡，亦自可貴。（《陸九淵集・卷四・與符復仲》，頁 60）

> 人之精爽，負於血氣，其發露於五官者，安得皆正？不得明師良友
> 剖剝，如何得去其浮偽，而歸於眞實？又如何得能自省、自覺、自
> 剝落？（《陸九淵集・卷三十五》，頁 464）

是則自明尚不及親師友之效速，就普通人來說，有不得已而用之之意，蓋一
般人在物欲意見中，欲自明恐非易事，故以下當論「講明」。

何謂「講明」？象山云：

> 爲學有講明、有踐履。〈大學〉致知格物、〈中庸〉博學審問謹思明
> 辯、《孟子》始條理者智之事，此講明也。〈大學〉修身正心、〈中庸〉
> 篤行之、《孟子》終條理者聖之事，此踐履也。物有本末，事有終始，
> 知所先後，則近道矣。欲修其身者，先正其心；欲正其心者，先誠
> 其意；欲其意者，先致其知；致知在格物。自〈大學〉言之，固先
> 乎講明矣。自〈中庸〉言之，學之弗能，問之弗知，思之弗得，辯
> 之弗明，則亦何所行哉？……然必一意實學，不事空言，然後可以
> 謂之講明，若謂口耳之學爲講明，則又非聖人之徒矣。（《陸九淵集・
> 卷・與趙詠道（二）》，頁 160）

又云：

> 古者十五入大學。〈大學〉曰：「大學之道，在明明德，在新民，在
> 止於至善。」此言大學指歸。欲明明德於天下，是入大學標的，格
> 物致知是下手處；〈中庸〉言博學、審問、愼思、明辨，是格物之方。
> 讀書親師友是學，思則在己，問與辨皆須在人。自古聖人亦因往哲
> 之言、師友之言，乃能有進，況非聖人，豈有自任私知而能進學者？
> 然往哲之言，因時乘理，其指不一；方冊所載，又有正偏純疵，若
> 不能擇，則是泛觀。欲取決於師友，師友之言亦不一，又有是非當
> 否，若不能擇，則是泛從。泛觀泛從，何所至止？如彼作室于道，
> 是用不潰于成，欲取其一而從之，則又安知非私意偏說？子莫執中，
> 孟子尚以爲執一廢百，執一廢百，豈爲善學？後之學者顧何以處此？

事物之禪定。案朱子靜坐既非禪定，今就象山之言觀之，其靜坐亦當與朱子
相近，實亦不必以禪定詮之。

（《陸九淵集・卷二十一・學說》，頁 262～263）

由此可知，象山主張先講明而後踐履，即前文所論「先知後行」之說，而講明是致知格物之事，其做法則是博學、審問、謹思、明辨，而這些方法之具體落實則是親師友、與讀書，然而又不是一般師友之間的講論、一般的讀書，而是必須一意實學、不事空言，即是必須落實於生活切身之實踐，而不可淪為口耳無實之議論。〔註28〕然則此說仍嫌空泛，畢竟講明下的師友與讀書，又是如何做呢？以下分別論之。

三、親師友

茲先談「親師友」。語錄載：

> 王遇子合問：「學問之道何先？」曰：「親師友，去己之不美也。人資質有美惡，得師友琢磨，知己之不美而改之。」子合曰：「是。」請益，不答。先生曰：「子合要某說性善性惡、伊洛釋老。此等話不副其求，故曰『是』而已。吾欲其理會此說，所以不答。」（《陸九淵集・卷三十五》，頁 470）

> 臨川一學者初見，問曰：「每日如何觀書？」學者曰：「守規矩。」歡然問曰：「如何守規矩？」學者曰：「伊川易傳、胡氏春秋、上蔡論語、范氏唐鑑。」忽呵之曰：「陋說！」良久復問曰：「何者為規？」又頃，問曰：「何者為矩？」學者但唯唯。次日復來，方對學者誦「乾知大始，坤作成物，乾以易知，坤以簡能」一章畢，乃言曰：「乾文言云：『大哉乾元』、坤文言云：『至哉坤元』，聖人贊易，卻只個簡易字道了。」遍目學者曰：「又卻不是道難知也。」又曰：「道在邇而求諸遠，事在易而求諸難！」顧學者曰：「這方喚作規矩。公昨日來，道甚規矩？」（《陸九淵集・卷三十四》，頁 429）

而鵝湖之會，陸九齡賦詩云：

〔註28〕戴君仁：〈象山說格物〉、〈陽明評象山說格物〉，《梅園論學集》，頁 401、408～409 以為象山不是「口耳之學」，則其講明不藉口耳，實屬奇事，而異於朱子積講習之功以求明，故其作法，則是參古人的言語、或藉師友的提撕，以一旦而頓悟，正是禪家參師、參話頭之法。案象山「講明不是口耳之學」，意指講明不是道聽塗說的無實之學，正如《荀子・勸學》：「小人之學，入乎耳，出乎口，口耳之間，則四寸耳，曷足以美七尺之軀哉？」之意，應非不藉口耳而從事禪家參師參話頭的奇特工夫。

孩提知愛長知欽，古聖相傳只此心；大抵有基方築室，未聞無址忽成岑。留情傳註翻蓁塞，著意精微轉陸沉；珍重友朋相切琢，須知至樂在于今。(《陸九淵集‧卷三十四》，頁427)

象山和之云：

墟墓興哀宗廟欽，斯人千古不磨心；涓流積至滄溟水，拳石崇成泰華岑。易簡工夫終久大，支離事業竟浮沉；欲知自下升高處，真偽先須辨只今。(《陸九淵集‧卷三十四》，頁427～428)

據史料觀之，陸氏所謂「支離」，當指讀書講論，〔註29〕故年譜記云：

鵝湖之會，論及教人。元晦之意，欲令人泛觀博覽，而後歸之約。二陸之意，欲先發明人之本心，而後使之博覽。朱以陸之教人為太簡，陸以朱之教人為支離，此頗不合。先生更欲與元晦辯，以為堯舜之前何書可讀？復齋止之。(《陸九淵集‧卷三十六‧淳熙二年》，頁491)

而鵝湖別後，朱熹云：

子壽兄弟氣象甚好，其病卻在盡廢講學而專務踐履，卻于踐履之中要人提撕省察，悟得本心，此為病之大者。〔註30〕

呂祖謙云：

近已嘗為子靜詳言之，講貫誦繹，乃百代為學通法，學者緣此支離泛濫，自是人病，非是法病，見此而欲盡廢之，正是因噎廢食。〔註31〕

而朱熹又云：

子靜舊日規模終在，其論為學之病，多說如此即只是意見、如此即只是議論、如此即只是定本。熹因與說：既是思索，即不容無意見；既是講學，即不容無議論；統論為學規模，亦豈容無定本？但隨人材質病痛而救藥之，即不可有定本耳。渠卻云：正謂多是邪意見、閒議論，故為學者之病。熹云：如此卻是自家呵叱亦過分了，須著邪字閒字，方始分明，不教人作禪會耳。又教人恐須先立定本，卻就上面整頓，方始說得無定本底道理，今如此一概揮斥，其不為禪學者幾希矣！渠雖唯唯，終亦未竟窮也……自是渠合下有些禪底意

〔註29〕此說支離指讀書講論，見陳榮捷：〈朱陸鵝湖之會補述〉，《朱學論集》，頁242。
〔註30〕見《朱文公文集‧卷三十一‧答張敬夫》，頁486。
〔註31〕見呂祖謙：《呂東萊文集‧卷四‧答邢邦用書》，頁98。

思。〔註32〕

師友之講明在求明本心，然而由以上諸條，何以卻不直接分析（如談性善性惡）？不論各派學說之正誤？不以書冊上有關文字來解說？而必以讀書講論即是支離、意見、議論、定本？而如臨川學者所說之規矩，本是初學規矩，雖非道德實踐之本質關鍵，然亦爲一成德之助緣工夫，助緣雖非第一義，但畢竟是一助，不可一概揮斥，而宜循循善誘、通經合權，順此第二義而逐步啓悟第一義，否則不應機之揮斥，適促成對方之反動，故象山於此不能融會化通、應機而教，亦未至圓成之境；〔註33〕且終難逃近禪之譏。〔註34〕而此問難若不說明，則將必從黃東發之議：

> 其于諸儒之讀書講授之援經析理，則指爲戕賊、爲陷溺、爲繆妄、爲欺誕、爲異端邪說，甚至襲取閭閻賤婦人穢罵語，斥之爲蛆蟲，得非恃才之高，信己之篤，疾人之已甚，必欲以明道自任爲然邪？……前後諸儒，彬彬輩出，豈無一言之幾乎道者？至其趨向雖正，而講明有差，則宜明言其所差者果何說；講明雖是，而躬行或背，則宜明指其所背者果何事；庶乎孔子之所以教人，孟子之所以明道者矣。今略不一言其故，而概以讀書講學者，自孟子既沒千五百年間，凡名世之士，皆爲戕賊、爲陷溺、爲繆妄、爲欺誕、爲異端邪說，則後學其將安考？此象山之言雖甚憤激，今未百年，其說已泯然無聞。〔註35〕

其實，考今《陸九淵集》未見象山「襲取閭閻賤婦人穢罵語」之處，而象山後學不盛亦不能歸因於此。又象山亦不是只踐履不講學，蓋未先知則不可遵行，而踐履已是行之階段。且「凡欲扭轉凡心之穩態、以肯認某種超越性質時，象山之法乃是必然應有之共同方式，顯然亦不得因此即爲禪」。〔註36〕蓋穩態之自我，會依其固定之模式吸收一切新知識、新經驗，而將其安排到原有架構中，結果只是使具體自我變得更龐大而已，並無任何質上的轉化，如朱子云：

〔註32〕見《朱文公文集‧卷三十四‧答呂伯恭》，頁549。
〔註33〕此處說象山斥臨川學者失當，見牟宗三：《從陸象山到劉蕺山》，頁147～148。
〔註34〕徐復觀：〈象山學述〉，《中國思想史論集》，頁57～58認爲象山呵斥臨川學者，乃是學者挾利欲意見而來，故以手勢打掉，與禪宗相類。
〔註35〕見《宋元學案‧卷五十八》，頁1086。
〔註36〕此係以己意更易牟宗三：《從陸象山到劉蕺山》，頁176之文字。

陸子靜兄弟，其門人有相訪者，氣象皆好。此間學者，却與渠相反。初謂只在此講道漸涵，自能入德，不謂末流之弊，只成說話。至人倫日用最切近處，都不得毫末氣力，不可不深懲而痛警之也。（《陸九淵集・卷三十六・淳熙七年》，頁492）

即是一例證。其次，象山云：

理不可泥言而求，而非言亦無以喻理；道不可執說而取，而非說亦無以明道。理之眾多，則言不可以一方指；道之廣大，則說不可以一體觀。昔人著述之說，當世講習之言，雖以英傑明敏之資，盤旋厭飫於其間，尚患是非之莫辯，邪正之莫分。亂真之似，失實之名，一有所蔽，而天地為之易位，差之毫釐，繆以千里。其於聖賢之言一失其旨，則倒行逆施，弊有不可勝言者。況於短淺之智慮，昏昧之精神，狹陋之聞見，庸鄙之漸習，一旦駭於荒唐繆悠之說，驚於詭譎怪誕之辭，則其顛頓狼狽之狀，可勝言哉？正使與之誦唐虞之書，詠商周之詩，殆亦未必不指汙沱為滄海，謂丘垤為嵩華，況又雜之以不正之言，亦安得而不狼狽哉？（《陸九淵集・卷六・與包詳道》，頁81）

昔人之書，不可以不信，亦不可以必信，顧於理如何耳。蓋書可得而偽為也，理不可得而偽為也。使書之所言者理耶，吾固可以理揆之；使書之所言者事耶，則事未始無其理也。觀昔人之書而斷於理，則真偽將焉逃哉？苟不明於理而惟書之信，幸而取其真者也，如其偽而取之，則其弊將有不可勝者矣。（《陸九淵集・卷三十二・取二三策而已矣》，頁380）

講學固無窮，然須頭項分明，方可講辯。若自交加糊塗，則須理會得交加糊塗處分明，方可講辯。如楊朱、墨翟、老、莊、申、韓，其道雖不正，其說自分明，若是自分明，雖不是，亦可商確理會……子夏、子游、子張，各知其有不同，乃有商量處，縱未能會通，亦各自分明。（《陸九淵集・卷四・與諸葛誠之》，頁50）

日享事實之樂，而無暇辨析於言語之間，則後日之明，自足以識言語之病，急於辨析，是學者大病。《陸九淵集・卷十・與詹子南》，頁140）

即對本心正確地理解，可以形成一套客觀的道德知識，而有其適當的陳述方式，但是此非易事；而常人與書籍，往往充斥物欲意見，故一旦真欲講解本心之知識，不是教者與學者皆無此知識，就是學者不能驟懂，於是講解只是浪費時間之深陷。故象山不答王遇、呵斥臨川學者、反對傳注訓詁、反對讀書議論，其意即是講解客觀正確的本心知識，因學者已在物欲意見中，必以其狀態來理解，故此知識終淪為定本（即只是人云亦云而不能真知）、邪意見（即誤解此知識）、或閒議論（即口舌之空談而無切身感動），結果只是支離（即將一套嚴整的道德知識散成無系統次序之語言文字，以屈從於原先之物欲意見），〔註37〕即是：

> 古人質實不尚智巧，言論未詳，事實先著，知之為知之，不知為不知……故言即其事，事即其言，所謂「言顧行，行顧言」。周道之衰，文貌日盛，事實湮於意見，典訓蕪於辨說，揣量模寫之工，依倣假借之似，其條畫足以自信，其習熟足以自安。以子貢之達，又得夫子而師承之，尚不免此。「多學而識之」之見，非夫子叩之，彼固晏然而無疑。「先行」之訓，「予欲無言」之訓，所以覺之者屢矣，而終不悟。夫子既歿，其傳固在曾子，蓋可觀矣。況其不工不似，不足以自信，不足以自安者乎？雖然，彼其工且似，足以自信，足以

〔註37〕　本文以「支離」為分散，如《文選》王延壽〈魯靈光殿賦〉：「捷獵鱗集，支離分赴」之例。又貫豐臻：《中國理學史》，頁200意謂象山心即理能結合窮理與本心的善，以為程朱之窮理不過為形式的智識，與本心的善並無十分關係，故說支離，即窮理和本心的善不能打通。而牟宗三：《從陸象山到劉蕺山》，頁13、17、33、37、49、87大意謂象山之意在於揮斥閒議論而藉非分解方式以指歸於樸實，扭轉以知識途徑講道德之端緒之失，遂令朱子誤想為禪，其實此種精神與風格根本與禪無關；蓋知識本身自有其獨立意義，但不必與道德實踐有直接而本質的相干，依知識之路講道德即成為閒議論，不是知識本身為閒議論；若順知識之路講道德，所成者只是他律道德，而非自律道德；故「支離」者，歧出而不相干之謂，故云「真偽先須辨只今」，成德之學的或真或偽，只在能否辨識肯認當下呈現之道德本心。又徐復觀：〈象山學述〉，《中國思想史論集》，頁23～24、37～38認為象山不是反對讀書，而是要人先在念慮起處作一種價值轉換，即求義不求利，方可無害，否則知識不能保證不被用來害人；且知識的活動用於倫理上，只能成就關於倫理的一種知識，並不是道德主體的本身，必須當事者在心中時時轉換回德性，才能有實踐的保證，此種「以知識發現道德」的作法中所多出來的轉換，象山議之為支離。又曾春海：《陸象山》，頁86認為支離指知識學問之累積與德性生命之成長，缺乏必然關聯，因為知識之攝取係理性認知，若不啟發感動人生之態度，則知識只是客觀靜態存在而已，不能有行動。案此四說於義亦長，附記於此。

自安，則有終身不反之患，有不可救藥之勢。乃若未工未似，未足以自信，未足以自安，則舍其邪而歸於正，猶易爲力也。（《陸九淵集‧卷一‧與曾宅之》，頁5）

勢既如此，師友間又當如何講明呢？

語錄載：

徐仲誠請教，使思《孟子》「萬物皆備于我矣，反身而誠，樂莫大焉」一章。仲誠處槐堂一月，一日問之云：「仲誠思得《孟子》如何？」仲誠答曰：「如鏡中觀花。」答云：「見得仲誠也是如此。」顧左右曰：「仲誠眞善自述者。」因説與云：「此事不在他求，只在仲誠身上。」既又微笑而言曰：「已是分明説了也。」少間，仲誠因問：〈中庸〉以何爲要語？」答曰：「我與汝説內，汝只管説外。」良久曰：「句句是要語。」梭山曰：「博學之，審問之，愼思之，明辯之，篤行之。此是要語。」答曰：「未知學，博學箇甚麼？審問箇甚麼？明辨箇甚麼？篤行箇甚麼？」（《陸九淵集‧卷三十四》，頁428）

仲誠所謂鏡中觀花，即喻讀《孟子》書此章未能眞有所體會，猶如觀鏡中之花，雖見花之影像，然並非看到、觸到、聞到眞花，故象山稱讚其善於描述自己之困境；〔註38〕而象山欲使仲誠脫離此困，故指出「萬物皆備於我」，意即人所固有之本心即是理，能內求本心，方是入道之始。所謂「不在他求」，「只在身上」、「説內」、「句句是要語」、「未知學，博學篤行箇什麼」皆是此意，此誠是「已是分明説了」，不是象山認爲此理不可出以言詮，〔註39〕而其令仲誠思「萬物皆備於我」一章亦無禪家參話頭的意思。〔註40〕蓋禪宗之話

〔註38〕林繼平：《陸象山研究》，頁94認爲徐仲誠以「鏡中觀花」喻其本體心之顯現，蓋本體心爲形上而不可捉摸，故象山首肯之。而張立文：《走向心學之路》，頁123～125大意謂象山極力贊揚徐仲誠之成果，蓋仲誠將物我之界限取消，以鏡喻心，以花喻萬物，萬物的假象印到心中，猶如花顯現於鏡，故心與萬物是顯現與被顯現之關係，因此對物之認識只要求之於心而不必向外求，完成「宇宙便是吾心」之論證，而象山此意脫胎於禪宗「身是菩提樹，心如明鏡台」之思辨。而張念誠：《象山人格教育思想之研究》，頁51～52謂鏡中觀花指隔了一層，象山是要仲誠能將書中語句體貼到自身內相印證而無礙。案當依張念誠之説較合原文之意。

〔註39〕羅光：《中國哲學思想史‧宋代篇》頁，668認爲此段語錄有思想卻不能用言語説出（案指象山已是分明説了一語），只可以心中理會，很像禪宗的話頭。

〔註40〕戴君仁：〈陽明評象山説格物〉，《梅園論學集》，頁409以爲象山使徐仲誠思孟子萬物皆備於我一章，分明是禪家參話頭。

頭，是將公案（即禪宗古德之典故、語錄）中某些語句抽出而成（如參趙州
「狗子還有佛性也無」的「無」字），參究話頭之目的在於杜塞思量分別之用、
掃蕩知解；此只為人八識田中，無量劫來，惡習種子，念念內薰，相續流注，
妄想不斷，無可奈何，故將一則無意味話與你咬定，先將一切內外心境妄想，
一齊放下，因放不下，故教提此話頭，如斬亂絲，一齊斬斷，更不相續，把
斷意識，再不放行，此正是達摩外息諸緣，內心無喘，心如牆壁的規則，不
如此下手，決不見自己本來面目，不是教你在公案上尋思，當做疑情，望他
討分曉；即話頭實為斷絕擬思識心、勘破疑團之工具。〔註41〕而《孟子》「萬
物皆備於我」一章是有義可解之文章，不是無意義的話頭，象山使人思此章，
是因此章具有重要義理，苟能體會，為助不細，正是要人去思、去體會章旨，
不是杜思量、蕩知解、斷識心，因此，可知此決非話頭禪，而若使人讀某一
書中之重要語句即是參話頭，則天下讀書人皆成禪家矣。年譜又記：

> 四明楊敬仲時主富陽簿，攝事臨安府中，始承教於先生。及反富陽，
> 三月二十一日，先生過之，問：「如何是本心？」先生曰：「惻隱，
> 仁之端也；羞惡，義之端也；辭讓，禮之端也；是非，智之端也。
> 此即是本心。」對曰：「簡兒時已曉得，畢竟如何是本心？」凡數問，
> 先生終不易其說，敬仲亦未省。偶有鬻扇者訟至于庭，敬仲斷其曲
> 直訖，又問如初。先生曰：「聞適來斷扇訟，是者知其為是，非者知
> 其為非，此即敬仲本心。」敬仲忽大覺，始北面納弟子禮。故敬仲
> 每云：「簡發本心之問，先生舉是日扇訟是非答，簡忽省此心之無始
> 末，忽省此心之無所不通。」先生嘗語人曰：「敬仲可謂一日千里」。
> （《陸九淵集・卷三十六・乾道八年》，頁 487～488）

或謂「此乃象山之直覺方法論，還輔以當頭棒喝之法，使其猛省，正是禪宗
教法」，〔註42〕「與禪家打機鋒相似」。〔註43〕其實象山反覆以四端說本心，
實即本心之義本即如此，無甚高妙，易此亦無他解，〔註44〕此若果是禪家威

〔註41〕此處論參話頭，見呂澂：《中國佛學思想概論》，頁 285、何國銓：《中國禪學
　　　　思想研究》，頁 301、306、308。
〔註42〕見陳德仁：《象山心學之比較研究》，頁 61、71。
〔註43〕見張立文：《陸走向心學之路》，頁 31。
〔註44〕林安梧：〈象山心學義理規模下的本體詮釋學〉，頁 19～20 謂楊簡兒時之知曉
　　　　根本不能算數，蓋知解的把握不能有真理解，而必須對本心的流露有存在的
　　　　呼應與感動，方能真悟。林氏之說亦長，附以參考。

猛迫人而不容擬議之棒喝，若果是一觸即發、無從捉摸之機括，若果是不可依傍、觸之即傷的犀利箭鋒，則《論語・憲問》云：「子路問君子。子曰：『脩己以敬。』曰：『如斯而已乎？』曰：『脩己以安人。』曰：『如斯而已乎？』曰：『脩己以安百姓。脩己以安百姓，堯舜其猶病諸！』」將亦是言行不落跡象、語意不甚明確、擋下心思、引起返照、試驗學者的禪宗棒喝機鋒矣。又詹阜民所記語錄云：

> 某方侍坐，先生遽起，某亦起。先生曰：「還用安排否？」（《陸九淵集・卷三十五》，頁 470）

有謂〔註45〕此即是以禪家手法教人之一例。其實，象山係把握當時之情境來教楊簡、詹阜民，其以人固有之公正心、尊敬師長之心，就此本心之呈露處來點出本心之內涵與特質，正如孔子答時人弟子之問仁問孝、孟子之說明性善仁政，亦是隨機教育、應事舉證（如孟子因齊宣王不忍牛之觳觫，而說是心足以王），孔孟既非禪，則象山亦非禪，而一位人師若連此種教育機會亦不能善加利用，則大概不算是善於教學的老師。且此法能奏效，並不容易，如必先楊簡有《孟子》四端的知識、長久以來對本心的疑惑、〔註46〕數次發問而得相同答案之刺激下的思考、斷扇訟的經驗，方能對本心有所體會領悟。

　　總結徐仲誠、楊簡、詹阜民諸例，可知象山用一種當下指點的方式來做為師友之講明，使人能夠明本心，然而朱熹對於象山此種教育風格批評說：

> 如陸子靜天資甚麼高明，卻是不道中庸，後其學便誤人。某嘗說子靜說道理有個黑腰子，其初說得瀾翻，極是好聽，少間到那緊處時，又卻藏了不說，又別尋一個頭緒，瀾翻起來，所以人都捉他那緊處不著。〔註47〕

> 子靜說話，常是兩頭明、中間暗。或問暗是如何？曰：是他那不說破處，他所以不說破，便是禪。所謂鴛鴦繡出從君看，莫把金針度與人，他禪家自愛如此。〔註48〕

〔註45〕如戴君仁：〈朱陸辯太極圖說之經過及評議〉，《梅園論學集》，頁 220、賴永海：〈佛性、本心與良知——陸王心學與佛學〉，頁 38。

〔註46〕《陸九淵集・卷三十六・紹熙四年》，頁 515 錄楊簡〈復齋象山二先生祠記〉云：「簡積疑二十年，先生一語觸其機，簡始自信心之即道，而非有二物。」是楊簡未見象山前，已思索二十年矣。

〔註47〕見《朱子語類・卷六十四》，頁 630。

〔註48〕見《朱子語類・卷一〇四》，頁 1042。

近世所見會説話，説得響，令人感動者，無如陸子靜。〔註49〕

朱子前兩段話與最後一段實相矛盾，蓋人若既不能了解象山之話，又從何而來的感動呢？象山云：

禪家話頭不說破之類，後世之謬。（《陸九淵集・卷三十五》，頁467）

不假推尋擬度之説，殆病於向者推尋擬度之妄，已而知其非，遂安之，以爲道在於是。必謂不假推尋爲道，則仰而思之，夜以繼日，探賾、索隱、鈎深、致遠者，爲非道邪？必謂不假擬度爲道，則是擬之而後言，議之而後動，擬議以成其變化者，爲非道邪？……是殆未得夫道之正也。（《陸九淵集・卷六・與傅聖謨》，頁77～78）

是象山分明不贊成禪家不說破，且其或用不假推尋擬度之教法，乃因學者之妄病而發，非只此一法，而謂探賾、索隱、鈎深、致遠、擬議皆不可爲。又考年譜載：

在行都，諸賢從游。先生朝夕應酬問答，學者踵至，至不得寢者餘四十日。所以自奉甚薄，而精神益強，聽其言者，興起甚眾。（《陸九淵集・卷三十六・乾道八年》，頁487）

在國學……諸生叩請，亹亹啓論，如家居教授，感發良多。（《陸九淵集・卷三十六・淳熙十年》，頁493～494）

既歸，學者輻輳。時鄉曲長老，亦俯首聽誨。每詣城邑，環坐率二三百人，至不能容，徙寺觀。縣官爲設講席於學宮，聽者貴賤老少，溢塞途巷，從游之盛，未見有此。（《陸九淵集・卷三十六・淳熙十三年》，頁499）

湯公思謙……謂幕僚友曰：「陸丈至誠，何不去聽説話？」幕僚云：「恐陸丈門戶高峻，議論非某輩所能喻。」公曰：「陸丈説話甚平正，試往聽看。某於張呂諸公皆相識，然如陸丈説話，自是不同。」（《陸九淵集・卷三十六・淳熙十四年》，頁499）

則象山講學親切易曉，至連平民亦皆能知，爲宋代講學開一新生面。〔註50〕於是可知象山對上述王遇、臨川學者、徐仲誠、楊簡、詹阜民之教法，亦只

〔註49〕見《朱子語類・卷九十五》，頁977。

〔註50〕錢穆：《宋明理學概述》，頁163指出象山講學既不是胡瑗以來的書院講學，也不是二程般私家朋友講習，而另是一種向社會群眾的公開演講，爲宋代講學開一新生面。

是應人應事之例，此中對問題之回答誠是簡短而未詳細申明，然其回答並非無義或難解，不是不說破之禪，若眞如此，則《論語·先進》：「季路問事鬼神。子曰：『未能事人，焉能事鬼？』敢問死。曰：『未知生，焉知死？』」亦是黑腰子、不言詮之禪。故象山如同家居教授般孳孳啓諭，決非門戶高峻而每次教人都不肯多說話，而觀《陸九淵集》象山與人書信，意皆坦然眞誠，如卷一〈與曾宅之〉論「本心即理」即是詳細指陳，又如其與朱子論辯，語錄載：

> 一夕步月，喟然而歎，包敏道侍，問曰：「先生何歎？」曰：「朱元晦泰山喬嶽，可惜學不見道，枉費精神，遂自擔閣，奈何？」包曰：「勢既如此，莫若各自著書，以待天下後世之自擇。」忽正色厲聲曰：「敏道敏道，恁地沒長進，乃作這般見解。且道天地間有箇朱元晦、陸子靜，便添得些子？無了後，便減得些子？」（《陸九淵集·卷三十四》，頁 414）

> 先生與晦翁辯論，或諫其不必辯者。先生曰：「女曾知否？建安亦無朱晦翁，青田亦無陸子靜。」（《陸九淵集·卷三十四》，頁 399）

> 後世言學者須要立箇門戶。此理所在，安有門戶可立？學者又要各護門戶，此尤鄙陋。（《陸九淵集·卷三十四》，頁 400）

> 天下之理，但當論是非，豈當論同異。（《陸九淵集·卷十三·與薛象先》，頁 177）

此乃象山「自信其所講之道理在天地間常存常明，有他不增，無他不減」；〔註51〕而「建安即朱子里居崇安縣之所在，青田在象山家居金谿縣之東，意謂眞理超乎個人」。〔註52〕在象山個人看來，其與朱子間之論辯，正是朋友間之講明、正是學有實得後之討論，而此種細部之義理分析，更是不可不做的。〔註53〕又

〔註51〕見錢穆：《宋明理學概述》，頁 172。

〔註52〕見陳榮捷：《朱熹》，頁 215。而張立文：《走向心學之路》，頁 125～126 竟認爲此乃否定現實存在的人，以爲人不過是本心映射出的虛幻影像，並非眞實的客觀存在，此已近佛教一切皆空、皆無的思想。張氏此見不是。

〔註53〕牟宗三：《心體與性體》第二冊，頁 194、196 認爲體會義理而心中明透，象山自無可疑，然而又出以言詮而分解諦當，則需概念思辨之工巧，此向非中國先賢所長，象山眞能分解表出否，不能無疑，且其亦未曾分解思辨地予人詳細指出。牟氏之說自非無理，然而就《陸九淵集》看來，其對本心、理之言論，讀來大致明白，雖非如哲學語言般，但應屬文化習慣，不必疑古人能力不足。

語錄載：

> 《論語》中多有無頭柄的說話，如「知及之，仁不能守之」之類，不
> 知所及所守者何事？如「學而時習之」，不知時習者何事？非學有本
> 領，未易讀也。苟學有本領，則知之所及者，及此也；仁之所守者，
> 守此也；時習之，習此也；說者說此；樂者樂此。如高屋之上，建瓴
> 水矣，學苟知本，六經皆我註腳。(《陸九淵集‧卷三十四》，頁 395)

> 或問：「先生何不著書？」對曰：「六經註我，我註六經。韓退之是倒
> 做，蓋欲因學文而學道，歐公極似韓，其聰明皆過人，但不合初頭俗
> 了。」或問：「如何俗了？」曰：「符讀書城南三上宰相書是已。至二
> 程方不俗，然聰明却有所不及。」(《陸九淵集‧卷三十四》，頁 399)

> 名分之說，自先儒尚未能窮究，某素欲著論以明之。(《陸九淵集‧
> 卷十二‧與劉伯協（二）》，頁 169)

年譜又記：

> 先生始欲著書，嘗言諸儒說《春秋》之謬尤甚於諸經，將先作傳。值
> 得守荊之命而不果。(《陸九淵集‧卷三十六‧淳熙十六年》，頁 506)

皆可見象山有誨人之熱誠，亦欲講論著作，然而象山所指之講論著作，是指
道德知識及表述此種知識之語文，故必先「知本」，知本即是「知此」，「此」
即是此心此理，[註54] 能知本方可知道德之書中所言何指，故說「學無本領，
未易讀也」。且著作亦不是如漢儒之字面訓詁、或文學家之行文鋪陳，而須是
以自身之言行來印證、實現道德經典中之義旨。因此六經皆我註腳、六經註
我、我註六經，乃是一個道德實踐者「讀書與著作」的問題，即踐履者讀有
關道德之書當如何讀才能真懂真受用、當具備何種條件才可將有關道德之書
予以落實，而不是說讀書與著述是次要的、乃至於是不必要的，[註55] 亦不

〔註54〕蔣伯潛：《理學纂要》，頁 92、97 謂能識本心，謂之知本，所謂「此」、所謂
「本」，即是心，亦即是理。本文從之。又戴君仁：〈讀論語〉，《梅園論學三
集》，頁 11～13 指出象山此解並不合《論語》原意，蓋「知及之仁不能守之」
的「之」指「官位」，象山係主觀地驅使六經，使之就己。戴氏所說是，象山
此處實曲解《論語》，然亦無害其義理之申明。

〔註55〕關於「六經皆我註腳」、「六經註我，我註六經」，學者所論不相同，茲附幾種
於下：

　　（1）羅欽順《困知記‧卷三》，頁 25～26 云：「自陸象山有六經皆我註腳之
　　　　　言，流及近世，士之好高欲速者，將聖賢經書都作沒緊要看了，以為道
　　　　　理但當求之於心，書可不必讀，讀亦不必記，亦不必苦苦求解。看來，

是禪宗之「不立文字」。﹝註56﹞此一對著作之態度，正是承師友講明而來，眞

若非要作應舉用，相將坐禪入定去，無復以讀書爲矣。一言而貽後學無
窮之禍，象山其罪首哉。」

（2）夏君虞：《宋學概要》，頁 158 謂陸派不主張不讀書，但卻不怎樣尊重書，
讀書只算是學問的第二義。徐復觀：〈象山學述〉，《中國思想史論集》，
頁 25～26 認爲象山將價值轉換放第一位，讀書放在第二位，不過是此
心之印證，故重在「事」上之工夫，而非「書」上。

（3）唐君毅：《中國哲學原論・原教篇》，頁 237 認爲此非謂不讀六經，唯是
讀經時即以其自心之德性工夫，印證六經之所説；亦以六經之所説者，
培養浸灌其心，而使心與六經，互相發明，即互相註釋。蔡仁厚：《王
陽明哲學》，頁 146 以爲象山決非狂悖，而是六經千言萬語，不過爲我
本心仁體多方印證而已。林繼平：《陸象山研究》，頁 184 認爲用這本體
心去解釋六經，即是我註六經；再用六經去説明本體心，便是六經註我。
林安梧：〈象山心學義理規模下的本體詮釋學〉，頁 15、17、22 謂此處
之「註疏」不同於理論建構，亦非意見辯議，而是一種脈絡的契入及生
活的參與，即將經典視爲生活世界而爲一生活化的儒學，故詮釋即是生
活。而我註六經意謂以全幅生命精神去參贊六經，六經註我意謂六經可
以長養生命精神。本文依此説。

（4）勞思光：《新編中國哲學史（三上）》，頁 390～391 雖未論六經註我之問
題，然亦以爲象山所重者不在語言或表述方式，而在文字所顯示之理論
通向何問題，而語言本身之處處澄清即爲次要，總之，言説只爲幫助主
體自覺之顯發，言説本身無獨立意義，而不注意客觀理論之建構。

（5）張君勱：《新儒家思想史》，頁 235 意謂象山這句話非常大膽，其只重視
道和自身，而把六經權威降到附屬地位。張立文：《走向心學之路》，頁
177 認爲心是本，既然六經都是我心的注腳，我心又何必去注六經呢？
即主張安坐瞑目而無需多求學問。康雲山：《南宋心學易研究》，頁 289
認爲六經的內容都不能外於心，故體證了心的本質，即知六經都是在解
説心的意義，順著心之理，即可貫通六經。

（6）余英時：《歷史與思想》，頁 103 謂象山非輕蔑六經，其意只是讀者須將
書中道理與心中道理融合，又以其道理已備見於六經，故無著書的必
要，著書是我註六經，不著書是六經註我，此非陳白沙「糟粕非眞傳」、
「何用窺陳編」之説，至多只是微見端緒而已。

（7）曾春海：《陸象山》，頁 39 認爲倡「六經註我」的象山，不但識世俗記
誦之學，亦無意無對已往之哲學做純理論的研究，其方法非純學者式之
外在客觀研究法，而是側重主體內在之自覺自證與篤行，是一種能悟能
行、能信能證、一切訴諸自得其心之修身法。

﹝註56﹞《朱子語類・卷一二四》，頁 1190 云：「陸子靜不著言語」、頁 1191 云：「陸
子靜樣不立文字」、頁 1194 云：「陸象山道當下便是」、又《大學或問・卷二》
云：「今必以是淺近支離，而欲藏形匿影，別爲一種幽深恍惚艱難阻絕之論，
務使學者蒼然措其心於文字語言之外，而曰道必如此，然後可以得之，則是
近世佛學詖淫邪遁之尤者，而欲移之以亂古人明德新民之實學，其亦誤矣。」
戴君仁：〈朱子陽明的格物致知説和他們整個思想的關係〉，《梅園論學集》，

理必須講明，故著作須予肯定，但講明不是閒談虛論、言而不行，故著作須是見道而不離於日常動作，此中可見象山對道德性質之語言文字的愼重不苟。至於此種讀書態度究係如何？下文當再論之。而總結師友之講明，即是或以當下啓發，或以語文詳細分解，前者是避開物欲意見之糾纏而應時指點本心之特質，後者則正面申論本心之義，前者權，後者經，交相運用，並不矛盾，而先決條件是要有見道之師友，才能使學者得到正確客觀的道德知識而踐履於行爲，免於定本、邪意見、閒議論，徒然增益其具體自我之舊規模。

四、讀書

關於讀書，〔註57〕李伯敏所記語錄載：

> 伯敏云：「如何是盡心？性、才、心、情如何分別？」先生云：「如

頁171指出這段話顯然針對陸學而發。則朱子已隱然有以象山爲不立文字之禪。而宇野哲人：《中國哲學概論》，頁132謂六經皆我註腳，此則殆有類於禪家之不立文字。又曾春海：《陸象山》，頁24認爲《陸九淵集》除書信外，主要内容爲語錄，此受禪宗影響。案象山應是愼重知識與語文，亦深戒物欲意見之使知識、語文變質，不是眞的不要文字。而林浩德：《陸象山心學研究》，頁133～138大意謂象山無專著不即是禪，如孔子述而不作亦非禪，且象山對文字深所期許，必須契合於道，而又深知語文之功能與不足，故《陸九淵集·卷三十四》，頁424載「梭山一日對學者言曰：『文所以明道，辭達足矣，意有所屬也。』先生正色而言曰：『道有變動，故曰爻；爻有等，故曰物；物相雜，故曰文；文不當，故吉凶生焉。昔者聖人之作易也，幽贊於神明而生蓍……窮理盡性以至於命，這方是文，文不到這裏，説甚文？』」又卷六〈與包詳道〉，頁81云「理不可泥言而求，而非言亦無以喻理」、卷七〈與彭子壽〉，頁91「言固難以盡意，達於書間尤難」、卷十一〈與吳子嗣（八）〉，頁147「用字之疵，不足以達道，而能爲理之累」、卷十四〈與胥必先〉，頁186「必令文義明暢，欲不勞其思索，不起其疑惑，使末不害本，文不妨實」、卷十四〈與蔡公辯〉，頁187「老夫平時最檢點後生言辭書尺文字，要令入規矩」、卷三十五語錄，頁431「後生看經書，須著看注疏及先儒解釋，不然執己見議論，恐入自是之域，便輕視古人」，可見象山並非偷懶或粗枝大葉。林氏之見足資參考。又王煜：〈從瑜伽與禪定以論陸象山、王陽明、王龍溪之學非禪非佛〉，頁15～18於朱子以爲象山不重視語言文字、不説破，皆已辯正，可參之。

〔註57〕關於象山讀書法，學者已頗有論及，讀者可以逕行參考。如高廣孚：〈陸王教育思想之研究〉，頁343～345謂象山讀書態度是唯理是從，讀書法是選讀、精讀、平淡讀、由易而難、把握全書要旨。如林繼平：《陸象山研究》，頁151以曉文義、看意旨、行（實踐）爲象山讀書三步驟。如張立文：《走向心學之路》，頁370～380以循序漸進、熟讀精思、忠於原意、勇於存疑、辯論有進、實事實學爲象山讀書方法。本文不欲專論象山之讀書，此處只論如何經由讀書而明本心。

吾友此言，又是枝葉，雖然，此非吾友之過，蓋舉世之弊。今之學者讀書，只是解字，更不求血脉。且如情性心才，都只是一般物事，言偶不同耳。」伯敏云：「莫是同出而異名否？」先生曰：「不須得說，說著便不是，將來只是騰口說，爲人不爲己。若理會得自家實處，他日自明。若必欲說時，則在天者爲性，在人者爲心，此蓋隨吾友而言，其實不須如此。只是要盡去爲心之累者，如吾友適意時，即今便是。『牛山之木』一段，血脉只在仁義上，『以爲未嘗有材焉』、『此豈山之性也哉』、『此豈人之情也哉』，是偶然說及，初不須分別。所以令吾友讀此者，蓋欲吾友知斧斤之害其材，有以警戒其心……只與理會實處，就心上理會，俗諺云：『癡人面前，不得說夢。』又曰：『獅子咬人，狂狗逐塊。』以土打獅子，便徑來咬人，若打狗，狗狂，只去理會土。聖賢急於教人，故以情、以性、以心、以才說與人，如何泥得？若老兄與別人說，定是說如何樣是心、如何樣是性情與才，如此分明說得好，剗地不干我事，須是血脉骨髓理會實處始得，凡讀書皆如此。」（《陸九淵集・卷三十五》，頁 444～445）

此段文字係一讀書法之說明，因《孟子》中之語句，乃是啓發學者眞生命之語句，藉此語句引歸到自己心上，默識心通，方眞受用而順適暢達，若只做字面分疏，不是不能眞識得孟子之心意，就是只成客觀知解而不干我事。〔註 58〕語錄又記：

伯敏嘗有詩云：「紛紛枝葉謾推尋，到底根株只此心，莫笑無弦陶靖節，箇中三歎有遺音。」先生首肯之。（《陸九淵集・卷三十五》，頁445）

淵明云：「但識琴中趣，何勞絃上聲」，〔註 59〕李伯敏之詩借此典故，意在說明讀書須得文字之血脈，不可只圍限於文字本身。〔註 60〕象山又云：

大抵讀書，訓詁既通之後，但平心讀之，不必強加揣量，則無非浸灌培益、鞭策磨勵之功，或有未通曉處，姑缺之無害。且以其明白

〔註 58〕此處說伯敏此段語錄係一讀書法，見牟宗三：《心體與性體》第二冊，頁 188 ～189。

〔註 59〕見《晉書・隱逸傳》。

〔註 60〕徐紀芳：《陸象山弟子研究》，頁 101～102 認爲李伯敏之詩，誤以陶潛歸隱田園之道家思想的「心」，當作象山倫理的「心」。徐氏之說待榷，蓋如此象山不會首肯。

昭晰者，日加涵泳，則自然日充日明，後日本原深厚，則向來未曉
者，將亦有渙然冰釋者矣。〈告子〉一篇，自「牛山之木嘗美矣」以
下，可常讀之，其浸灌培植之益，當日深日固也。其卷首與告子論
性處，却不必深考，恐其力量未到，則反惑亂精神，後日不患不通
解。（《陸九淵集・卷七・與邵中孚》，頁 92）

某讀書只看古註，聖人之言自明白。且如「弟子入則孝、出則弟」，
是分明說與你入便孝、出便弟，何須得傳註？學者疲精神於此，是
以擔子越重。到某這裏，只是與他減擔，只此便是格物。（《陸九淵
集・卷三十五》，頁 441）

則當先讀坦然明白之文字。蓋孟子正面之論，義理暢達，又喻解切至、的然
分明，而其與告子論性處，則是邏輯思辨之例，須名理精熟、義理明透，方
能照澈其曲折，並非境界甚高而難解，而是思辨釐清之麻煩，〔註 61〕此即是
減擔讀書的格物方法。象山又云：

人謂某不教人讀書。如敏求前日來問某下手處，某教他讀〈旅獒〉、
〈太甲〉、〈告子〉「牛山之木」以下，何嘗不讀書來？只是比他人讀
得別些子。（《陸九淵集・卷三十五》，頁 446）

嘗令後生讀書時，且精讀文義分明、事節易曉者，優游諷詠，使之
浹洽，與日用相協，非但空言虛說，則向來疑惑處，自當渙然冰釋
矣。縱有未解，固當候之，不可強探力索，久當自通，所通必真實，
與私識揣度者，天淵不足諭其遠也。（《陸九淵集・卷十一・與朱濟
道》，頁 143）

開卷讀書時……縱有滯礙，此心未充未明，猶有所滯而然耳。姑舍
之以俟他日可也。不必苦思之，苦思則方寸自亂，自蹶其本，失己
滯物，終不明白。但能於其所已通曉者，有鞭策之力，涵養之功，
使德日以進，業以日修……若固滯於言語之間，欲以失己滯物之智，
強探而力索之，非吾之所敢知也。（《陸九淵集・卷三・與劉深甫》，
頁 34～35）

讀古書……毋忽其為易曉，毋恃其為已曉，則久久當有實得實益。

〔註 61〕此處說明何以不先讀孟子告子之辯論，見牟宗三：《心體與性體》第二冊，頁
　　　　195。

（《陸九淵集・卷十・與曾宅之》，頁 139）

舉一學者詩云：「讀書切戒在荒忙，涵泳工夫興味長；未曉莫妨權放
過，切身須要急思量；自家主宰常精健，逐外精神徒損傷；寄語同
遊二三子，莫將言語壞天常。」（《陸九淵集・卷三十四》，頁 408）

於是可知，藉讀書以明本心，則必先選擇適當之書，即其中對本心即理之說
有淺顯易懂之陳述者，扣緊意旨所在，不泥文字，以此實行，不急不怠，自
可明白本心，切勿貪多好難，苦思力索，以免擾動先在的物欲意見，使之攀
緣文字，終不能因讀書而明本心。〔註 62〕而此所謂讀書，自是指明白道德知
識方面，而不指其他外物知識，否則不可能久久終可怡然理順、渙然冰釋。

由上可知，若認為〔註 63〕象山完全缺乏分解以立義之思路，未能正視氣
稟之雜，不知人之辨析認識能力有助於體悟本心，只倡由當下回悟本心之自
覺一途，一開始就要人從本心頓悟，不予人經學術知識之分解來開導溝通說
服責成之漸教方式，終令初學或中下根器者難以捉摸、空疏無所用力、易生
挫折而自暴自棄，難免如朱子所評：「自信太過，規模窄狹，不復取人之善」。
〔註 64〕此一意見，似有誤會。而若認為〔註 65〕象山既倡簡易之心學工夫，應

〔註 62〕楊祖漢：〈陸象山的直指本心〉，頁 38～39 意謂讀聖賢書不在求理知分析以滿
足理論需求，而是要自然地走入文字的義理世界中，與作者相悅而解，產生
同樣的真情實感，故讀書千遍，其義自見，道德精神只能具體感受，不能抽
象理解。

〔註 63〕見曾春海：《陸象山》，頁 54、158～159。而渡邊秀方：《中國哲學史概論》，
頁 99、張起鈞、吳怡：《中國哲學史話》，頁 328、劉述先：《朱子哲學思想的
發展與完成》，頁 475、及汪義麗：《象山心學在宋學中之歷史意義》，頁 125
已發此意。又容肇祖：《明代思想史》，頁 5 意謂象山要走那簡易直截的捷徑，
明顯地跑入禪宗的路子，以明心頓悟為方法。而韋政通：《中國思想史（下）》，
頁 1186、1192～1194 亦謂象山似慧能，強調尊德性的頓悟法門，凡通過知解
的方法去把握道理，皆是杜撰，此種四無依傍之精神，正是禪宗之影響。

〔註 64〕見《朱文公文集・卷三十一・答張敬夫》，頁 486。

〔註 65〕見蒙培元：《理學的演變》，頁 108～109。案《陽明全書・卷五・與席元山》，
頁 3 云：「象山之學，簡易直截，孟子之後一人，其學問思辨、致知格物之說，
雖未免沿襲之累，然其大本大原，斷非餘子所及也。」又《陽明全書・卷六・
答友人問》，頁 7 云：「（問）『象山論學，與晦庵大有同異，先生嘗稱象山於
學問頭腦處見得直截分明，今觀象山之論，卻有謂學有講明、有踐履，及以
致知格物為講明之事，乃與晦庵之說無異，而與先生知行合一之說，反有不
同，何也？』……又問：『致良知之說，真是百世以俟聖人而不惑者，象山已
於頭腦上見得分明，如何於此尚不同？』曰：『致知格物，自來儒者皆相沿如
此說，故象山遂亦相沿得來，不復致疑耳。然此畢竟亦是象山見得未精一處，

該一切求之於心，但事實上又不能否定事物和別人的存在，故又不自覺地接受向外求知之格物致知的方法，思想矛盾，正如王陽明所評是象山沿襲舊說之誤。此種說法，亦屬誤會。

藉由自明與講明，則可明本心，既知本心，則可以此智識「辨志」。語錄載：

> 傅子淵自此歸其家，陳正己問之曰：「陸先生教人何先？」對曰：「辨志。」正己復問曰：「何辨？」對曰：「義利之辨。」（《陸九淵集‧卷三十四》，頁 398）

> 初見先生，不能盡記所言，大旨云凡欲爲學，當先識義利公私之辨。（《陸九淵集‧卷三十五》，頁 470）

> 私意與公理，利欲與道義，其勢不兩立，從其大體與從其小體，亦在人耳。（《陸九淵集‧卷十四‧與包敏道（二）》，頁 183）

> 此只有兩路：利欲、道義，不之此，則之彼。（《陸九淵集‧卷三十五》，頁 439）

> 且如其人，大概論之，在於爲國、爲民、爲道義，此則君子人矣。大概論之，在於爲私己、爲權勢、而非忠於國、徇於義者，則是小人。（《陸九淵集‧卷三十四》，頁 405）

> 詳細處未可遽責於人。如非禮勿視聽言動，顏子已知道，夫子乃語之以此。今先以此責人，正是躐等。視聽言動勿非禮，不可於這上面看顏子，須看「請事斯語」，直是承擔得過。（《陸九淵集‧卷三十四》，頁 398）

> 人家之興替，在義理不在富貴。假令貴爲公相、富等崇愷，而人無義理，正爲家替。若簞食瓢飲，肘見緟絕，而人有義理，正爲家興。吾人爲身謀、爲子孫謀、爲親戚謀，皆當如此，然後爲忠；其自謀者，或不然，亦是不忠於吾身矣。某向來區區之志，素有不在利害間之語，正爲此耳……某之說，正吾人大趨向，大旨歸，所當先辯

不可掩也。」」戴君仁：〈陽明評象山說格物〉，《梅園論學集》，頁 407～409 已指出陽明以爲象山格物之說襲前人之舊，乃是誤解象山，蓋象山說格物與朱子似同而實異。而唐君毅：《中國哲學原論‧原教篇》，頁 293 亦指出象山所言之格物，意爲先知志之所向，既不同於朱子，亦不同於陽明。戴唐二氏之見甚當，蒙氏認同陽明之說不是。

者。此之不辯，而規規然以聲音笑貌爲道，眞放飯流歠而問無齒決，養其一指而失其肩背，孟子所謂不知務，不知類。（《陸九淵集·卷十二·與劉伯協（二）》，頁 169）

所謂辨志，即自我意識憑藉對本心之智識（含認知、感動、自覺三義），分辨私利（即是物欲意見）、公義（即是本心），知公私義利勢不兩立，從而去利就義、去私就公，修正原先之志願，而以道德爲畢生所向、以本心爲一身主宰，此時乃決定以本心爲人生之「大趨向、大旨歸」，故是「大概論之」，而「未可遽責詳處」，蓋論細部修行工夫並非此時之任務，而當隸屬下節「克己」階段，否則即是「躐等」、「不知務」，終將不得成就，猶如「養其一指而失其肩背」。〔註66〕而本心有攝制義，故爲人之大體，故辨志之後則此志立，則是「立乎其大」，或者稱爲「發明本心」、「復本心」。《陸九淵集》載：

必有大疑大懼，深思痛省，決去世俗之習。如棄穢惡，如避寇讎，則此心之靈，自有其仁，自有其智，自有其勇，私意俗習，如見晛

〔註66〕關於義利公私之意，徐復觀：〈象山學述〉，《中國思想史論集》，頁 17～18 認爲「志」是決定人行爲的動機；「辨志」則是在此一行爲的究竟根源，加以清查，抉擇一做人的大方向；此中當有一個辨的標準，即是利己或利他，則稱爲「義利之辨」、「公私之辨」。陳郁夫：《陸九淵》，頁 12～13 認爲是一種動機的差異，凡爲己的便是私、便是利，爲人的便是公、便是義，此是君子小人之分，如藉科舉以求富貴是私利、藉科舉以服務家國則是公義；而陳德仁：《象山心學之比較研究》，頁 58～59 認爲義指動機，利則指結果，故重義輕利即是只問動機是否合乎道德要求，而不問行爲結果如何，動機本身即是目的，此外更別無目的；而張立文：《走向心學之路》，頁 294 認爲象山是反對私利，而不反對公利，利天下者即是公利，即是義。案公義與私利，此二者或可表現於人之動機，或可表現於具體行爲，或可表現爲結果影響，或可糾雜於利己利他之中，然其實指即是本心與物欲意見，故以上諸說似皆非義利公私之第一義（如利他亦可能是出於物欲意見，故利他不一定是義，勞思光：《新編中國哲學史（三上）》，頁 388 認爲利字可包含一切私意所求者，不僅指功名利祿而言。勞氏之說甚是。）且象山之辨志，卻不從人之微細念慮處處辨（此已是下文之存養工夫）、不從一物一事瑣碎行爲處辨（此已是下文之省察工夫），而主要只在直從人生取向上之大抉擇、大願望、大目標上說。另外，徐復觀：〈象山學述〉，《中國思想史論集》，頁 43～44 又以爲象山類似獲得良心自由後之馬丁路德，從宗教煩瑣儀式中解放出來，以向世俗中大步走去敞開現實活動，故反對由細微末節下手，蓋因制外太過，容易使人生命力受到束縛，且不能保證大節無虧，反因拘牽而忘本心之顯發，甚或以此爲作爲資具，而爲假道學之拘迂。案徐氏此說似忽略象山存養省察工夫之必己私淨盡，其實象山此處之意，不過是工夫有階段，不可躐等，不是眞不必責詳。

之雪，雖欲存之而不可得。此乃謂之知至，乃謂之先立乎其大者。(《陸九淵集・卷十五・與傅克明》，頁 196)

二陸之意，欲先令人發明本心，而後使之博覽。(《陸九淵集・卷三十六・淳熙二年》，頁 491)

毛剛伯必彊云：「先生之講學也，先欲復本心，以爲主宰；既得本心，從此涵養，使日充月明；讀書考古，不過欲明此理，盡此心耳；其教人爲學，端緒在此。」(《陸九淵集・卷三十六・淳熙十五年》，頁 502)

皆是此意，而先立其大即是知至，即是前文所謂「先知」之完成、即是有智識後之有志願，於是以下當展開使本心日充月明之「後行」工夫。〔註 67〕故象山云：

孔子十五而志于學，是已知道時矣。雖有所知，未免乍出乍入，乍明乍晦，或警或縱，或作或輟。至三十而立，則無出入、明晦、警縱、作輟之分矣。然於事物之間，未能灼然分明見得，至四十始不惑。(《陸九淵集・卷三十五》，頁 476)

而羅整庵難之曰：

夫其初志於學也，即已名爲知道，緣何既立之後，於事物之間，見得猶未分明？然則所已知者，果何道？所未見者，果何物耶？豈非以知存此心，即爲知道耶？然象山固嘗有言「但此心之存，則此理自明」，以聖人之資，猶待二十五年之久，方能灼然有見，則其言亦不副矣。且所知所見各爲一物，吾聖人之學，安有是哉？〔註 68〕

其實象山以爲孔子志學乃是有本心智識後之先立其大，故說知道明理；然能立志道德，但凡心之私欲意見仍在，故此志不能貫徹表現，必待克己工夫，方可眞正解決人自身的問題；然而本心即理，非謂本心即事物自身具體之理，故必須再研究事物，方能不惑。整庵因不解象山此中知與行的差異、立志之意、本心與事物自身具體之理的區別，方有此誤會。故以下二節當再分說克己與及物工夫。

〔註 67〕馮友蘭：《中國哲學史新編》第五冊，頁 204 認爲先立其大，開始只是一種知識，還要將此知識化爲自己的精神境界。又李日章：《中國哲學現代觀》，頁 268 指出「立心」的工夫中，應包含二步驟，先是認明本心（即是明此理），後是加以涵養以至極（即是盡此心）。

〔註 68〕見羅欽順：《困知記・卷二》，頁 13。

第二節　克己

人既立乎其大體，只是定下人生大歸向，雖有對本心之智識，然其物欲意見與私，依舊存在，故必循此志而展開對治，〔註69〕此即本節之主題。

一、存養、省察、磨考

其方法有二大類：「存養」、與「省察」。考朱熹與張栻論究「已發未發」與「涵養察識」爲理學一大議題，論者〔註70〕多謂朱熹是主張先涵養、後省察，而以一敬字雙綰已發未發、涵養省察，以求工夫之一貫；而陸王之本心良知是不學不慮、自然現成的，只要能夠識得此，保而不失，自然會知會行，故是先察識後涵養。茲不論朱子、陽明之主張如何，然考今《陸九淵集》，象山似未牽涉此一論辯，〔註71〕唯包揚所記語錄載：

> 存養是主人，檢斂是奴僕。（家兄所聞：考索是奴僕。）（《陸九淵集·
> 卷三十五》，頁450）

而朱子云：

> 陸子靜云：「涵養是主人翁，省察是奴婢。」〔註72〕

則象山所謂省察既亦作檢斂、考索，當指與物相交（即處理事務）之時，保持凡心之清醒，隨時隨地反省檢查凡心自身是否與本心相應；故存養（或稱涵養）則當是平日無事時的工夫；且唯有平日養得充足，臨事方不虛歉而重蹈舊私，故涵養爲主，省察爲僕。即「涵養者，內增其自主自明之心能，以去質弱之蔽；省察者，外強其操持，以拒外物之引誘；自做主宰是自律，故是主人；而繩檢則是被動地遵守規約，就容易作僞，故是奴僕」。〔註73〕然象山又云：

〔註69〕勞思光：《中國哲學史新編（三上）》，頁390謂象山認爲成德關鍵只在主體自覺否顯現，一經顯現，自會處處實現本有之理，故進德不是外用工夫，亦不以對治此心爲主，而是以顯現此心之超驗主宰力爲主。勞氏所見甚是，但謂工夫不以對治爲主則稍偏，蓋對治凡心之私，正是本心之彰顯，亦所以彰顯本心，故克己工夫不可少。又古清美：〈程明道、陸象山、王陽明對仁體的詮釋〉，《明代理學論文集》，頁62～63謂人只須一念省發，不爲私所奪，便可復此心本來之體，眞是全無工夫可說。古氏似輕忽象山修行之細密。

〔註70〕見錢穆：《朱子學提綱》，頁111、戴君仁：〈朱子陽明的格物致知說和他們整個思想的關係〉，《梅園論學集》，頁192。

〔註71〕徐復觀：〈象山學述〉，《中國思想史論集》，頁43已指出象山不捲入已發未發這一公案。

〔註72〕見《朱子語類·卷一二四》，頁1191。

〔註73〕見黃公偉：《宋明清理學體系論史》，頁249～250。

我這裏有扶持，有保養；有摧抑，有擯挫。(《陸九淵集‧卷三十五》，頁 468)

扶持保養義近涵養，摧抑擯挫義近省察，是則二者雖是主僕，卻不能偏廢，必須交相運用，方可成功。因此，可知當象山明標「涵養省察」之語時，其意並不同於「先知後行」，先知後行是始學之時，涵養省察已在入門之後，二者是工夫實踐的不同階段，並不互相矛盾。而一般以為象山主張先察識後涵養，則是以先知後行之意說之，以為先識得本心之端倪而後施以存養，此雖無悖於象山義旨，但似非象山本人用語之習慣。〔註74〕

「存養」之具體作法，即是「思量」、「收拾精神」、「敬事上帝」、「寡欲」、「讀書」。象山云：

> 人須是閑時大綱思量，宇宙之間，如此廣闊，吾身立於其中，須大做一箇人。文子云：「某嘗思量我是一箇人，豈可不為人，卻為草木禽獸？」先生云：「如此便又細了，只要大綱思。且如『天命之謂性』，天之所以命我者，不殊乎天，須是放教規模廣大。若尋常思量得，臨事時自省力，不到得被陷溺了。」(《陸九淵集‧卷三十五》，頁 439)

> 要當軒昂奮發，莫恁地沉埋在卑陋凡下處。(《陸九淵集‧卷三十五》，頁 452)

> 大世界不享，卻要占箇小蹊小徑子；大人不做，卻要為小兒態，可惜！(《陸九淵集‧卷三十五》，頁 449)

> 龊齪終日營營，無超然之意。須是一刀兩斷，何故營營如此？營營底討箇甚麼？(《陸九淵集‧卷三十五》，頁 458)

閑時常正面思量，不斷地自我鼓勵，放教規模廣大，此純為培養意志、積聚

〔註74〕戴君仁：〈涵養與察識〉，《梅園論學集》，頁 205～206、212 以為象山主張先察識本心而後涵養，至於其「涵養是主人，省察是奴婢」之言，好像重視涵養，此則只是一時對機之語，不是固定的主張，如《朱子語類‧卷一二四》，頁 1191 載：「陸子靜云：『涵養是主人翁，省察是奴婢。』陳正己力排其說。曰：『子靜之說無定，常要云今日之說自如此，明日之說自如此。大抵他只要拗，才見人說省察，他便反而言之，謂須是涵養；若有人向他說涵養，他又言須是省察以勝之。』」可證。案戴氏之見似不必要，蓋象山之省察，並非先識仁體之意，至於朱子、陳正己之說，應屬誤會，須知象山不是主張有變、不是刻意求勝，而是針對不同的問題，故回答不同，先知後行是始學之辨端緒，涵養察識則是學者已知已行時之一工夫。

心力，故不必細部思索人禽之異，而單就思維本心自身即可，否則一旦進行
細部分解，則凡心之力分散，能添知解，卻不足以堅強，心力既不足，則物
欲意見來時不能去。〔註75〕象山又云：

> 既知自立此心，無事時須要涵養，不可便去理會事，如子路使子羔
> 爲費宰，聖人謂「賊夫人之子」，學而優則仕，蓋未可也。初學者能
> 完聚得幾多精神，纔一霍，便散了。某平日如何樣完養，故有許多
> 精神難散。（《陸九淵集・卷三十五》，頁454）

> 心不可泊一事，只自立心，人心本來無事，胡亂被事物牽將去。若
> 是有精神，即時便出便好，若一向去，便壞了。（《陸九淵集・卷三
> 十五》，頁456）

> 有一段血氣，便有一段精神，有此精神卻不能用，反以害之。非是
> 精神能害之，但以此精神，居廣居，立正位，行大道。（《陸九淵集・
> 卷三十五》，頁451）

> 人不肯心閒無事、居天下之廣居，須要去逐外，著一事，印一説，
> 方有精神。（《陸九淵集・卷三十五》，頁455）

> 人心只愛去泊著事，教他棄事時，如鶻孫失了樹，更無住處。（《陸
> 九淵集・卷三十五》，頁454）

> 人心有消殺不得處，便是私意，便去引文牽義，牽枝引蔓，牽今引
> 古，爲證爲靠。（《陸九淵集・卷三十五》，頁458）

> 今人略有些氣燄者，多只是附物，元非自立也。若某則不識一箇字，
> 亦須還我堂堂地做箇人。（《陸九淵集・卷三十五》，頁447）

> 人心有病，須是剝落。剝落得一番，即一番清明。後隨起來，又剝落，
> 又清明。須是剝落得淨盡方是。（《陸九淵集・卷三十五》，頁458）

> 念慮之正不正，在頃刻之間。念慮之不正者，頃刻而知之，即可以
> 正；念慮之正者，頃刻而失之，即是不正。此事皆在其心。（《陸九

〔註75〕 楊祖漢：〈陸象山的直指本心〉，頁41謂激發信心，使當下興起，再以此興起
之力，來克服一己之習氣。又唐君毅：《中國哲學原論・原性篇》，頁535～536
認爲此時不與草木禽獸比較而説，蓋因才涉及自己與己外一切之比較，便已
落在種種相對差別，此心由與天地相似而降下，失其大者，非先立其大，故
爲第二義以下之閒議論。觀此二説可更明思量之義。

淵集・卷二十二・雜說》，頁 270）

　　學者須先立志，志既立，卻要遇明師。（《陸九淵集・卷三十四》，
　　頁 401）

　　人之精爽，負於血氣，其發露於五官者，安得皆正？不得明師良友
　　剖剝，如何得去其浮偽，而歸於眞實？又如何得能自省、自覺、自
　　剝落？（《陸九淵集・卷三十五》，頁 464）

此即「收拾精神」之工夫。蓋人在物欲意見支配下，遇事時既順物欲意見以
處之，而無事時念慮亦繞此打轉；然人在事中，臨時倉促，必循舊習，而不
能依新志，以慣性之故也；是以人當退出人情世故之應酬、暫勿謀議事業，
而依據對本心之智識，專注心力以觀平素念慮之生是否順「私」起意，正其
不正而存其正，此中又以積蔽之深，最好能有師友扶持點醒，否則恐易不濟；
然而，因物欲意見必有徵逐或排斥之事物對象，要人不務外事、又不胡思，
則物欲意見不得其所攀緣依傍，人之凡心必覺無聊無氣燄而無精打彩，則必
更牽引他物以爲之停泊、依靠、附著，再養其物欲意見，此即「如鶻猻失了
樹」、「消殺不得」、「逐外」、「泊事」，故此時唯有一克再克，久久念慮才可全
依本心之攝制。故所謂「精神」，意指凡心之血氣活動力；所謂「收拾精神」，
意即暫絕雜事，面對凡心幽微之活動，抉出物欲意見下之私，去非從正，此
事非易，須反覆爲之、與師友之助，故說「正念慮」、「剝落盡淨」、「遇明師」，
而操持日久，則可「清明」、「堂堂做人」、「精神完養」，即凡心擺脫物欲意見
之陰影、能順本心而有精神。〔註76〕

　　關於此一工夫，陳建認爲：「釋氏謂六用不行，則本性自見；又云但能莫
存知見，泯絕外緣，離一切心，即汝眞性。此滅情復性禪宗要旨也。象山云
『人只是去些子凡情不得』、又云『心不可泊一事，須要一切蕩滌剝落淨盡』，
即同此滅情之旨。」〔註77〕又認爲：「吾儒主於無欲而靜，禪學主於無事而靜。
故曰：心不可泊一事；曰：無事安坐，瞑目澄心；此陸學之主於無事而靜也……
無事而靜，則入於空虛，流於寂滅。」〔註78〕陳氏應屬誤會。蓋收拾精神，
與前述自明之靜坐，形式頗似，然工夫目的與對象不同。故前引詹阜民既澄

〔註76〕 勞思光：《中國哲學史新編（三上）》，頁 389 已謂主體性自覺之顯發，端賴不
　　　　爲外物所牽，心不外馳，而回至主體自覺，即收拾精神之意。
〔註77〕 見陳建：《學蔀通辯・續編卷中》，頁 322。
〔註78〕 見陳建：《學蔀通辯・終編卷中》，頁 457～458。

瑩中立而知萬善皆是本心之後，象山云：「更當為說存養一節」，即自明之靜坐意在於明本心、而對象是思維本心之內涵；至於收拾精神，則是靜下來以正面對治物欲意見。二者皆非禪坐，蓋其正以自我意識之駕御活動而知本心或去物欲意見之私，以成就本心即理之意義，並非停止凡心之活動、非滅官能與知識、以破執著、更破自我意識、而入於涅槃寂靜。

存養中又有「昭事上帝」之說，象山云：

> 小心翼翼，昭事上帝，上帝臨汝，無貳爾心，戰戰兢兢，那有閑管時候。（《陸九淵集・卷三十五》，頁 449）

> 無事時，不可忘小心翼翼，昭事上帝。（《陸九淵集・卷三十五》，頁 455）

> 平居不與事接時，切須鞭策得炯然，不可昧沒對越上帝，則遇事時自省力矣。（《陸九淵集・卷十一・與朱濟道（三）》，頁 143）

若謂「象山對神極為尊重、神是精神意識的幕後原因」，〔註79〕蓋「理與心、皆授自皇天上帝、故要敬禮上天」，〔註80〕此見並不適當。象山此處之上帝，並非司造化之人格神，其云：

> 小心翼翼，昭事上帝，上帝臨汝，無貳爾心。此理塞宇宙，如何由人杜撰得？文王敬忌，若不知此，敬忌箇甚麼？（《陸九淵集・卷三十五》，頁 461）

> 若有神明在上、在左右，乃是妄見。此見不息，善何由明？（《陸九淵集・卷四・與胡達材》，頁 56）

則所謂上帝，指此心此理。所謂昭事上帝，係本心有攝制義，故自我意識駕御本心時，必震於本心之攝制，而以其為超越之外在，而謙卑敬畏、戒慎恐懼、小心服侍、念念不離本心，此即是「敬」；〔註81〕然本心之攝制是進入對

〔註79〕 見陳德仁：《象山心學之比較研究》，頁 45。
〔註80〕 見羅光：《中國哲學思想史・宋代篇》，頁 648。
〔註81〕 夏君虞：《宋學概要》，頁 118 謂陸學只贊成「敬」，不贊成「持敬」。夏氏之言是。案《陸九淵集・卷一・與曾宅之》，頁 3～4、6 云：「且如『存誠』、『持敬』二語自不同，豈可合說？『存誠』字於古有考，『持敬』字乃後來杜撰……只存一字，自可使人明得此理……能棄去謬習，復其本心，使此一陽主於內，造次必於是，顛沛必於是，無終食之間違於是，此乃所謂有事焉，乃所謂勿忘，乃所謂敬……書言『日嚴祇敬六德』，又言『文王之敬忌』，又曰『罔不克敬典』；詩言『敬天之渝』，又言『敬之敬之』，又言『聖敬日躋』；論語言『敬事而信』，又言『修己以敬』；孟子言『敬王』、『敬兄』，未嘗有言『持敬』

象且自我意識必須統合，故本心在自我之中，並非外物；故人存養時，本心雖是操持之對象，但又不能爲對象，否則終是本心與我有間距，道德終淪爲被動，故云不得見本心「在上在左右」。〔註82〕另外，象山又云：

> 將以保吾心之良，必有以去吾心之害。何者？吾心之良吾所固有也。吾所固有而不能以自保者，以其有以害之也。有以害之，而不知所以去其害，則良心何自而存哉？故欲良心之存者，莫若去吾心之害。吾心之害既去，則心有不期存而自存者矣。夫所以害吾心者何？欲也。欲之多，則心之存者必寡；欲之寡，則心之存者必多。故君子不患夫心之不存，而患夫欲之不寡，欲去則心自存矣。然則所以保吾心之良者，豈不在於去吾心之害乎？（《陸九淵集‧卷三十二‧養

者。」又《陸九淵集‧卷十九‧敬齋記》，頁 228 云：「道未有外乎其心者……心之所爲，猶之能生之物得黃鐘大呂之氣，能養之至於必達……則自有諸己至於大而化之者，敬其本也……雖然，不可以不知其害也。是心之稂莠，萌於交物之初，有滋而無芟，根固於怠忽，末蔓於馳騖，深蒙密覆，良苗爲之不殖，實著者易拔，形潛者難察，從事於敬者，尤不可不致其辨。」則象山所謂「敬」，係指敬本心，亦即「存誠」，即此處存養本心之「昭事上帝」，而因本心即理，心苟得養，則自可成就，故説「敬」是「本」；然而存養本心尚須知本心易受蒙蔽而不彰，方可小心保養而無虞，故説「不可不知其害」，此中「其害」指「本心之害」。而徐復觀：〈象山學述〉，《中國思想史論集》，頁43 謂象山以爲敬總是結合著某一對象講，如敬事、敬兄之類，若僅僅説敬，則只是一種精神收斂，其本身並無内容，反可爲藏奸之地；徐氏之説可取，然其以〈敬齋記〉乃是説明敬可爲藏奸慝惡，則似誤解，蓋象山反對持敬，殆因只有精神收斂而無本心以爲對象則不能克私，而只是壓下私之活動而不處理，如此才是藏奸，而此種精神收斂之持敬，顯非上文之「收拾精神」、〈敬齋記〉之「敬」。

〔註82〕 牟宗三：《心體與性體》第二冊，頁 22～23 大意謂君子當終日對越在天，是進德之事更爲内在而深邃，是面對超越者而清澈光暢其生命，此係將原始《詩》《書》超越之人格神帝、天，經由孔孟之仁心，轉成道德的、形上的實體義，超越的帝天與内在的心性打成一片，皆變成宇宙生化或道德創造之寂感眞幾，面對此既超越又内在的道德實體而承當下來，以清澈光暢生命，即是進德之更爲内在與深邃。而蔡仁厚：《王陽明哲學》，頁 160～161 則以爲當本心處於與罪惡對照時、保任戒懼時、安靜迴向時之情形下，則顯出超越義，而本體自身並無所謂超越不超越。又林安梧：〈象山心學義理規模下的本體詮釋學〉，頁 20 謂上帝指道體自身，昭事上帝即是涵養本心，蓋道德實踐主體的涵養乃是通過對形上道體（最高善）的禮敬，通過敬而回歸上帝則本心與道體合一。案以上三説精當，值得參考。又唐君毅：《中國哲學原論‧原教篇》，頁 316 認爲象山於戒慎恐懼一義，多所輕忽，未如朱子陽明之深密。唐氏此説待榷。

心莫善於寡欲》，頁 380）

則「寡欲」亦爲存養之一工夫，蓋本心有攝制義，人只須去物欲意見之害，則以攝制之故，必將進入自我意識中，故人無事時勿幻想嗜欲、勿營謀如何得嗜欲，而應清心淡泊。﹝註83﹞此外，象山又云：

> 中庸大學論語諸書，不可不時讀之，以聽其發揚告教。戕賊陷溺之餘，此心之存者，時時發見，若火之始然，泉之始達。苟充養之功不繼，而乍明乍滅，乍流乍窒，則淵淵其淵、浩浩其天者，何時而可復耶？（《陸九淵集・卷五・與戴少望》，頁 63）

> 尋常懈怠起時，或讀經史，或誦詩歌，或理會一事，或整肅几案筆硯，借此以助精彩。然此是憑物，須要識破。因問去懈怠，曰：「要須知『道不可須臾離』乃可。」（《陸九淵集・卷三十五》，頁 446）

可見時時「讀書」，以聖賢垂訓鞭策提醒，亦是充養之一助。

　　人無事時存養，處事時則須「省察」，其工夫爲「守規矩」、「改過遷善」。年譜載：

> 周伯熊來學，先生問：「學何經？」對曰：「讀《禮記》。」「曾用工於九容乎？」曰：「未也。」「且用功於此。」（《陸九淵集・卷三十六・乾道八年》，頁 489）

又語錄載：

> 規矩嚴整，爲助不少。（《陸九淵集・卷三十五》，頁 478）

> 後生隨身規矩不可失。（《陸九淵集・卷三十五》，頁 460）

> 隨身規矩是後生切要……所謂非禮勿視，非禮勿聽。（《陸九淵集・卷三十五》，頁 469）

> 守規矩，孜孜持守，規行矩步，不妄言語。（《陸九淵集・卷三十五》，頁 451）

> 有學子閱亂先生几案間文字。先生曰：「有先生長者在，卻不肅容正坐，收斂精神，謂不敬之甚。」（《陸九淵集・卷三十四》，頁 430）

> 寫字須一點是一點，一畫是一畫，不可苟。（《陸九淵集・卷三十五》，

﹝註83﹞ 黃甲淵：《陸象山道德哲學之研究——以心即理爲中心》，頁 174 謂言寡欲只是節欲，非禁欲、絕欲，欲本身是中性而無善惡，只要從於道德本體即可。黃氏之說是。

頁 458）

象山又云：

> 承諭惟知頓身於規矩準繩中，而痛鋤狂妄之根。誠使心不狂妄，而
> 身中規矩準繩，不亦善乎？縱未能如此，但狂妄日減，日就規矩準
> 繩，日以純熟，亦爲難得。以誠之之勤篤，從事於規矩準繩中，此
> 亦其所長也。（《陸九淵集・卷四・與諸葛誠之》，頁 49）

> 一言之細，一行之微，固常人之所忽。然言出乎身，加乎民；行發
> 乎邇，見乎遠。言行，君子之所以動天地也……非僻之習，一毫焉
> 侵之，則言隨以不信，而行隨以不謹矣，尚何有於誠之至？故爲冠
> 以莊其首，爲履以重其足，在車聞和鸞之音，行步聞佩玉之聲，盤
> 盂有銘，几杖有戒，所以防閑其邪，而使非僻無自而至者備矣。（《陸
> 九淵集・卷二十九・庸言之謹》，頁 336）

此爲「守規矩」之工夫，蓋人不能終日無事地存養，而必處理最基本的日常
事務，此時則須按一些客觀具體的行爲標準（如種種禮節條文之類），隨時隨
地檢查心念與視聽言動、食衣住行，是否合於要求，以阻斷物欲意見之生。
象山又云：

> 「苟志於仁，無惡也。」惡與過不同，惡可以遽免，過不可以遽免。
> 賢如遽伯玉，欲寡其過而未能。聖如夫子，猶曰「加我數年，五十
> 而學《易》，可以無大過矣。」況於學者豈可遽責其無過哉？至於邪
> 惡所在，則君子之所甚疾，是不可毫髮存而斯須犯者也。苟一旦而
> 志於仁，斯無是矣。（《陸九淵集・卷二十一・論語說》，頁 263）

> 但如懊惜，亦甚害事。臨淵羨魚，不如退而結網。懈怠流浪，患不
> 覺耳，覺即改之，何暇懊惜？大丈夫精神豈可自埋沒如此。（《陸九
> 淵集・卷四・與諸葛誠之（三）》，頁 51）

人既志於仁，立乎其大，則不爲惡事，然一旦接事物，以其物欲意見尚在，
必不能盡合標準，一旦違反，即是有過，有過則頓改，不可依違找藉口，亦
不須浪費時間流連於後悔愧恥之情，蓋此情非且無益於補過，更予物欲意見
可趁之機。象山又云：

> 出一言，做一事，便道全是，豈有此理？古人惟貴知過則改，見善
> 則遷，今各自執己是，被人點破便愕然，所以不如古人。（《陸九淵

集·卷三十五》，頁 433）

> 或問：「先生之學自何處入？」先生曰：「不過切己自反，改過遷善。」
> （《陸九淵集·卷三十六·淳熙十五年》，頁 502）

「改過」更須「遷善」，即合規矩者當立刻做。以上皆象山省察之具體工夫，故知陳建所云：「近世陸學一派，惑於佛氏本來面目之說，謂合於中庸未發之中。於是只說未發，不說已發；只說涵養，不說省察。陷於一偏，流於空寂，全非聖賢之旨。」〔註84〕當屬誤會。

存養是無事時之去私，省察是基本生活中之檢點，二者行之有成，則可進而涉及種種較複雜事物，而繼以「磨考」之工夫。象山云：

> 復齋家兄一日見問云：「吾弟今在何處做工夫？」某答云：「在人情、事勢、物理上做些工夫。」復齋應而已。若物價之低昂，與夫辨物之美惡真偽，則吾不可不謂之能。然吾之所謂做工夫，非此之謂也。
> （《陸九淵集·卷三十四》，頁 400）

> 凡事莫如此滯滯泥泥。某平生於此有長，都不去著他事，凡事累自家一毫不得。每理會一事時，血脉骨髓都在自家手中，然我此中卻似個閒閒散散、全不理會事底人，不陷事中。《陸九淵集·卷三十五》，頁 459）

> 本分事熟後，日用中事全不離。（《陸九淵集·卷三十五》，頁 468）

> 今於本上有所知，可略略地順風吹火，隨時建立，但莫去起爐作竈。
> （《陸九淵集·卷三十五》，頁 457）

> 來書舉程明道先生「靜亦定，動亦定」之語，此非子之所知也。定之於動靜，非有二也。來書自謂靜而定，亦恐未能果如是也，是處靜處動不同矣。子之意，豈不自謂靜時尚或能定，獨難於動而定耶？凡子之所謂定者，非果定也，豈有定於靜而不能定於動邪？至又謂近雖未能不動、而於動中之定頗庶幾焉，此正是檐版處。（《陸九淵集·卷三·與張輔之》，頁 36）

> 若自謂已得靜中工夫，又別作動中工夫，恐只增擾擾耳。何適而非此心，心正則靜亦正、動亦正，心不正則雖靜亦不正矣，若動靜異

〔註84〕見陳建：《學蔀通辯·終編卷中》，頁 464～465。

心，是有二心也。(《陸九淵集‧卷四‧與潘文叔》，頁 57)

理只在眼前，只是被人自蔽了……須是事事物物不放過，磨考其理。且天下事事物物只有一理，無有二理，須要到其至一處。(《陸九淵集‧卷三十五》，頁 453)

吾今一日所明之理，凡七十餘條。(《陸九淵集‧卷三十六‧淳祐十一年》，頁 531)

所謂「『人情事勢物理』都屬於應事接物的範圍，卻不是知物價低昂、辨物美惡眞僞，則應是在動處用功，即對自己處事時的心念，省察是否稱本心而發」；〔註85〕此實「不外自驗其所以處人情物理事變之德性工夫」。〔註86〕即此時在彰顯本心而無己私以妨害事物，並非在研究客觀事物；此時只是再施存養省察之功於新事物，毋另生新私，非別有另一存養省察工夫可做；且若不能臨事與無事一致，則是尚未通過存養省察階段，尚不應入磨考階段；故云「莫如此滯滯泥泥」、「不陷事中」、「動靜皆定」、「理只在眼前」，而文中所謂「理」，意指本心之理，非指事物自身具體之理，否則，事物自身具體之理豈能說「只在眼前」、而「一日明七十餘條理」。經此逐事逐物磨考之後，一面可以驗證涵養省察之工夫如何，一面有實際考驗，則能保證物欲意見之私的滌盡。

二、自疑、自克、自信、無心

以上，即象山主要之工夫，然運用工夫，又有二個指導原則：「自疑、自克、自信」〔註87〕與「無心」，以保障一切工夫有實效而無弊，且人在實踐工夫中，將有「簡易、艱難、樂」之現象。

所謂「自疑、自克、自信」，象山云：

以顏子之賢，雖其知之未至，善之未明，亦必不至有聲色貨利之累、忿狠縱肆之失，夫子答其問仁，乃有克己復禮之說。所謂己私者，非必如常人所見之過惡而後爲己私也。己之未克，雖自命以仁義道德，

〔註85〕見戴君仁：〈朱陸辯太極圖說經過及評議〉，《梅園論學集》，頁 221。
〔註86〕見唐君毅：《中國哲學原論‧原教篇》，頁 234。
〔註87〕唐君毅：《中國哲學原論‧原教篇》，頁 240～241、245～246、288 以爲自信自立爲象山工夫之全體，即「自覺此心發用之即理，而自信其心之靈、理之明，原非一切蔽障之能障，而立志開拓其心量以超拔障蔽」，而人要如何知其障蔽已全打開，則有自疑自克之工夫可循，即自疑其私欲意見是否實己去盡，而更克之。本文以下之「自疑、自克、自信」即由此說而衍之。

自期以可至聖賢之地者，皆其私也。顏子之所以異乎眾人者，爲其不安乎此，極鑽仰之力，而不能自已，故卒能踐克己復禮之言，而知遂以至，善遂以明也……學問之初，切磋之次，必有自疑之兆；及其至也，必有自克之實，此古人物格知至之功也。己實未能自克而不以自疑，方憑之以決是非、定可否，縱其標末如子貢之屢中，適重夫子之憂耳，況又未能也。物則所在，非達天德，未易輕言也。所惡於智者，爲其鑿也……學未知止，則其知必不能至；知之未至，聖賢地位，未易輕言也。（《陸九淵集・卷一・與胡季隨（二）》，頁8～9）

象山非謂利欲忿懥不是己私、非謂不可講習思索、非謂己私爲一甚怪異之物事、非謂人不當有希聖希賢之念，〔註88〕而是在說「物欲與意見皆是己私，且意見則爲更微細深隱之己私，不覺不化」。〔註89〕因此，「自克」即克除己私；而物欲意見之私誠難察難克，必須時時懷疑自己是否做到，此即「自疑」；且因有物欲意見，故人所以爲之知止明善，未必是眞，即明本心之階段中，亦須自疑。自克絕無保留遲延，故象山云：

天理人欲之相爲消長，其間可謂不容髮矣。（《陸九淵集・卷二十九・庸言之信》，頁335）

滌人之妄，則復乎天者自爾微；盡己之心，則交乎物者無或累……人妄既滌，天理自全，退藏於密微之地，復乎天而已。（《陸九淵集・卷二十九・聖人以此洗心》，頁340）

而語錄載：

一學者聽言後，更七夜不寢。或問曰：「如此莫是助長否？」答曰：「非也，彼蓋乍有所聞，一悼平昔之非，正與血氣爭寨作主。」又顧謂學者：「天下之理但患不知其非，既知其非，便即不爲，君子以嚮晦入宴息也。」（《陸九淵集・卷三十四，頁429～430）

蓋物欲意見之私，乃本心不彰之因，去蔽則本心顯，本心顯則必是私去，故二者相爲消長，不之此，則之彼，決不商量。〔註90〕象山又云：

〔註88〕此處説象山非謂利欲不是己私等等，係朱子有此誤會，而牟宗三：《從陸象山到劉蕺山》，頁189～199已詳細辯正。

〔註89〕見牟宗三：《從陸象山到劉蕺山》，頁192。

〔註90〕吳雁南：《心學與中國社會》，頁59認爲象山過分強調心與欲的鬥爭，帶有禪宗「窒欲淨性」之烙印。張立文：《走向心學之路》，頁310則認爲象山既反對天理人欲之分，又講天理人欲之辨，實有矛盾，就其哲學結構看來，前者

今之學者豈皆不誠？不知思誠時，所得所中者，與聖人同乎不同？
若其果同，則是濫觴與溟渤皆水也，則小大廣狹淺深之辨，亦自不
害其爲同，第未知所謂同者，其果同乎？故嘗謂其不同處，古人分
明說定，等級差次不可淆亂，亦不難曉，亦無可疑，獨其所謂同者，
須是眞實分明，見得是同乃可。不然，却當致疑而求明也。(《陸九
淵集・卷六・與傅聖謨（三）》，頁 79)

爲學患無疑，疑則有進，孔門如子貢即無所疑，所以不至於道。(《陸
九淵集・卷三十五》，頁 472)

小疑則小進，大疑則大進。(《陸九淵集・卷三十六・紹興十九年》，
頁 482)

此申說自疑之義，又云：

必有大疑大懼，深思痛省，決去世俗之習。如棄穢惡，如避寇讎，
則此心之靈，自有其仁，自有其智，自有其勇，私意俗習，如見晛
之雪，雖欲存之而不可得。此乃謂之知至，乃謂之先立乎其大者。(《陸
九淵集・卷十五・與傅克明》，頁 196)

語錄又載：

涓涓之流，積成江河。泉源方動，雖只有涓涓之微，去江河尚遠，
却有成江河之理……學者不能自信，見夫標末之盛者，便自荒忙，
舍其涓涓而趨之，却自壞了。曾不知我之涓涓雖微，却是眞；彼之
標末雖多，却是僞。恰似擔水來相似，其涸可立而待也。(《陸九淵
集・卷三十四》，頁 398)

學問須論是非，不論效驗，如告子先孟子不動心，其效先於孟子，
然畢竟告子不是。(《陸九淵集・卷三十五》，頁 472)

先生云：「元壽甚佳，但恐其不大耳。人皆可以爲堯舜，堯舜與人同
耳，但恐不能爲堯舜之大耳。」元壽連日聽教，方自慶快，且云：「天
下之樂無以加於此。」至是，忽局蹐變色而答曰：「荷先生教愛之篤，

較合乎其思想，後者似是思想演變中放棄之觀點。案吳張二說似不當，蓋象
山之物欲是後起之私，而非先天中性義之官能，故去私是去己私而不去官能，
決非佛家之滅欲；而象山此處分辨理欲，是實踐工夫時，當去除後天生成之
己私，不是說先天存在的人欲己私要去除，故不與本文第二章第一節中反
對天理人欲之分相矛盾。

但某自度無此力量，誠不敢僭易。」先生云：「元壽道無此力量，錯
說了。元壽平日之力量乃堯舜之力量，元壽自不知耳。」（《陸九淵
集‧卷三十四》，頁421）

「大疑大懼」即自疑，「決去俗習」即自克，「此心自有智仁勇」即「自信」。
故知人之自我意識一方面自疑，一方面自克，一方面又須自信本心之攝制、
本心之即理、本心之固有，三者交相養，不急功求效。人能運用此「自疑、
自克、自信」的原則，則可保證前述之一切自明、講明、辨志、存養、省察、
磨考諸工夫，必無蔽害，而必得成就。故如朱子云：「子壽兄弟氣象甚好……
惜乎其自信太過，規模窄狹，不復取人之善。」；〔註91〕又或謂〔註92〕象山自
悟自得之法，雖活潑眞切，卻易流於狂傲的自信；或謂〔註93〕人的懷疑、缺
乏自信，正是發展成長之必然現象，很少人能像象山那樣十幾歲就找到人生
定向而卓然自立，然過猶不及，不該自信處自信，乃不免發爲粗惡之氣。凡
此皆應是未細看象山兼說「自疑、自克、自信」三者之義而不偏廢，僅取片
面而來的誤會。

在論及另一工夫原則「無心」前，先論人實踐時出現的三種現象：「簡易」、
「艱難」、「樂」。象山云：

易簡工夫終久大。（《陸九淵集‧卷三十四》，頁427）

此道之明，如太陽當空，群陰畢伏。（《陸九淵集‧卷三十四》，頁
400）

太陽當天，太陰五緯猶自放光芒不得，那有魑魅魍魎來。（《陸九淵
集‧卷三十五》，頁435）

優游寬容，却不是委靡廢放，此中至健至嚴，自不費力。（《陸九淵
集‧卷六‧與包詳道（五）》，頁83～84）

此乃人在實踐中，依本心之攝制義來看，依己固有之本心，對治無根後起之
私，則一切物欲意見不敵本心，故工夫皆是簡易直截，成效皆是手到擒來，
此等現象，乃是實踐者必曾經過之感覺，苟無此情形，恐其尚是未對本心有
實感，即「格物」階段尚未通過。然而朱熹議之云：

若是做得大者而小者未盡，亦不可；做得小者而大者未盡，尤不可。

〔註91〕見《朱子文集‧卷三十一‧答張敬夫》，頁486。
〔註92〕見曾春海：《陸象山》，頁54。
〔註93〕見劉述先：《朱子哲學思想的發展與完成》，頁476。

須是無分毫欠闕方是。且如陸子靜說良知良能四端根心，只是他弄
這物事，其他有合理會者，渠理會不得，卻禁人理會。鵝湖之會，
渠作詩云：「易簡工夫終久大」，彼所謂易簡者，苟簡容易爾，全看
得不子細。乾以易知者，乾是至健之物，至健者要做便做，直是易；
坤是至順之物，順理而爲，無所不能，故曰簡。此言造化之理。至
於可久則賢人之德，可久者，日新而不已；可大則賢人之業，可大
者，富有而無疆。易簡有幾多事在？豈容易苟簡之云乎。〔註94〕

而清朝雷鋐亦謂：

如謂自有易簡功夫，則孔子好古敏以求之、博學、審問、慎思、明
辯、篤行，亦爲多事，殊不教人以易簡，何也？且易簡二字，只可
說道體，說不得工夫，「乾以易知、坤以簡能」，道體本如是，人不
盡生安之質，不用致知力行、日積月累，如何信得萬理皆具于心？
唯當曰：「切實功夫終久大，支離事業竟浮沉」，則警切學者，爲功
不小。〔註95〕

此皆係不知象山蓋從本心攝制義出發、亦不知此乃一實踐現象，故有此種誤
會。簡易直截決非苟簡草率，也不是眞的輕鬆容易、或不須工夫，觀象山云：

易簡之善，有親有功，可久可大，苟不懈怠廢放，固當日新其德，
日遂和平之樂，無復艱屯之意。然怠之久，爲積習所乘，覺其非而
求復，力量未宏，則未免有艱屯之意。誠知求復，則屯不久而解矣。
此理勢之常，非助長者比也。頻復所以雖厲而無咎，仁者所以先難
而後獲也。（《陸九淵集·卷五·與楊敬仲（二）》，頁65～66）

此事論到著實處，極是苦澀，除是實有終身之大念。近到此間，却儘
有堅實朋友與之切磋，皆輒望風畏怯，不肯近前，每每尋軟弱浮泛之
人與之閒話，以爲有益，及至被人指摘，即有垂頭闔耳之狀……遇著
眞實朋友，切磋之間，實有苦澀處，但是良藥苦口利於病，須是如此，
方能有益，不可不知也。（《陸九淵集·卷六·與吳伯顯》，頁87）

莫厭辛苦，此學脈也。（《陸九淵集·卷三十五》，頁468）

則其深知人在實踐中，欲放棄物欲意見之積習，自我意識必有艱難而痛苦之
現象，必是先難而後才能獲、良藥利病而苦口，無此感覺，則恐非眞修道之

〔註94〕見《朱子語類·卷十六》，頁129～130。
〔註95〕見雷鋐：〈鵝湖詩說〉，收於鄭之僑：《鵝湖講學會編·卷九》，頁371～372。

人。故如朱子云：「近日陸子靜門人，寄得數篇詩來，只將顏淵曾點數件事重疊說，其他詩書禮樂都不說……今日下學，明日便要上達……只揀那曾點底意思來涵泳，單單說箇風乎舞雩詠而歸……前日江西朋友來問，要尋箇樂處，某說只是自去尋，尋到那極苦澀處，便是好消息，人須是尋到那意思不好處，這便是樂底意思來，卻無不做工夫自然樂底道理。」〔註96〕以爲象山之學太粗略，體道之艱難困苦、細密精微均不足，不知人因氣稟私欲所限，常常不能發現本心，就是聖賢也要走許多冤枉路才能體悟。〔註97〕即朱子以「樂」是一種境界，須先有艱苦之工夫方有此樂，而議陸學無此工夫卻逕求此樂，其實，象山深知工夫之必要、修行之艱辛，且象山所謂「樂」並不專指境界，而亦係實踐時之一現象，以下即釋「樂」。

　　道德踐履既是簡易直截、而又艱難痛苦，但卻亦是「樂」，《陸九淵集》載：

　　　　乙巳十二月，（詹阜民）再入都見先生，坐定，曰：「子何以束縛如此？」因自吟曰：「翼乎如鴻毛遇順風，沛乎若巨魚縱大壑，豈不快哉！」。（《陸九淵集·卷三十五》，頁471）

　　　　幡然而改，奮然而興，如出陷穽，如決網羅，如去荊棘，而舞蹈乎康莊，翺翔乎青冥，豈不快哉！豈不偉哉！尚誰得而禦之哉！（《陸九淵集·卷十二·與倪九成》，頁167）

　　　　今一切去了許多繆妄勞攘，磨礱去圭角，浸潤著光精，與天地合其德云云，豈不樂哉！（《陸九淵集·卷三十五》，頁449）

　　　　此大人之事，至公至正，至廣大，至平直。剖蠡管之見，蕩其私曲，則天自大，地自廣，日月自昭明，人之生也本直，豈不快哉！豈不樂哉！（《陸九淵集·卷十四·與包敏道（二）》，頁183）

　　　　明德在我，何必他求？方士禪伯，眞爲大祟。無世俗之陷溺，無二祟之迷惑，所謂無偏無黨，王道蕩蕩，浩然宇宙之間，其樂孰可量也？（《陸九淵集·卷二十·贈劉季蒙》，頁251）

即去私雖難雖苦，然人違逆其己私而行，心必安，此爲一樂；復隨己私之消

〔註96〕見《朱子語類·卷一一七》，頁1129。
〔註97〕此處以象山粗略不知艱苦，係劉述先：《朱子哲學思想的發展與完成》，頁475～476之說。

去一分，則少受一分物欲意見控制，多一分本來自由，此又爲一樂；終能己私蕩盡，而無物欲意見，則眞樂矣。猶如小兒嗜糖，予糖則喜，奪糖則哭，一旦長大，既不嗜糖，則無痛癢於糖，小兒可喻有私之人，糖猶物欲意見，大人即無私之人。故象山云「快哉！樂哉！偉哉！」，若修道無樂之感覺，則其亦必未進入狀況。〔註 98〕然人眞欲有此「樂」之現象，則又涉及「無心」之工夫原則。象山云：

> 承諭未嘗用力，而舊習釋然，此眞善用力者也。舜之兢兢，文王之翼翼，夫子言「主忠信」，又言「仁能守之」，又言「用其力於仁」，孟子言「必有事焉」，又言「勿忘」，又言「存心養性以事天」，豈無所用其力哉？此〈中庸〉之戒慎恐懼，而浴沂之志，曲肱陋巷之樂，不外是矣。此其用力，自應不勞。若茫然而無主，泛然而無歸，則將有顛頓狼狽之患，聖賢樂地，尚安可得而至乎？《陸九淵集・卷五・與楊敬仲》，頁 65）

> 學者不可用心太緊，深山有寶，無心於寶者得之。（《陸九淵集・卷三十四》，頁 409）

> 內無所累，外無所累，自然自在。纔有一些子意，便沉重了。徹骨徹髓，見得超然於一身，自然輕清，自然靈。（《陸九淵集・卷三十五》，頁 468）

> 只一些子重便是病……只一些輕亦是病。（《陸九淵集・卷三十五》，頁 448）

> 惡能害心，善亦能害心。（《陸九淵集・卷三十五》，頁 456）

> 元吉得老夫鍛煉之力。元吉從老夫十五年，前數年，病在逐外；中間數年，換入一意見窠臼去；又數年，換入一安樂窠臼去。這一二年，老夫痛加鍛煉，似覺壁立，無由近傍。（《陸九淵集・卷三十四》，頁 423）

所謂「無心」、「不可用心太緊」、「無累」、「無一些子意」即凡心應當「持其

〔註 98〕徐復觀：〈象山學述〉，《中國思想史論集》，頁 43〜45 象山總是由戒慎恐懼轉到和樂上的意味多，此乃貫通於道德的內發性，自然趨於易樂，不過若就一般人來說，朱子的艱苦工夫，流弊較少。案徐氏似未知象山兼「簡易、艱苦、樂」三者之義而無所偏重，故有此說。

志，無暴其氣」之意，〔註99〕並不是不用心、不是不著意、不是不用功、不是無善惡、不是否定本心之存在。〔註100〕何以須有此一工夫原則？蓋凡心專注於某事物時，先在之物欲意見即將此專注之對象加以變質，使其符合己之習慣模式，故實踐工夫時，本心與工夫即成爲其堅執之對象，反而成爲助私之源，並非去私之方，如黃元吉之逐外、意見窠窟、安樂窠窟即爲例證；另外，當「有心」時，即代表自我意識尙未將此專注之對象充分駕御統合而成爲具體自我之一部分，即此對象猶爲外物而非自己，故說「纔有一些子意便沉重」；又《陸九淵集・卷十一・與李宰（二）》書中反對「無心」之說，該處之「心」指本心，與此不同，不可混爲一談。〔註101〕而自我意識充分掌握無心之原則，能自然用工夫，於是自我意識、本心、工夫皆成具體自我，不再分別，能如此，則前述一切工夫，無有助長之危險。

以上爲象山克除己私之工夫大概，私既去，則必求成人成物，故下節當述「及物」工夫。

第三節　及物

一、內聖與外王

經過前述諸工夫之鍛鍊，則大本既立、己私已克，人自身的問題於是解決，此下當再進一步「下及物工夫」，研究事物自身的問題，以完成本心即理

〔註99〕夏君虞：《宋學概要》，頁402～408大意謂明道、伊川、橫渠、龜山、朱子、象山皆主「有心而無心」，此乃孟子「不動心」的宗旨，孟子以不動心爲極致，以「必有事焉，而勿正，心勿忘，勿助長」爲方法。孫振青：《宋明道學》，頁429認爲「無所累」是保持心之自由，反映佛家所說之不執著，執著便是私意，便沉重不自由。本文從夏氏之見。

〔註100〕汪義麗：《象山心學在宋學中之歷史意義》，頁101已指出象山所謂無心，乃指自然而非有意，無字在撥掉私智，非否定本體存在，故言無心又強調工夫之不可間斷。汪氏之言是，故知陳建《學蔀通辯・終編卷上》，頁425云：「象山說善能害心，豈非將善字亦都要除掉了耶？嗚呼！吾人除了理、掉了善惡不管，不知成甚麼人？下梢只成得箇猖狂自恣而已，奈何猶假先立其大藉口欺人？」應屬誤會。

〔註101〕牟宗三：《從陸象山到劉蕺山》，頁14～15認爲象山根本未曾意識到作用義之「無心爲道」，所謂無心爲道，不是說本心不存有，而是說實踐者將本心如如地、樸實地呈現出，並不起一毫作意與執著的境界；而頁54～56則以爲或許象山急於強調本心存有，故不暇說此。然由本文此處所論，則牟氏之見待榷。

之意義。而爲便利討論起見，茲將「解決人自身之問題」稱爲「內聖」、「解決事物自身之問題」稱爲「外王」。

首先，須知內聖外王在本質上無有先後，象山云：

> 千古聖賢只是辦一件事，無兩件事。（《陸九淵集‧卷三十五》，頁433）

> 此理塞宇宙，所謂道外無事，事外無道。捨此而別有商量，別有趨向，別有規模，別有形迹，別有行業，別有事功，則與道不相干，則是異端，則是利欲爲之陷溺，爲之窠臼，說即是邪說，見即是邪見。（《陸九淵集‧卷三十五》，頁474）

> 邵堯夫詩：「一物其來有一身，一身還有一乾坤。」不如聖人說「乾知太始。」因曰：「堯夫只是箇閑道人，聖人之道有用，無用便非聖人之道。」（《陸九淵集‧卷三十四》，頁426）

> 至於「帝王之德之仁，豈但如匹夫見於修身齊家而已」之說，愚竊以爲不然。夫所謂修身齊家者，非夫飭小廉，矜小行，以自託於鄉黨者然也。顏子視聽言動之間，曾子容貌辭氣顏色之際，而五帝、三王、臯、夔、稷、契、伊、呂、周、召之功勳德業在焉。故〈大學〉言明明德於天下者，取必於格物致知正心誠意之間。（《陸九淵集‧卷三十一‧問德仁功利》，頁370）

蓋人必由人之本位與本心之攝制義來看，故內聖外王是同質之一件事情，同是本心即理之開展意義，猶如一幹分兩枝，兩枝固是二，固是不同枝，但同爲一樹，因此可說，並無所謂擴展延伸之情形，從頭至尾只是一。因此，若謂〔註102〕「內聖是『求之在我者』，本來即此一面亦可使儒家自足獨立，而外王則是『求之有道，得之有命，是求無益於得也，是求之在外者也』，但因道德的心性不僅要求成己，亦要求成物，故必通向民族國家、歷史文化，故不以個人之不能而不過問政治，因此，外王是內聖的延伸，內聖一定要通向外王」，則稍稍不妥。蓋二者同質，在一情境中當下完成本心即理，則必同有內聖外王，故不宜分先後、分內外、分彼此、分輕重，此亦前節所謂「動靜皆定」之說的再申論，故象山說「只是辦一件事」、「道外無事，事外無道」、「無

〔註102〕此係牟宗三：《心體與性體》第一冊，頁5、蔡仁厚：《宋明理學‧北宋篇》，頁5之意。

用便非聖人之道」、「顏曾修身之際而功勳德業在焉」，而此亦表示出「外王事業的完成」才是「內聖的眞正完成」，二者是一。若不明乎此，則只取片面之內聖，流於無用之儒生或悠閒之道人，非惟不知歷史盛衰運會之所由、不解政治治亂關鍵之所在、不勝本心即理之意義，甚至恐連一般日常事務亦無法應付。且此亦非混淆內聖與外王、非謂外王附屬於內聖、而否認外王之客觀獨立地位，此只是內聖外王同在本心攝制下，故說同一件事，一旦離開此著點，則自我意識即可區別二者各有其不同之對象。〔註103〕

雖然如此，又須知內聖外王在實踐上須分先後，象山云：

> 學者須是打疊田地淨潔，然後令他奮發植立……然田地不淨潔，亦讀書不得。若讀書，則是假寇兵，資盜糧。（《陸九淵集‧卷三十五》，頁463）

> 足下不獨體病，亦有心病……皆由足下才氣邁往而學失其道，凡所經營馳騖者，皆適以病其心耳。古之學者以養心，今之學者以病心；古之學者以成事，今之學者以敗事。足下嘗言：「事外無道，道外無事」，足下今日智慮，非知此耳，特習聞其說，附會其私意耳。如此讀書，殆將食蝘蜓矣。前言往行，所當博識；古今興亡治亂、是非得失，亦所當廣覽而詳究之；顧其心苟病，則於此等事業，奚啻聾者之想鐘鼓、盲者之測日月，耗氣勞體，喪其本心，非徒無益，所傷實多。他日敗人事，如房琯之車戰，荊公之均輸者，可勝旣乎？……足下之過……乃平日害心之大過……惟病此過，故遷徙展轉，所存無復眞純……能頓棄勇改，無復回翔戀戀於故意舊習，則本心之善，乃始著明……乃博觀前言往行，詳考古今興亡治亂、是非得失。苟不懈息，自當循循以進，不至左見背馳矣。（《陸九淵集‧卷十二‧與陳正己》，頁162）

> 裕陵之得公……自是君臣議論，未嘗不以堯舜相期……惜哉！公之學不足以遂斯志，而卒以負斯志；不足究斯義，而卒以蔽斯義也……新法之議，舉朝讙譁，行之未幾，天下恟恟。公方秉執《周禮》精白言之，自信所學，確乎不疑。君子力爭，繼之以去；小人投機，密贊其

〔註103〕勞思光：《新編中國哲學史（三上）》，頁399謂此乃視政治生活爲道德生活之延長，由修身即可直接有平天下之功效。勞氏似認爲此乃是混淆。

決；忠樸屏伏，憸狡得志；曾不爲悟，公之蔽也。典禮爵刑，莫非天
理；洪範九疇，帝實錫之；古所謂憲章、法度、典則者，皆此理也。
公之所謂法度者，豈其然乎？……爲政在人，取人以身，修身以道，
修道以仁。仁，人心也；人者，政之本也；身者，人之本也；心者，
身之本也。不造其本而從事其末，末不可得而治矣。（《陸九淵集・卷
十九・荊國王文公祠堂記》，頁 231〜233）〔註104〕

蓋不先解決內聖之問題，則以己私之物欲意見，或流於英雄血氣之躁動、或
變爲取巧權謀之寡頭事功、或成了強調經驗實用之偏頗……，皆是淪於傷害
事物自身，害人害己，豈止不能外王，而是內聖外王兩頭落空，故孔子云：「修
己以安人，修己以安百姓」、孟子云：「親親而仁民，仁民而愛物」，人之具體
行爲必有次第等級，盈科後進不能躐等，上引象山之文，即反覆申說此義。

二、逐一考究

總上二義，在經過前二節之諸工夫後，必須外王、且亦才可外王。然人
當如何具備外王之實際能力？象山云：

然某皆是逐事逐物攷究練磨，積日累月，以至如今，不是自會，亦
不是別有一竅子，亦不是等閒理會，一理會便會，但是理會與他人
別。某從來勤理會，長兄每四更一點起時，只見某在看書，或檢書，
或默坐，常說與子姪，以爲勤，他人莫及。今人卻言某懶，不曾去
理會，好笑。（《陸九淵集・卷三十五》，頁 463）

須是下及物工夫，則隨大隨小有濟。（《陸九淵集・卷三十五》，頁
436）

〔註104〕　關於此書，象山自云：「乃是斷百餘年未了底大公案，自謂聖人復起，不易
吾言。」（見《陸九淵集・卷一・與胡季隨》，頁 7），然而朱熹《朱文公文集・
卷五十三・答劉公度》，頁 935 則云：「臨川近說愈熾，〈荊舒祠記〉曾見之否？
此等議論，皆學問偏枯、見識昏昧之故，而私意又從而激之。」朱陸之見，
截然相反，蔣義斌：《宋代儒釋調和論及排佛論之演進》，頁 15、182〜186
大意謂此導因於二人對佛學及異端之見解不同，象山承認儒道釋有其交會
處，佛老亦有高處，而異端並非專指佛老，至於朱子則必以異端即佛老而決
不可取，故朱子視王安石之學雜於異端，承伊洛學者斥安石之基調，而象山
則認爲安石之道術必爲孔孟，較同情其變法，此一歧異，後又演爲朱陸門戶
相爭之一焦點。本文不深究此一朱陸之異，而關於象山對佛老之看法，將於
第四章第四節處討論之。

學問於大本既正，而萬微不可不察。(《陸九淵集‧卷三十五》，頁478)

須知人情之無常，方料理得人。(《陸九淵集‧卷三十四》，頁415)

束書不觀，游談無根。(《陸九淵集‧卷三十四》，頁419)

前言往行，所當博識；古今興亡治亂、是非得失，亦所當廣覽而詳究之。(《陸九淵集‧卷十二‧與陳正己》，頁162)

《漢書‧食貨志》後生可先讀，又著讀《周官‧考工記》。(《陸九淵集‧卷三十五》，頁466)

夫《周官》一書，理財者居半，冢宰制國用，理財正辭，古人何嘗不理會利。(《陸九淵集‧卷三十五》，頁442)

讀漢、史、韓、柳、歐、蘇、尹師魯、李淇水文不誤。後生惟讀書一路，所謂讀書，須當明物理、揣事情、論事勢。且如讀史，須看他所以成、所以敗、所以是、所以非處。優游涵泳，久自得力，若如此讀得三五卷，勝看三萬卷。(《陸九淵集‧卷三十五》，頁442)

某夏中拜之任之命……簿書所當整頓，廬舍所當修葺，道路當治，田萊當闢，城郭當立，武備當修者不少。朝夕潛究密考，略無少暇，外人蓋不知也，真所謂心獨苦耳。(《陸九淵集‧卷十五‧與羅春伯》，頁197～198)

大抵益國裕民之心，在吾人固非所乏，弊之難去者，多在簿書名數之間，此姦貪寢食出沒之處，而吾人之所疏者。比嘗攷究此等，頗得其方，蓋事節甚多，難以泛考，要須於一事精熟，得其要領，則其他却有緣通類舉之理，所謂一堵牆，百堵調……大抵不知節目名數之詳，鮮有不爲其所欺者……世儒恥及簿書，獨不思伯禹作貢成賦，周公制國用，孔子會計當，洪範八政首食貨，孟子言王政亦先制民產、正經界，果皆可恥乎？官吏日以貪狠，弊事日以眾多，豈可不責之儒者？(《陸九淵集‧卷五‧與趙子直》，頁69～70)

由上可知，處理實務之能力，大概由前節的磨考工夫逐漸變化而來，只是此時重點不在本心之理上，而在事物自身具體之理上，且所涉及之事物更爲多端複雜，即凡自我意識依本心之攝制，無一毫己私之物欲意見，以其駕御統合凡心小體諸能，而從事於具體知識之涉獵與建構，或讀專業書籍（此時之

讀書，異於明本心時之讀書）、或研史事、或觀人情、乃至於種種事物，皆須逐一考究，若一事物不親自精熟，則該事物自身具體之理不明，即不能成就該事，此即「及物」之工夫。

　　由上述可知，如胡居仁所謂：「爲心學之害者，莫甚於禪。今之爲心學多入之者，以其喜虛靜，好高妙，忽吾儒下學之卑近，厭應事察理之煩，而欲徑趨高大無滯礙之境故也。」〔註105〕以爲〔註106〕心學與禪糾纏不清，帶來一個更嚴重的問題，即是空談心性、脫離現實、無益國計民生；或者如王夫之說：「陸子靜出而宋亡」；或者說〔註107〕象山太重視人之性情，忽略造化物理，只許有自然之良知，不許有人文之窮格，不知深明自然事物之理，乃深有益於人事，並非支離，否則孝子雖憂父母之疾，亦不知當用何藥；或者說〔註108〕象山先立其大極有功於道德修養，但人生內容豐富多端，不能一概斬絕，以爲餘事，雖然象山也不一定排斥這些活動，然而事實上循其規矩者決不會用心思於這些活動，其實本心之證要易簡，而性智之發用則不必採取一直桶子之方式，故象山病在不能致曲，門庭狹窄，嚴重局限而推拓不出文化與現實；或者認爲〔註109〕象山對誠意正心工夫多用了，以修身齊家爲極，而對治國平天下工夫，終嫌少用，終是向內工夫勝過向外，不免有克發制約勝過發揚生長、靜退勝過動進之流弊。凡此等等見解，顯然並不適當。蓋象山分明主張須下及物工夫，且以象山個人事蹟表現來看，其云：「至其見人之肺肝，能曲盡其情，則自謂有一日之長。向在火爐中，與尊兄論人物，所以得切當之稱者，皆以此。」〔註110〕則象山擅知人之心術與人品；又熱心教育；〔註111〕文學方面亦有所長；〔註112〕而政治方面，其政治原則有二：

〔註105〕見胡居仁：《胡敬齋集·卷一·與蔡登》，頁36～37。
〔註106〕此意見陳德仁：《象山心學之比較研究》，頁88。
〔註107〕此爲錢穆：〈三論禪宗與理學〉，《中國學術思想史論叢（四）》，頁 287～288之意。
〔註108〕見劉述先：《朱子哲學思想的發展與完成》，頁476。
〔註109〕見錢穆：〈宋明理學之總評騭〉，《中國學術思想史論叢（七）》，頁 275、278～279。錢氏原意是總評宋明理學，今則移用以專指象山。
〔註110〕見《陸九淵集·卷十一·與王順伯（二）》，頁154。
〔註111〕關於象山之教育弟子及其特色，可參考高廣孚：〈陸王教育思想之研究〉，頁340～343及346～350、徐紀芳：《陸象山弟子研究》，頁 15～27、李鈞棫：《陸象山思想之研究》，頁 42～50、及張念誠：《象山人格教育思想之研究》，頁124～151。
〔註112〕關於象山之文學成就，可參考宜珊：〈陸九淵的詩〉一文、及陳正一：〈陸象

一是論理之是非、一是論事之當否，前者是政治上要講理，後者是政治要求實效；〔註113〕其政治理論，主張天生民而立之君，此非君權神授，而是政治職分論；〔註114〕又倡民本思想；又於〈輪對五箚〉〔註115〕主張：「君臣之間不可忌諱嫌疑、抗金復仇、任賢使能、變法要分緩急、人主不當親細事」；〔註116〕又「針對南宋當時之政局，在吏胥制度、官制、賦稅、兵制、變法、賑濟機構、科舉、選才諸方面皆有論及」；〔註117〕而其荊門之政的主要事功則爲：整頓簿書、改善稅收、修築新城、整飭軍備、改善司法與治安，〔註118〕宰相周必大譽爲：「荊門之政，可以驗躬行之效」〔註119〕……就算這些「仍沿襲孔孟愛民、保民、教民之王道理念而來，基本上爲人治之政治，停留在理念之萌芽而未發展成熟之制度意識，故對當時之政制，如何約束君權、監察王政、處理失職國君等等皆未言明」；〔註120〕就算尚未能兼融政道與治道；〔註121〕就算尚不足以平天下；也決不是空談、敗國、退避、迂腐、狹隘、偏執之人。〔註122〕

山研究〉，頁 350～355。

〔註113〕 此二政治原則，見林繼平：《陸象山研究》，頁 302。

〔註114〕 象山非君權神授，見林繼平：《陸象山研究》，頁 280～281。

〔註115〕 見《陸九淵集·卷十八·刪定官輪對箚子》，頁 221～224。

〔註116〕 詳見張立文：《走向心學之路》，頁 36～37。

〔註117〕 詳見張立文：《走向心學之路》，頁 54～82。惟張氏爲大陸學者，文中或有唯物思想，須予揀別。又關於象山之政治思想，可參考徐復觀：〈象山學述〉，《中國思想史論集》，頁 59～69 及李鈞棫：《陸象山思想之研究》，頁 33～42。

〔註118〕 關於荊門之政，詳見徐復觀：〈象山學述〉，《中國思想史論集》，頁 70～71。亦可參考張立文：《走向心學之路》，頁 42～46。

〔註119〕 見《陸九淵集·卷三十六·紹熙三年》，頁 512。

〔註120〕 見曾春海：《陸象山》，頁 120。

〔註121〕 林繼平：《陸象山研究》，頁 88～89 認爲象山融政道與治道，其輪對五箚及醫國四物湯，規模宏遠，爲南宋諸家所不及。然而朱熹《朱文公文集·卷三十六·寄陸子靜》，頁 569 批評輪對五箚云：「規模宏大而源流深遠……但向上一路，未曾撥轉處，未免使人疑著，恐是蔥嶺帶來耳。」錢穆：《朱子新學案》第三冊，頁 335 認爲朱子之意，疑因象山此箚指陳治道，而曰陛下雖垂拱無爲而百事詳矣，卻未見於人君心術隱微處下針砭，未于正心誠意切實下工夫處有開導；而陳榮捷：《朱熹》，頁 212 認爲其實輪對五箚，毫無禪宗西來之痕跡，此言不免吹毛求疵。

〔註122〕 呂思勉：《理學綱要》，頁 122 意謂象山以心地澄澈，然後去理會事物，則非徒無害，抑且有益，詆者每謂其盡棄萬事，專主一心，其實不然。又蔣維喬：《中國哲學史綱要》，頁 497～500 亦舉出史實以證象山對國家社會都有過豐功偉烈，不是「平時袖手談身性，臨危一死報君王」之人。

三、事勢與氣象

　　然而，下及物工夫是否即能外王？此又須知內聖外王在生活現實上卻有先後，語錄載：

> （嚴）松嘗問梭山云：「……孟子說諸侯以王道……後世疑孟子教諸侯篡奪之罪。」梭山云：「民爲貴，社稷次之，君爲輕。」先生再三稱嘆曰：「家兄平日無此議論。」良久曰：「曠古以來，無此議論。」松曰：「伯夷不見此理。」先生亦云。松又云：「武王見得此理。」先生曰：「伏羲以來，皆見此理。」（《陸九淵集·卷三十四》，頁 424）

象山又云：

> 古者勢與道合，後世勢與道離。何謂勢與道合？蓋德之宜爲諸侯者爲諸侯，宜爲大夫者爲大夫，宜爲士者爲士，此之謂勢與道合。後世反此，賢者居下，不肖者居上，夫是之謂勢與道離。（《陸九淵集·卷三十四》，頁 412）

> 竊謂理勢二字，當辨賓主。天下何嘗無勢，勢出於理，則理爲之主，勢爲之賓，天下如此則爲有道之世，國如此則爲有道之國，家如此則爲有道之家，人如此則爲有道之人，反是則爲無道。當無道時，小人在位，君子在野，小人志得意滿，君子阨窮禍患，甚者在囹圄、伏刀鋸、投荒裔，當此之時，則勢專爲主，群小熾然，但論勢不論理，故平皆深惡論勢之人。今門下誠肯相與扶持此理，洗濯流俗之習，以理處心，以理論事，何幸如之！（《陸九淵集·卷十二·與劉伯協》，頁 168）

> 若要稍展所學，爲國爲民，日見難如一日，此固已然之成勢，然所以致此者，亦人爲之耳。能救此者，將不在人乎？……思其艱以圖其易耳，非懼其難而不爲，與知其難而謂其必不可爲也。天下固有不可爲之時矣，而君子之心、君子之論，則未嘗必之以不可爲……人之遇不遇，道之行不行，固有天命，而難易之論，非所以施於此也。（《陸九淵集·卷十一·與王順伯》，頁 151～152）

> 道之將墜，自孔孟之生，不能回天而易命，然聖賢豈以其時之如此而廢其業、隳其志哉？（《陸九淵集·卷一·與姪孫濬》，頁 12）

蓋事物常是涉及眾人，而在眾人與歷代之物欲與意見積習下，欲扭轉大群以

實現該事物自身具體之理，通常並不容易，此乃客觀事勢之限制，故象山說「伏羲以來，皆見此理」，又說「曠古以來，無此議論」，即是受限於「道勢相離」之不得已。然而，個人卻不可不努力，蓋雖一時不能實現，但可令更多的人逐漸明白，故說「相與扶持此理」、「將不在人乎」；更以遠古代表超越之理想，以醒覺當前之現實，故說「古者勢與道合」、「後世反此」，此非意在探討歷史真相，而在指出遠大之理想與希望。〔註123〕然而，對於他人之內心世界、對於眼前現實事物，難免偶爾流露傷痛之情，象山臨終前月餘曾云：

> 先教授兄有志天下，竟不得施以歿。（《陸九淵集・卷三十六・紹熙三年》，頁512）

此「既傷其兄，實亦自道」。〔註124〕

除了客觀事勢之外，個人凡心小體之先天能力與後天學習之差異，亦是不能因下及物工夫而充分實現外王之另一因素，此則涉及「氣象」之問題。所謂氣象，實為一衡量道德修養工夫所至境界之客觀標準，此一檢驗標準是否存在？其內容又如何？考朱熹以德性、聰明、才能、事業四者並重，而稱之為聖人；以傳道治國與裁成輔相天地之道、繼天地之志、述天地之事，而稱之為聖人；故標準懸格甚高，聖人難為。〔註125〕象山亦最稱許此種聖人，如其云：

> 顏子為人最有精神，然用力甚難；仲弓精神不及顏子，然用力卻易。顏子當初仰高鑽堅，瞻前忽後，博文約禮，遍求力索，既竭其才，方如有所立卓爾。逮至問仁之時，夫子語之，猶下克己二字，曰「克己復禮為仁」；又發露其旨曰「一日克己復禮，天下歸仁焉」；既又復告之曰「為仁由己，而由人乎哉」；吾嘗謂此三節，乃三鞭也。至於仲弓之為人，則或人嘗謂「雍也仁而不佞」，仁者靜，不佞、無口才也，想其為人，沖靜寡思，日用之間，自然合道，至其問仁，夫子但答以「出門如見大賓，使民如承大祭，己所不欲，勿施於人」，只此便是也。然顏子精神高，既磨礱得就，實則非仲弓所能及也。（《陸九淵集・卷三十四》，頁397）

〔註123〕劉述先：《朱子哲學思想的發展與完成》，頁544己云朱子在政治上以三代為標準而貶抑漢唐，此一苦心，在為朝廷統治下，只有維持一超越的理想，才能對現實政治產生一規約制衡的力量。今移以釋象山。

〔註124〕此語見徐復觀：〈象山學述〉，《中國思想史論集》，頁69。

〔註125〕此論朱子之聖人，見錢穆：《朱子學提綱》，頁72。

顏子問仁之後，夫子許多事業，皆分付顏子了，故曰「用之則行，
舍之則藏，惟我與爾有是」。顏子沒，夫子哭之曰「天喪予」，蓋夫
子事業自是無傳矣。曾子雖能傳其脉，然參也魯，豈能望顏子之素
蓄？幸曾子傳之子思，子思傳之孟子，夫子之道，至孟子而一光。
然夫子所分付顏子事業，亦竟不復傳也。（《陸九淵集・卷三十四》，
頁 397）

可見象山心志之所在，必以圓成內聖外王者爲至聖，所謂「事業」者，決不
可輕看。〔註 126〕然而象山亦不如此高峻嚴苛，其又云：

堯舜文王孔子四聖人，聖之盛者也。二典之形容堯舜、詩書之形容
文王、論語中庸之形容孔子，辭各不同。誠使聖人者，並時而生，
同堂而學，同朝而用，其氣稟德性，所造所養，亦豈能盡同？至其

〔註 126〕錢穆：《朱子學提綱》，頁 116～118、120 謂朱子心中所想像之顏子，乃與
東漢以下迄於北宋理學諸儒所想像者有絕大之不同，而爲剛健果決，具有
一種極強之內力，能勇猛精進，如天旋地轉、雷動風行做將去，決不是一
衰善的人；而乾道能創業、是上一截事，坤道只是繼體守成、是下一截事，
當時理學家要自然無事、不犯手腳，似乎看重仲弓「出門如見大賓、使民
如承大祭、己所不欲、勿施於人、在邦無怨、在家無怨」和粹無事的氣象
與境界，而顏淵四勿似乎落在瑣碎枝節、處處窒礙，且顏淵像從外面做，
仲弓乃是從裏面做，因此一般意見覺得顏子不如仲弓，即陸象山亦如此，
而朱子之用心實有意爲秦漢以下儒學傳統創出一新局面，至明至剛地由乾
道做下。又唐君毅：《中國哲學原論・原教篇》，頁 297～298 認爲在象山之
意，顏子喟然一嘆，只是知之始至、善之始明，其地位尚低，又以顏子沒
而孔子之事業無傳，非其道之無傳，如《陸九淵集・卷一・與李省幹》，頁
15 云：「自曾子傳之子思，子思傳之孟子，乃得其傳者，外此則不可以言道」，
則顏淵非孔子傳道之人，而只是傳事業之人而已。案錢唐二氏之見似未妥，
象山當如朱子對儒學之期許；且因顏子早亡，故道不得不傳之曾子，非顏
子只得孔子事業，而象山思想中，道事不二，豈有事業而無道者？考今《陸
九淵集》，象山並未視仲弓高於顏回，而只有讚歎顏回高於仲弓，惟《宋元
學案・卷七十七・槐堂諸儒學案》，頁 1461 全祖望謂：「其（象山弟子陳剛，
字正己）錄象山論學之語示人，謂顏子悟道，後於仲弓；孟子無如告子何；
〈易繫辭〉決非夫子作。……今觀陸子集中，全無此等議論。」然陳剛此
記或許不誤，蓋象山云：「繫辭首篇二句可疑，蓋近於推測之辭」（見《陸
九淵集・卷三十四》，頁 403），又云「告子先孟子不動心」（《陸九淵集・卷
三十五》，頁 472），然象山之意在於説「書冊不可盡信」與「學者不可以效
驗論學」，正是欲人信理而不泥於文字、崇孟貶告而要人學孟子，故其云顏
子悟道較遲，亦不表示顏子境界較低，不表示不爲象山所取，象山正是「適
莽蒼者，三湌而反，腹猶果然；適百里者，宿舂糧；適千里者，三月聚糧」
之意，但陳剛斷章取義之記載，頗令人誤會耳。

同者，則禹益湯武亦同也。夫子之門，惟顏曾得其傳。以顏子之賢，
夫子猶曰「未見其止」、孟子曰「具體而微」，曾子則又不敢望顏子，
然顏曾之道固與聖人同也。非特顏曾與聖人同，雖其他門弟子亦固
有與聖人同者。不獨當時之門弟子，雖後世之賢固有與聖人同者。
非獨士大夫之明有與聖人同者，雖田畝之人，良心之不泯，發見於
事親從兄，應事接物之際，亦固有與聖人同者。指其同者而言之，
則不容強異。然道之廣大悉備，悠久不息，而人之得於道者，有多
寡久暫之殊，而長短之代勝，得失之互居，此小大廣狹淺深高卑優
劣之所從分，而流輩等級之所由辨也。（《陸九淵集・卷二十二・雜
說》，頁 271～272）

自古聖賢，發明此理，不必盡同。如箕子所言，有皋陶之所未言；
夫子所言，有文王周公之所未言；孟子所言，有吾夫子之所未言。
理之無窮如此。然譬之弈然，先是這般等第國手下棊，後來又是這
般國手下棊，雖所下子不同，然均是這般手段始得。（《陸九淵集・
卷三十四》，頁 398）

千古聖賢，若同堂合席，必無盡合之理。然此心此理，萬世一揆也。
（《陸九淵集・卷三十四》，頁 405）

近世尚同之說甚非。理之所在，安得不同？古之聖賢，道同志合，
咸有一德，乃可共事，然所不同者，以理之所在，有不能盡見。（《陸
九淵集・卷二十二・雜說》，頁 273）

古今人物，同處直截是同，異處直截是異。然論異處極多，同處却
約……孟子言：「道二，仁與不仁而已。」同處甚約。（《陸九淵集・
卷三十五》，頁 433）

聖人之所同者是對本心即理咸無異辭、是全無己私之物欲意見，然而事物自
身具體之理不能勝窮，且及物工夫是依靠凡心小體之血氣活動爲主，故具體
自我中對事物之見解不一定相同，是以雖皆在本心即理所開出之意義下，卻
是同中有異，故說「人人指其同者而言之，則不容強異」、「同處直截是同」、
「氣稟德性，所造所養，亦豈能盡同」、「理之所在，有不能盡見」。象山又云：

人之技能有優劣，德器有小大，不必齊也。至於趨向之大端，則不
可以有二。同此則是，異此則非，向背之間，善惡之分，君子小人

之別，於是決矣。(《陸九淵集‧卷三十二‧毋友不如己者》，頁 375)

道譬則水，人之於道，譬則蹄涔、污沱、百川、江海也。海至大矣，而四海之廣狹深淺，不必齊也。至其爲水，則蹄涔亦水也。(《陸九淵集‧卷二十二‧雜說》，頁 274)

道理只是眼前道理，雖見到聖人田地，亦只是眼前道理。(《陸九淵集‧卷三十四》，頁 395)

道未有外乎其心者，自可欲之善至於大而化之之聖、聖而不可知之神，皆吾心也。《陸九淵集‧卷十九‧敬齋記》，頁 228)

濟道云：「文王聖人，誠非某所能識。」曰：「識得朱濟道，便是文王。」(《陸九淵集‧卷三十四》，頁 406)

人皆可以爲堯舜，此性此道，與堯舜元不異，若其才則有不同，學者當量力度德。(《陸九淵集‧卷三十五》，頁 455)

仁義忠信，樂善不倦，此夫婦之愚不肖，可以與知能行。聖賢之所以爲聖賢，亦不過充此而已。學者之事，當以此爲根本。若夫天文、地理、象數之精微，非有絕識，加以積學，未易言也……德成而上，藝成而下，行成而先，事成而後……德性事，爲尊、爲貴、爲上、爲先。樂師辨乎聲詩，祝史辨乎宗廟之禮，與凡射御書數等事，皆藝也，爲卑、爲賤、爲下、爲後。古人右能左賢，自有定序……凡所謂藝者，其發明開創，皆出乎古之聖人……然聖人初不尚此，其能之也，每以教人，不以加人；若德性中庸，固無加人之理。世衰道微，德性淺薄，小人之有精力者，始以其藝加人，珍其事，祕其說，以增其價，眞所謂市道……學者不辨本末，不知高下，未有不爲此輩所眩者。(《陸九淵集‧卷十五‧與陶贊仲》，頁 193)

「知之爲知之，不知爲不知，是知也。」後世恥一物之不知者，亦恥非其恥矣。人情物理之變，何可勝窮？若其標末，雖古聖人不能盡知也。稷之不能審於八音，夔之不能詳於五種，可以理揆。夫子之聖，自以爲少賤而多能，然稼不如老農、圃不如老圃，雖其老於論道，亦曰學而不厭，啓助之益，需於後學。伏羲之時，未有堯之文章；唐虞之時，未有成周之禮樂；非伏羲之智不如堯，而堯舜之智不如周公，古之聖賢，更續緝熙之際，尚可考也。(《陸九淵集‧

卷一・與邵叔誼》，頁 2～3）

雖夫子之聖，亦非有天下之理，皆已盡明，而無復有可明之理。今
謂（曹）立之不明者，非固責其不能盡明天下之理，蓋謂其有不自
知之處也。人各有能、有不能，有明、有不明，若能為能，不能為
不能，明為明，不明為不明，乃所謂明也。（《陸九淵集・卷三・與
曹立之》，頁 41）

人各有所長，就其所長而成就之，亦是一事。此非拘儒曲士之所能
知，惟明道君子無所陷溺者，能達此耳。（《陸九淵集・卷三十五》，
頁 475）

唐虞盛時，田畝之民，竭力耕田，出什一以供其上者，亦是與堯、
舜、皋、夔同心同德。（《陸九淵集・卷十四・與姪孫濬（四）》，頁
191）

古人不求名聲，不較勝負，不恃才智，不矜功能，故通體皆是道義。
道義之在天下、在人心，豈能泯滅？……唐虞之時，禹益稷契，功
被天下，澤及萬世，無一毫自多之心。當時含哺而嬉，擊壤而歌，
耕田而食，鑿井而飲者，亦無一毫自慊之意。風化如此，豈不增宇
宙之和哉。（《陸九淵集・卷七・與包顯道》，頁 101）

人人所同者本心，聖人之所為聖人亦是本心，故人人必致力於內聖，至於外
王，則量力而為，以先天絕識，加後天積學，儘量去做；然外王不能一人一
時即畢其功，而須待人群文化之更續緝熙，故人當自知自謙、需相尊重配合。
此則可通往學術分工與社會分工之現代意義，且人人在各盡其知能以成其專
門學術或職業之外，彼此不以其知識技能相矜尚而無分高下，更以「學為聖
賢」為人人之所同道，則是不囿限於其學其業，而心志可大及於天下國家，
此又已超乎現代社會之上，而足為今人之參考。〔註 127〕於是可知，象山所謂
「氣象」，乃是工夫所造境界之表徵，此一標準即是合乎本心即理之意義，而
予多元呈現個人氣質與知見之殊異，以儘可能多量的有限、以逼進無限；蓋
人始終是有限，然而歷史大群之共合，則可進逼無限圓滿，此是實現本心即
理之意義的途徑，故「氣象」之說，其意義當較「以圓成內聖外王始為一大

〔註 127〕此論象山可通往分工之現代意義，見唐君毅：《中國哲學原論・原教篇》，頁
282～283。

聖人」之說更具普遍價值，當然，後者之說在指出一理想以爲現實實踐者之
超越典範，亦是十分重要的。〔註128〕

四、思之開展

　　至此，可以提出一總綱以綜攝本章所述一切內聖外王之工夫，此即是
「思」。〔註129〕象山一切工夫，可說即是「思」之具體落實、詳細開展。所謂

〔註128〕王汎森：〈「心即理」說的動搖與明末清初學風之轉變〉，頁 351、370～372
　　　　大意謂因（1）人在私欲中，如何知道或保證所見是良知而非私見、（2）雖有
　　　　良知，若不知事物眞相，亦可能有無知或違反道德的判斷；爲此二因素，故
　　　　須尋求一客觀標準以檢驗自己或他人是否已合於良知，及一套客觀事物知識
　　　　以化除人人因知識不同而來的爭論；是以明末清初逐漸不信任自己的心，而
　　　　興起智識主義。而楊國榮：〈人格境界與成人之道──理學的人格理論及其內
　　　　蘊〉，頁 21 意謂理學家以爲理想人格的全部內涵已具體而微含於天地之性
　　　　中，涵養過程無非是轉換不良氣質與習染，以回復本善的起點，則人格的完
　　　　善便不表現爲新質的形成過程，而帶上某種封閉，成爲某種預定的單一模式
　　　　的不斷再現，忽略人格的開放性、多樣性。而蒙培元：《中國心性論》，頁 401
　　　　～403 意謂象山道心、人心都是我的心，我便有完全的自主性，突出個人主
　　　　觀意識的作用，雖以道德意識爲本心，但這本心卻具更多的個性成分，因爲
　　　　它就是個體的心，故其雖未離道德形上論之立場，卻具有極大的主觀能動性
　　　　及個體的感性特徵，與理學派強調自我克制、自我改造、以恢復到天理本性
　　　　的思想相比，無疑更具有戰鬥精神。案若將王楊二氏之見移以質問象山，則
　　　　問題雖是存在，但應不太嚴重，蓋以「自疑、自信、自克」原則，可免於個
　　　　人之不見道，而「氣象」之同中有異，則人人謙虛互學，有討論而不爭執；
　　　　於是絕對的本心知識可以自明，而相對的外王知識可以不斷創造，而人類之
　　　　多元性格可以允許，成就一活潑的社會，不致流於封閉的劃一。正因此故，
　　　　方有蒙氏所言之現象，然蒙氏將本心凡心混而無別，則與本文不同。
〔註129〕關於象山工夫之綱維，學者有多種說法，附記於下，如：
　　（1）蔡元培：《中國倫理學史》，頁 116 謂象山論修爲之方，則尊思。又賈
　　　　　豐臻：《中國理學史》，頁 204 謂欲明自己的心，當以思爲本。又夏君
　　　　　虞：《宋學概要》，頁 281 謂陸學的方法論，可以二語盡之，即袁燮「精
　　　　　思以得之，兢業以守之」，再括言之，即「明悟」二字而已。本文從之。
　　（2）陳鐘凡：《兩宋思想述評》，頁 248 謂象山教人尤重參悟，與禪由定發
　　　　　慧之說，亦復符合。而黃公偉：《宋明清理學體系論史》，頁 249～251
　　　　　亦認爲象山心性修養是「先定後慧」，即先求自重自主自立之操持，而
　　　　　後再求知識以破愚。陳黃之見似無法說明象山「先知後行」之主張。
　　（3）徐復觀：〈象山學述〉，《中國思想史論集》，頁 19～21 認爲辨志、義利
　　　　　之辨、復其本心是一件事的三環節，爲陸學之大綱維，從事利己利他
　　　　　之辨的同時即是復其本心，而可向外面對社會人生。
　　（4）唐君毅：《中國哲學原論・原性篇》，頁 432 認爲象山以朱子所嚮往之
　　　　　「即心即理」的至純一之境，直下標出，以爲學者當下所立之志之始

思，即是自我意識駕御統合凡心小體諸能、本心、與其自身之活動。〔註130〕故「尊德性」亦可以說是思道德；「有智識而後有志願」、「先知後行」、「格物」即是看重思對人之影響力；「格物之方」為「自明」與「講明」，自明即是自思本心，自明之「靜坐」即是幫助思之作法，「師友」之「當下啓發」在引起思，師友之「語文分解」在指導思，「讀書」在予思之具體對象；「辨志」即思義利之別；「先立其大」即思本心後之結果；「存養」為無事之思，「思量」、「收拾精神」、「昭事上帝」、「寡欲」、「讀書」皆思己私之所由生而去除之；「省察」為日常臨事之思，「守規矩」、「改過遷善」皆思己與行為標準相合；「磨考」即思己之鍛鍊是否有成；「及物」即思事物自身具體之理；「氣象」即思之最終成果；至於「自疑、自克、自信」之原則即保障思之客觀與可成；「無心」之原則即防止思之自害思；而「簡易、艱難、樂」之現象即思時之感受。

最後，應當澄清對象山工夫之一流行的誤解，即：「工夫疏略」之說。如朱熹云：

> 一便如一條索，那貫底物事，便如許多散錢，須是積得這許多散錢了，卻將那一條索來一串穿，這便是一貫。若陸氏之學，只是要尋這一條索，卻不知道都無可得穿，且其為說，喫緊是不肯教人讀書，只恁地摸索悟處。〔註131〕

向，而以此「志向之定立」為根本工夫，下攝一切複雜的義理與工夫，逐步實現貫徹，以歸純一；又頁 627～632 認為一切工夫皆可因實踐者個人因素而有弊病，故必有一工夫為一切工夫運用之根本，即「誠」（或稱「信」、「實」），以保證一切工夫無有不實或間斷，此在象山思想中，即是「立志」與「自信」。

(5) 林繼平：《陸象山研究》，頁 96～99、104、106、110 大意謂象山之工夫可分為向內窮理與向外窮理，即是使心體常明與對事理的探究，此二者皆是窮理，只是對象不同，二者亦只是「敬」，前者是靜的敬，後者是動的敬，故其工夫階段可分為發明本心、動靜一如、物各付物、過化存神，即由向內之主敬，主導向外窮理，而內外應用純熟。

〔註130〕蔣維喬：《中國哲學史綱要》，頁 504～513 大意謂理學家修養方法，一是明理，即先有正確的觀念，以為指導；二是思，就是內省，即對最初活動的心理，看看是善是惡，若惡則止，若善則繼；三是主敬，即喚起內在的狀態，嚮導反應目標的刺激，而遏抑與目標反應無關的反動。本文將蔣氏之說併為「思」，而不分立。又黃甲淵：《陸象山道德哲學之研究——以心即理為中心》，頁 95 認為思是自覺或逆覺之思，非認知義之思，此思乃是本心之先驗本質作用，即至善之道德意志。案黃氏以本心為工夫之主人翁，其說亦通。

〔註131〕見《朱子語類‧卷二十七》，頁 275。

子靜後來得書，愈甚於前。大抵其學於心地工夫，不爲無所見。但使欲恃此陵跨古今，更不下窮理細密工夫，卒並與其所得者而失之。人欲橫流，不知自覺，而高談大論，以爲天理盡在是也，則其所謂心地工夫者，又安在哉？〔註132〕

陸子靜之學，只管說一個心本來是好底物事，上面著不得一個字，只是人被私欲遮了。若識得一個心了，萬法流出，更都無許多事。他卻是實見得個道理恁地，所以不怕天、不怕地，一向胡叫胡喊！〔註133〕

今江西諸人之學，只是要約，更不務博，本來雖有些好處，臨事盡是鑿空杜撰。〔註134〕

甚至象山學生亦頗有同感，如包恢云：

恢嘗妄有隱憂遺慮焉，言先生之學者雖多，究先生之學者似少。夫學者，路也、門也，知所從入之門，則必知内有堂室之深；知所從入之路，則必知前有千萬里之遠。先生以學者茫茫，如在門外、如在路旁，而莫知所從入，其誤認以爲門、以爲路而誤入者尤多，故其教多先指其所入以示之，乃發足第一步也；由是而之焉，方將循循以道，共進於深遠之地。誨言具在，皆可觀也。如自志學入，凡五進而極於從心；自欲善入，凡五進而極於聖神；宏深則有宗廟百官之美富，悠遠則有博厚高明之配合；此先生之深遠處也。苟或升而未至於室、畫而遂廢於中猶不可，況今僅有於入路一步之初，遽止而不復進步，豈先生之學哉？抑嘗記先生之詩乎？「涓流積至滄溟水，卷石崇成泰華岑」，先生滄溟泰華也。學者或止涓流卷石，而未知有積至崇成之功用，是放有以徑捷超入法妄加橫議，而莫有能破其橫議之說者。非先生之負學者，實學者之負先生也，是其可不謹思而明辯哉？……是區區竊有望於同門云。〔註135〕

朱子、包恢所說，亦屬事實，具體例證如：

時周益公帥長，乘子淵不備，猝至，請升座講《易》，子淵顧左右取

〔註132〕見《朱文公文集・卷五十六・答趙子欽》，頁995。
〔註133〕見《朱子語類・卷一二四》，頁1194。
〔註134〕見《朱子語類・卷一百二十》，頁1165。
〔註135〕見《象山全集》書末所附包恢〈象山先生年譜後跋〉一文。

《易》正文，徑升座，讀乾坤屯蒙，聽者已倦，忽藏之袖間，正色大言曰：「此紙上《易》不足講，講三經人之《易》可乎？」于是倦者懼容。益公離座躡子淵後而言曰：「今日見子淵矣。」〔註136〕

陸子之門稱多學者，只先生（鄒斌）一人而已。〔註137〕

象山弟子千餘，只鄒斌堪稱多學，而象山稱其「人品甚高，非餘子比也」〔註138〕的高足傅子淵連講解《周易》都有困難，可見象山後人學問之空疏，難怪朱子云：

公們都爲陸子靜誤教莫要讀書，誤公一生，使公到今已老，此心悵悵然，如村愚聾盲無知之人，撞牆撞壁，無所知識，使得這心飛揚跳躑，渺渺茫茫，都無所主，若涉大水，浩無津涯，少間便會失心去……吁！誤人誤人，可悲可痛，分明是被他塗其耳目，至今猶不覺悟。〔註139〕

另外，黃東發云：

東萊先生……謂元晦英邁剛明，而工夫就實入細，殊未易量；謂子靜亦堅實有力，但欠開闊。〔註140〕

胡居仁云：

每讀象山之文，筆力精健，發揮議論，廣大剛勁，有悚動人處，故其遺風餘烈，流傳不泯。然細推之，則於聖賢細密工夫不甚分明，故規模腔殼雖大，未免過於空虛也。〔註141〕

而王陽明《傳習錄》亦載：

（九川）又問陸子之學何如？先生曰：「濂溪、明道之後，還是象山，只是粗些。」九川曰：「看他論學，篇篇說出骨髓，句句似鍼膏肓，卻不見他粗。」先生曰：「然。他心上用過功夫，與揣摹依倣、求之文義，自不同。但細看有粗處，用功久，當見之。」〔註142〕

〔註136〕見同治十一年，《南城縣志·卷八之一》。原文未見，轉引自徐紀芳：《陸象山弟子研究》，頁98。
〔註137〕見《宋元學案·卷七十七》，頁1465。
〔註138〕見《陸九淵集·卷九·與陳君舉》，頁128。
〔註139〕見《朱子語類·卷一二四》，頁1193。
〔註140〕見《宋元學案·卷五十一》，頁951。
〔註141〕見胡居仁：《胡敬齋先生居業錄·卷三》，頁12。
〔註142〕見《陽明全書·卷三·傳習錄下》，頁3。

陽明謂象山有粗處，意旨不詳，解者不一，〔註143〕然不妨解爲謂象山工夫不

〔註143〕關於陽明謂象山有粗處，學者有多種説法：

（1）戴君仁：〈王陽明與陸象山〉，《梅園論學續集》，頁 317、319～320 以爲陽明此指象山意見氣質爲粗，即與朱熹辯太極時氣質嫌猛厲、對格物致知的見解不精一，亦即態度粗與思想粗。案戴氏言象山氣質不佳，頗多學者亦有類似意見，茲附論於下。

如《朱文公文集・卷三十四・答呂伯恭》，頁 540 云：「子靜近得書，其徒曹立之者來訪，氣質儘佳，亦似知其師説之誤，持得子靜近答渠書與劉淳叟書，卻説人須是讀書講論，然則自覺其師説之誤矣。但不肯翻然説破今是昨非之意，依舊遮前掩後，巧爲詞説，只此氣象，卻似不佳耳。」又頁 545 云：「渠兄弟今日豈易得？但子靜似猶有些舊來意思，聞其門人説子壽言其雖已轉步而未曾移身，然其勢久之亦必自轉，回思鵝湖講論時，是甚氣勢？今何止什去七八耶？」如全祖望《宋元學案・卷五十七》，頁 1062 謂「陸氏兄弟賢知之過，辭氣多有過高，遂成語病」、又於《宋元學案・卷五十八》，頁1066 謂「象山天分高，出語驚人，或失於偏而不自知，則是其病也」。如渡邊秀方：《中國哲學史概論》，頁 98 謂鵝湖會上，象山詩極露圭角，述所信時毫無忌憚，然朱子則果然名不虛傳，人格溫厚如畫，指責陸學的毛病亦措辭極婉曲。如錢穆：《朱子新學案》第三冊，頁 314、355 認爲象山於鵝湖會上好辯，故其云：「鵝湖之集，已後一歲，輒復妄發，宛爾故態。」（見《陸九淵集・卷二十六・祭呂伯恭文》，頁 306），追悔鵝湖一會爭持太過；且其於朱子，惟有彈擊，絕無轉語，而朱子於象山，言其過必稱其善。如陳德仁：《象山心學之比較研究》，頁 77、81～82 認爲其與朱熹論辯太極時，不免予人盛氣凌人之感，有失厚重的君子之風，朱熹則較溫和，有長者風範，贏得大家的欽敬；且朱熹發覺自己道問學的偏失時，曾謙虛表示：「今當反身用力，去短集長，庶不墜一邊耳。」有取人之善的雅量，而象山則嚴屬批評：「既不知尊德性，焉有所謂道問學？」氣勢甚盛，缺乏自制工夫。如牟宗三：《從陸象山到劉蕺山》，頁 101 亦認爲象山於此文義分析不精，而太過自信、太忽視對方，難免予朱子粗暴之感，此皆其過。

案此諸説，亦有反對者。如戴君仁：〈朱陸辯太極圖説之經過及評議〉，《梅園論學集》，頁 216 指出其實太極之辯，在象山身上，是熱心而非好勝，所以要致辯，目的在求明道。如陳榮捷：〈朱陸通訊詳述〉，《朱學論集》，頁 252、264 指出若以〈祭呂伯恭文〉爲發露鵝湖意氣，則恐未必然，如是云云，不過君子自訟而已；且在太極之辯結束後，朱陸二人通問不輟，賢者于學術不肯苟同，但私人感情，決不以直言指責而絲毫減削。又陳榮捷：《朱熹》，頁 214 指出象山對朱熹之批評，不若朱熹評象山之烈，朱子只有兩次稱贊象山，其餘皆是批評。又唐君毅：《中國哲學原論・原性篇》，頁 660 亦認爲象山對朱子之批評，反較朱子對象山之攻擊爲少。其實象山是氣質剛直，非好辯好勝，蓋以爲理之所在，不得不言，故吾人若能從師友切磋時彼此痛下針砭處來看，則言愈直愈見坦率眞誠，言有婉則尤懼於流俗客套，即可欣賞

細密，蓋象山確不似朱子、陽明般將工夫作鋪陳敘述（如朱子格物、陽明致良知之類）。〔註144〕而歸納以上諸種評議與事實，即是以為象山工夫太過簡單而不足以成就內聖與外王。但是，由本章之討論，可知象山並非無工夫，且其工夫亦大致涵蓋道德修行者所面臨之種種問題，而此一工夫又井然有序、逐步開展、可依可從。因此，推原以上諸議之由來，大概是象山常常強調起始端緒之重要所致，如語錄載：

> 有學者聽言有省，以書來云：「自聽先生之言，越千里如歷塊。」因云：「吾所發明為學端緒，乃是第一步，所謂升高自下，陟遐自邇，却不知指何處為千里。若以為今日捨私小而就廣大為千里，非也。此只可謂之第一步，不可遽謂千里。」（《陸九淵集‧卷三十四》，頁405）

即是學生因此誤解之例。其實，象山決不是只說「尊德性」、「辨志」而已，

象山此一性格。

（2）唐君毅：《中國哲學原論‧原教篇》，頁296認為象山陽明二者學問不同，而古人不喜輕議前賢，故陽明謂象山粗而又不言明其指。

（3）牟宗三：《從陸象山到劉蕺山》，頁22～24，則認為陽明之意不是指知識多寡、思考精確與否、或修道工夫之造詣，而是指象山之風格粗，即在人身上，與淵靜凝斂、清渟精微相反，而為高明爽朗、直拔俊偉，正如明道謂孟子英氣害事；而在學問上，以非分解方式揮斥議論點示實理，不似陽明精熟地分析義理。

（4）錢穆：〈辨性〉，《中國學術思想史論叢（五）》則認為陽明之意，似謂象山只論心，偏於人生日常部分，卻對宇宙本體照顧未全，即對「天」、「性」方面少有闡發。又古清美：〈程明道、陸象山、王陽明對仁體的詮釋〉，《明代理學論文集》，頁64亦謂象山未在天理性命的架構下顯示本心之必然性，故陽明謂謂其為粗。

（5）徐復觀：〈象山學術〉，《中國思想史論集》，頁51～53認為象山之理平鋪於人與天地萬物間，未完全將物理轉變為倫理，因此在正其端緒後，尚須向外在事物用力，而陽明以為如此則理乃夾雜，不能全向內用力，故謂其粗。

（6）李日章：〈陸象山「心」的思想之解析〉，《宋明理學研究》，頁120～121認為象山未說明如何解決其唯心論之困難，故陽明批評為不夠精密。

（7）林繼平：《陸象山研究》，頁125～126則認為陽明注重為己之學甚於為人之學，故對象山重事功而欣賞管仲、韓信、陸遜、諸葛亮、樂毅、蕭何、王猛諸人，指其為粗。

〔註144〕如牟宗三：《中國哲學的特質》，頁78云：「伊川……方是走上工夫之路，朱子繼之而言涵養察識、敬貫動靜，工夫尤嚴而密……象山在宋儒中正是更見大氣磅薄的一位，但亦未開出工夫的途徑，至明儒王陽明……倡良知說，言致良知，此方是這一系的工夫途徑。」

然其多說此意，蓋只要此心不失，則自是充不忍牛之觳觫以改其向來狗彘食人食，自是充不為穿窬之舉以改其平素言語之餂，所謂「一處不忍，到處不忍；一處羞惡，到處羞惡；一處辭讓恭敬，到處辭讓恭敬；一處是非炯然，到處是非炯然」；〔註145〕有本者，如溥博淵泉而時出之，盈科而後進，若決江河，沛然莫之能禦；此非謂由明明德以至於親民、止於至善，當中不須增加任何知識、不須克服任何困難，而是此增加、此克服，皆必是不容自已之增加與克服。故象山云：

> 吾之學問與諸處異者，只是在我全無杜撰，雖千言萬語，只是覺得他底在我不曾添一些。近有議吾者云：「除了先立乎其大者一句，全無伎倆。」吾聞之曰：「誠然。」（《陸九淵集‧卷三十四》，頁400）

> 我治其大而不治其小，一正則百正。（《陸九淵集‧卷三十五》，頁451）

> 一是即皆是，一明即皆明。（《陸九淵集‧卷三十五》，頁469）

> 或有譏先生之教人，專欲管歸一路者。先生曰：「吾亦只有此一路。」（《陸九淵集‧卷三十四》，頁410）

> 近來論學者言：「擴而充之，須於四端上逐一充。」焉有此理？孟子當來，只是發出人有是四端，以明人性之善，不可自暴自棄。苟此心之存，則此理自明，當惻隱處自惻隱，當羞惡，當辭遜，是非在前，自能辨之。又云：當寬裕溫柔，自寬裕溫柔；當發強剛毅，自發強剛毅。所謂溥博淵泉，而時出之。（《陸九淵集‧卷三十四》，頁396）

> 聖人教人，只是就人日用處開端，如孟子言「徐行後長，可為堯舜」，不成在長者後行便是堯舜？怎生做得堯舜樣事，須是就上面著工夫。（《陸九淵集‧卷三十五》，頁432）

只此「先立乎其大」一句，即是無限細密工夫之所始、所出、所成，即是對本心即理之意義的無限承擔與行動，故象山始終以發明人之本心為首出。〔註146〕

〔註145〕見牟宗三：《從陸象山到劉蕺山》，頁185。

〔註146〕孫振青：《宋明道學》，頁424認為象山自己讀書很勤、逐事逐物考究磨練，但當自己悟道後，從事教學時，卻只強調把捉本心，失去此考究磨練之工夫，乃是美中不足處。而李鈞棫：《陸象山思想之研究》，頁26謂象山說先立其大，下一句應該是後立其小，並非不立其小。案此二說，當以李氏為是。

於是亦可知如羅整庵所云：

> 嘗遍閱象山之書，大抵皆明心之說……除了先立乎其大者一句全無
> 伎倆，且亦以爲誠然，然愚觀孟子之言與象山之學自別……所貴乎
> 先立其大者何？以其能思也。能思者心，所思而得者，性之理也。
> 是則孟子喫緊爲人處，不出乎思之一言……而象山之教學者，顧以
> 爲此心但存，則此理自明，當惻隱處自惻隱……若然，則無所用乎
> 思矣，非孟子先立乎其大者之本旨也。夫不思而得，乃聖人分上事，
> 所謂生而知之者，而豈學者之所及哉？苟學而不思，則此理終無由
> 而得，凡其當如此自如此者，雖或有出於靈覺之妙，而輕重長短，
> 類皆無所取中，非過焉斯不及矣，遂乃執靈覺以爲至道，謂非禪學
> 而何？……象山亦嘗言致思，亦嘗言格物，亦嘗言窮理……殊不知
> 言雖是而所指則非，如云格物致知者，格此物致此知也；窮理者，
> 窮此理也；思則得之，得此者也；先立乎其大者，立此者也……凡
> 所謂此者，皆指心而言……故其廣引博證，無非曲成其明心之說，
> 求之聖賢本旨，竟乖戾而不合也。〔註147〕

此當屬誤會。整庵之心非象山之本心，〔註148〕故以爲明心不能知理，其實象
山未說凡心即理，只說本心即理，而欲使凡心即理，則須落實孟子之思，加
以開展，以使凡心能充分駕御統合本心，而至於凡心能即理。

〔註147〕見羅欽順：《困知記‧卷二》，頁10～12。
〔註148〕由羅欽順《困知記‧卷四》，頁33云：「近世學者，因孟子有『仁，人心也』
　　　　一語，便要硬說心即是仁，獨不思……」可知。

第四章　思想淵源考辨

　　由前所論，已明象山思想大旨，至此可以探討其思想之淵源，以更突顯其學之性質。然而此一問題所涉實廣，若不詳析諸家之學說、不具論思想史之發展脈絡，則不能深入。但此實非本文所堪，故本章只略就一般常見的看法，分成源自陸氏家學、象山自得於《孟子》、宋代理學諸家、禪、告子、道家數種而淺談之。此一章節次序，略以對象山之影響，依時間由近及遠而安排；其中將禪、告子及道家併爲一節，蓋因朱子以告子與佛皆是生之謂性，而一般又謂理學源自佛老，故以類相從，避免章節太多。

第一節　陸氏家學

《朱子語類》載：

> 叔器問象山師承。曰：「它們天姿也高，不知師誰，然也不問師傳。學者多是就氣稟上做，便解偏了。」〔註1〕

是則象山並無明顯之師承，而黃東發云：

> 復齋之學，大抵與象山相上下。象山以自己之精神爲主宰，復齋就天賦之形色爲躬行，皆以講不傳之學爲己任，皆謂當今之世舍我其誰，掀動一時，聽者多靡，所不同者，象山多怒罵，復齋覺和平耳。
>
> 〔註2〕

〔註1〕見《朱子語類・卷一二四》，頁 1189。
〔註2〕見《宋元學案・卷五十七》，頁 1061。

而全祖望又云：〔註3〕

> 三陸子之學，梭山啓之，復齋昌之，象山成之。梭山是一樸實頭地
> 人，其言皆切近有補于日用；復齋卻嘗從襄陵許氏入手，喜爲討論
> 之學。《宋史》但言復齋與象山和而不同；考之包恢之言，則梭山亦
> 然。今不盡傳，甚可惜也。

> 東萊謂復齋家庭講學，和而不同，則固有不盡諧于象山者。象山縱
> 極口稱復齋，然語錄中謂「董元息被教授教解論語，又壞了」，則固
> 有不盡諧于復齋者。而大略以不傳之學爲己任，以舍我其誰自居，
> 則相同。……要之，陸氏兄弟賢知之過，辭氣多有過高，遂成語病，
> 而其倚天壁立，足以振起人之志氣，其功亦不可沒。

此中，所謂象山兄弟自相研討，而又同中有異，以下即略說之。〔註4〕

案梭山與復齋之書不傳，其學不甚清楚，然而由《宋元學案》所保留之材
料來看三陸之學「和而不同」一說應可成立。茲先論其和處。考梭山云：〔註5〕

> 爲人孰不愛家、愛子孫、愛身，然不克明愛之之道，故終焉適以損
> 之。蓋一家之事，貴于安寧和睦悠久，其道在于孝悌謙遜。若仁義
> 之道，口未嘗言之，朝夕之所從事者名利，寢食之所思者名利，相
> 聚而講究者取名利之方……惟思臥幸其時數之遇，則躍躍以喜；小
> 有阻意，則躁悶若無容，如其時數不偶，則朝夕憂煎，怨天尤人，
> 至于父子相夷，兄弟叛散，良可憫也，豈非愛之適以損之乎？

> 夫事有本末，知愚賢不肖者本，貧富貴賤者末，得其本則末隨，趨
> 其末則本末俱廢。今行孝悌、本仁義，則爲賢爲知；賢知之人，眾
> 所尊仰，簞瓢爲奉，陋巷爲居，己固有以自樂，人不敢以貧賤而輕
> 人，豈非得其本而末自隨。夫慕爵位、貪財利，則非賢非知；非賢
> 非知之人，人所鄙賤，雖紆青紫、懷金玉，其胸襟未必通曉義理，
> 己無以自樂，人亦莫不鄙賤之，豈非趨其末而本末俱廢乎。

此中可見梭山以義爲本，以利爲末，頗與象山辨志之說相近，且認爲得本才

〔註3〕分別見《宋元學案・卷五十七》，頁1053～1054、1062。
〔註4〕林繼平：《陸象山研究》，頁66謂東發謝山二人恐未深識陸學，二人之評待権，
其實復齋早逝，詣境殆不及象山，而其兄弟二人，於工夫入門細節處固有差
異，但重窮究、討論、實踐、最後歸於實用，可以說完全一致。
〔註5〕此處所引梭山語，皆見《宋元學案・卷五十七》，頁1054～1055。

可有末，則又與象山以道德爲人文事物之理相通。至於復齋，其云：〔註6〕

> 聲氣容色、應對進退，乃致知力行之原，不若是而從事于箋注訓詁之間、言語議論之末，無乃與古之講學者異與？

> 有終日談虛空、語性命，而不知踐履之實，欣然自以爲有得，而卒歸于無所用，此惑于異端者也。

> 身體心驗，使吾身心與聖賢之言相應，擇其最切己者，勤而行之。

> 人生之迷，千種萬類，不可名狀，而大要皆是利欲。

> 須磊磊落落作大丈夫，盡掃平生紕繆意見。

> 貧者士之常，吾友能安之，則尊幼無不安者。吾心微有不可安，則過自此起矣。天命固不可損益，但自失其本心耳。

> 某日與兄弟講習，往往及于不傳之旨、天下所未嘗講者。

> 荀卿、揚雄、韓愈，皆不世出，至言性則戾。近世巨儒性理之論，猶或有安。某乃稽百氏異同之論，出入于釋老，反覆乎孔子、子思、孟子之言，潛思而獨究之，煥然有明焉，窮天地，亙萬世，無易乎此也。然世無是學，難以諭人。

> 竊不自揆，使天欲平治天下，當今之世，舍我其誰，苟不用于今，則成就人才，傳之學者。

此則相似於象山必去物欲意見而挺立本心之大體。

　　至於三陸之不同處：一是氣質不同，梭山似隱士，其與朱子始辯太極圖說，最後主動停止；〔註7〕復齋性溫和，其云「於人言行過失，度未可與語，則不發」，〔註8〕又如鵝湖會上阻止象山與朱子繼續論辯；〔註9〕象山則剛直英發，據理力爭。二是學說不同，象山語錄載：

> 呂伯恭爲鵝湖之集，先兄復齋謂某曰：「伯恭約元晦爲此集，正爲學術異同，某兄弟先自不同，何以望鵝湖之同。」先兄遂與某議論致辯，又令某自說，至晚罷，先兄云：「子靜之說是。」……及至鵝湖……元晦顧伯恭曰：「子壽早巳上子靜舡了也。」（《陸九淵集·卷三十四》，

〔註6〕 此處所引復齋語，皆見《宋元學案·卷五十七》，頁1058～1059。
〔註7〕 《陸九淵集·卷十五·與陶贊仲》，頁192云：「梭山謂晦翁好勝，不肯與辯。」
〔註8〕 見《陸九淵集·卷二十七·全州教授陸先生行狀》，頁316。
〔註9〕 《陸九淵集·卷三十六·淳熙二年》頁，491云：「先生更欲與元晦辯，以爲堯舜之前何書可讀，復齋止之。」

頁 427）

故二人原來有異，而復齋後來同意象山之說，然而後來呂祖謙柬朱子云：「子壽前日經過，留此二十餘日，幡然以鵝湖所見爲非，甚欲著實看書講論，心平氣下，相識中甚難得也。」〔註10〕又朱子〈祭陸子壽教授文〉云：「念昔鵝湖之下，實云識面之初……知兄必將返而深觀……別未幾時，兄以書來，審前說之未定，日子言之可懷……兄乃枉車而來教，相與極論而無猜，自是以還，道合志同。」〔註11〕是復齋似乎改同意朱子，而放棄象山之說。又據語錄載：

> 復齋臨終云：「比來見得子靜之學甚明，恨不得相與切磋，見此道之大明耳。」（《陸九淵集·卷三十四》，頁 428）

是則復齋與象山終不盡同，〔註12〕而語錄又載：

> （徐）仲誠因問：「〈中庸〉以何爲要語？」……梭山曰：「博學之，審問之，慎思之，明辯之，篤行之。此是要語。」（象山）答曰：「未知學，博學箇甚麼？審問箇甚麼？明辨箇甚麼？篤行箇甚麼？」（《陸九淵集·卷三十四》，頁 428）

是則梭山與象山亦不盡同。

另外，再從家庭背景來看，年譜載：

> 有程，先生高祖也，博學於書無所不觀……祖戬……趣尚清高（或作〔註13〕「好釋老言」），不治生產。考諱賀……究心典籍，見於躬行，酌先儒冠昏喪祭之禮行于家……生六子，長九思……有〈家問〉，朱熹爲跋略云：「〈家問〉所以訓飭其子孫者，不以不得科第爲病，而深以不識禮義爲憂。」（《陸九淵集·卷三十六》，頁 479～480）

而《宋史》載：

> 九韶字子美，其學淵粹，隱居山中，晝之言行，夜必書之。其家累世義居，一人最長者爲家長，一家之事聽命焉。歲遷子弟，分任家

〔註10〕見呂祖謙：《呂東萊文集·卷四·與朱侍講》，頁 77。
〔註11〕見朱熹：《朱文公文集·卷八十七·祭陸子壽教授文》，頁 1549。
〔註12〕吳有能：〈朱陸鵝湖之會唱和三詩新釋〉，頁 32～34 謂二者之異是復齋主「即用顯體」故功夫有階段性、象山主「即體即用」故人心一躍即可全盤掌握。案吳氏所據材料只爲《宋元學案》中所保留之復齋文字，結論似乎太快，且象山不言體用，故此處記以參考而不詳論。又關於復齋思想的轉變，可參考陳來：《朱熹哲學研究》，頁 291～296。
〔註13〕見《陸九淵集·卷二十七·全州教授陸先生行狀》，頁 312。

事，凡田疇、租稅、庖爨、賓客之事，各有主者。九韶以訓戒之辭為韻語，晨興，家長率眾子弟謁先祠畢，擊鼓誦其辭，使列聽之。子弟有過，家長會眾子弟責而訓之；不改，則撻之；終不改，度不可容，則言之官府，屏之遠方焉。九韶所著有《梭山文集》、《家制》、《州邵圖》。〔註14〕

又梭山云：〔註15〕

古之為國者，冢宰制國用，必于歲之杪，五穀皆入，然後制國用，量地大小，視年之豐耗，三年耕，必有一年之食，九年耕，必有三年之食，以三十年之通制國用，雖有凶旱水溢，民無菜色，國既若是，家亦宜然。

今以田疇所收，除租稅種蓋糞治之外，所有若干，以十分均之，留三分以為水旱不測之備，一分為祭祀之用，六分分十二月之用。取一月合用之數，約為三十分，日用其一，可餘而不可盡，用至七分為得中，不及五分為嗇。其所餘者，別置簿收管，以為伏臘裘葛、修葺牆屋、醫藥賓客、弔喪問疾、時節饋送，又有餘，則以周給鄰族之貧弱者、賢士之困窮者、佃人之饑寒者、過往之無聊者，毋以妄施僧道。

居家之病有七，曰笑，曰遊，曰飲食，曰土木，曰爭訟，曰玩好，曰惰慢。有一于此，皆能破家。其次貧薄而務周旋，豐餘而尚鄙嗇，事雖不同，其終之害，或無以異，但在遲速間。

前所言存留十之三者，為豐餘之多者制也，苟所餘不能三分，則有二分亦可；又不能二分，則存一分亦可；又不能一分，則宜撙節用度，以存贏餘，然後家可長久，不然，一旦有意外之事，必遂破家矣。

而象山云：

吾家合族而食，每輪差子弟掌庫三年，某適當其職，所學大進。（《陸九淵集·卷三十四》，頁428）

又袁甫云：

〔註14〕見脫脫等：《宋史·卷三四三》，頁12879。
〔註15〕以下所引梭山語，皆見《宋元學案·卷五十七》，頁1055。

象山先生家學有原，一門少長，協力同心，所以敬養其親者，既已恪供子職，而伯叔之間，自爲師友。（《陸九淵集・卷三十六・紹定五年》，頁 524）

於是，應可推論：陸氏一門學問之特點，即在由大家庭的實際生活中磨鍊，特別著重以德爲本而專務踐履，兄弟互爲師友，雖各人之間又有稍異，然大抵同路，而象山之成學，當應深受此庭風之薰陶。〔註16〕

第二節 《孟子》、時代課題

象山本人曾自述其學問淵源，如：

某（詹阜民）嘗問：「先生之學亦有所受乎？」曰：「因讀《孟子》而自得之。」（《陸九淵集・卷三十五》，頁 471）

竊不自揆，區區之學，自謂孟子之後，至是而始一明也。（《陸九淵集・卷十・與路彥彬》，頁 134）

可見「象山自謂其學是讀《孟子》書，受到啓發，有了心得，自己發展出來的」；〔註17〕且頗以孟子繼承者自居。而與象山學有淵源者亦多主此說，如：

詹阜民祭文略云：「……孟軻親受，厥緒是承，卓哉先生，能自得師，

〔註16〕案學者多已論及此點，茲舉數例於下。如：
　　（1）錢穆：《宋明理學概述》，頁 162 謂象山一家，學無師承，關著門做學問，而同時因大家庭生活，使他們對人情事勢物理上，都有一番磨鍊與了解，形成了江西陸學獨特精神，即重篤實踐履。
　　（2）陳郁夫：《陸九淵》，頁 1～2 謂象山後來教人，以堂堂做人最爲要緊，明顯受有九思影響，且其身處九世同居的大家庭，實際生活的磨練，使其與專在書本上做學問大異。
　　（3）汪義麗：《象山心學在宋學中之歷史意義》，頁 53～54 意謂如何治理如此繁複之大家庭，可謂陸氏一門學問之起點，而以德爲本、專務踐履、著重反省工夫、由道德踐履流露出踏實與自信，乃陸門特色，對象山日後處理生命之態度，皆有深刻影響。
　　（4）曾春海：《陸象山》，頁 38 謂象山崇實務本之生命精神堪爲陸氏一門之集成。
　　（5）張立文：《走向心學之路》，頁 27 謂象山自幼受此庭風，釋老之言和儒家典籍皆其構築思想之資料。
〔註17〕見古清美：《宋明理學概述》，頁 103。而余英時：《歷史與思想》，頁 128 認爲事實上，很有可能象山是心中先有了義理，然後才在《孟子》中得到印證罷了。案古氏順象山原文而說之，余氏之說似更長，蓋象山年十三已悟心同理同，似其學之傾向早已如此。

玩其遺編，獨識其微。」（《陸九淵集・卷三十六・紹熙四年》，頁516）

傅子雲祭文略云：「……遠紹孟氏之旨，極陳異說之非。」（《陸九淵集・卷三十六・紹熙四年》，頁517）

周清叟祭文略云：「……繼孟子之絕學，舍先生其誰能。」（《陸九淵集・卷三十六・紹熙四年》，頁517）

袁甫……云：「先生之學，得諸孟子……天下以爲眞孟子復出也。」（《陸九淵集・卷三十六・紹定五年》，頁524）

包恢……云：「……其深造自得，實自孟子。」（《陸九淵集・卷三十六・淳祐十一年》，頁529～530）

> 聖人之學，心學也……有象山陸氏……而簡易直截，眞有以接孟氏之傳……而要其學之必求諸心，則一而已。故吾嘗斷以陸氏之學，孟氏之學也。而世之議者，以其嘗與晦翁之有同異，而遂詆以爲禪。夫禪之說，棄人倫，遺物理，而要其歸極，不可以爲天下國家。苟陸氏之學而果若是也，乃所以爲禪也。今禪之說與陸氏之說、孟氏之說，其書具存，學者苟取而觀之，其是非同異，當有不待於辯說者。〔註18〕

誠然，翻閱象山全集，確可見其所引用之語，多與《孟子》有關，如：先立乎其大、求放心、非由外鑠、心之良、萬物皆備於我等等。〔註19〕而牟宗三先生則指出象山之重要主張，多本《孟子》而說，並無新說，象山云：

> 夫子以仁發明斯道，其言渾無罅縫。孟子十字打開，更無隱遁，蓋時不同也。（《陸九淵集・卷三十四》，頁398）

所謂十字打開，即是分解以立義，孟子既已分析清楚，故其本《孟子》而說者亦是指點啓發，非就各概念重新分解建立，即象山本人無分解，其所預設之分解盡在《孟子》，如：

（I）辨志：本於孔孟義利之辨及孟子之言「士尙志」；

〔註18〕　見《陽明全書・卷七・象山文集序》，頁14。
〔註19〕　關於《陸九淵集》與《孟子》二者用語之同，詳見陳德仁：《象山心學之比較研究》，頁15～18有逐條比對。而牟宗三：《從陸象山到劉蕺山》，頁85亦云：「試觀象山論學書札，其所徵引幾全是《孟子》語句，其全幅生命幾全是一孟子生命，其讀《孟子》之熟，可謂已到深造自得、左右逢源之境」。

（II）先立其大：本於孟子大體小體之辨；

（III）明本心：本於孟子之言四端之心；

（IV）心即理：本於孟子之言「仁義內在」及「心之所同然」乃至「理義悅心」等；

（V）簡易：此則《易傳》雖有明文，而精神實本於孟子之言良知良能、「道在邇而求諸遠，事在易而求諸難」，以及「學問之道無他，求其放心而已矣」、「堯舜之道孝弟而已矣」等語；

（VI）存養：本於孟子之「操則存，舍則亡」、「存其心，養其性」及「苟得其養，無物不長」等語。〔註20〕

再就象山思想之綱領而言，「象山爲學步驟，是先察識後涵養，眞是孟子的宗風，先立乎大，亦是孟子之語」；〔註21〕而其「我心與聖人同，與孟子『前聖後聖，其揆一也』、『君子深造之以道，欲其自得之也』，皆由心去領會聖人、去自識本心，又爲學之法主張先立其大、成聖之關鍵在於能思之心官，亦同孟子」。〔註22〕

象山身爲儒者，除《孟子》之外，自必引述其他儒家典籍，然不宜因此而謂其思想源於該書。如謂象山甚多引述〈中庸〉，故〈中庸〉對其學有重要影響、更因此而判其繼承先秦思孟學派；〔註23〕如謂象山引《易傳》：「乾以易知，坤以簡能」，而判其簡易直截之學源出於此；如謂象山引〈大學〉：「知所先後」，而判其先知後行之工夫綱領自此而來。其實，與其說象山思想源自其他儒書，不如說象山是「專以《孟子》爲主、其他經典乃是貫通而涉及者」。〔註24〕

然則象山雖是孟子學，但亦有相異之處：一是論心不論性，一是本心即理，一是論私，一是工夫之加詳。孟子論性頗多，象山則承其意而以心言性，不再分論。〔註25〕而象山所言之本心，其理趣高卓實已超越孟子本心之範圍。〔註26〕

〔註20〕以上述象山本於孟子之說，見牟宗三：《從陸象山到劉蕺山》，頁4～5。

〔註21〕見戴君仁：〈王陽明與陸象山〉，《梅園論學續集》，頁311。

〔註22〕見汪義麗：《象山心學在宋學中之歷史意義》，頁67～68。

〔註23〕曾春海：《陸象山》，頁19～20即如此認爲象山承思孟學派。

〔註24〕引號中之語，見牟宗三：《從陸象山到劉蕺山》，頁4。而關於象山以本心一觀念，解釋四書、易傳、尚書諸典籍，與原意或違或合之詳細情形，可參考林繼平：《陸象山研究》，頁184～225。又可參考張立文：《走向心學之路》，頁360～369論象山對孝經、尚書、周易、詩經、春秋、周禮、論語、孟子、及荀子、揚雄、王通、韓愈之著作的看法。

〔註25〕韋政通：《中國思想史（下）》，頁1186認爲孟子雖由心善而證性善，心性畢

故象山超過孟子者，即是心即理之達其絕對普遍而充塞宇宙，所謂「滿心而發，充塞宇宙無非此理」、「宇宙便是吾心，吾心即是宇宙」，表示心即是理，心外無物，道外無事，無能逃之。〔註 27〕且孟子所謂欲，不過小體五官之欲，象山言此心之障蔽，則於私欲之外，更重意見之害，此乃宋明儒學正視道德生活中的反面之物的共同精神，而與先秦偏在正面抒發理想不同。〔註 28〕至於孟子之言工夫，實不如象山之細密，然其工夫亦可說是孟子「思」之具體開展。〔註 29〕

另外，關於象山自得於《孟子》之「自得」一義，亦有學者以補救時弊詮釋之。即認為「與其從學術淵源上，不如從時代課題上去了解象山思想，更為適當」。〔註 30〕蓋當時有兩大課題不能不引起象山的反省，一是科舉制度，一是浮論虛說的學風。如象山云：

> 風俗之所由來，非一日也。或覩其壞，而欲齊諸其末、禁諸其外，
> 此後世政刑之所以益弊。至無如之何，則寖而歸於苟且，玩歲月，

竟不同，然向道德方面發展，心性總必歸一，故象山不再心性分說。

〔註 26〕 林繼平：《陸象山研究》，頁 89 謂象山本心理趣高於孟子。而錢穆：《中國學術思想史論叢（五）》，頁 244、254、261 大意謂孟子言心訴諸常識，以人心之所同然者為性；象山則說此同然之心乃是一形上的廣大心體，此心體似外於人而存在，故說心即理，故說心便不需再說性，而為一宇宙唯心論。

〔註 27〕 此論象山超過孟子，見牟宗三：《從陸象山到劉蕺山》，頁 19。又楊祖漢：〈無限心的概念之形成〉，《儒家的心學傳統》，頁 302 亦認為象山將道德義之本心，視作為絕對普遍的宇宙心，原是孟子學所涵而未言者，象山此一推進，是很自然順遂的。而林浩德：《陸象山心學研究》，頁 18、20 謂象山雖可本於孟子，但實仍需要宋儒之理觀念的絕對性、唯一性，才能完成心即理說。

〔註 28〕 此論象山比孟子多提出意見之害，見唐君毅：《中國哲學原論‧原教篇》，頁 241～242。又金東天：《象山的形上倫理說之探源》，頁 43～44 亦謂象山之「大體」與孟子同，而私欲亦與孟子「小者」同，但私見則與孟子小者之蔽不同。

〔註 29〕 渡邊秀方：《中國哲學史概論》，頁 94 云：「（象山）他的心即理說，雖如是成立，又雖如是以為得之於孔孟，但孔孟之說究不一定是這樣……他力說過的去俗智、去邪念、務開心眼的主張，孔孟并沒倡說過，同時以格物致知為明本性的見解，孔孟也沒懷抱過，他蓋取之於當時風靡南支那的『南禪頓悟說』而來的。」案象山自然非孔孟翻版，然仍是切合儒家之發展，不必如渡邊氏之說。

〔註 30〕 見徐復觀：《象山學述》，《中國思想史論集》，頁 14。又陳郁夫：《陸九淵》，頁 8～9 亦承此說而謂象山學術雖大多得力於《孟子》，但時代環境影響甚大，其學一大部分可說是對現實政治、民風士氣的弊病而發。而牟宗三：《心體與性體》第一冊，頁 47 曾云：「他（象山）之特喜孟子，也許由於其心態使然，也許由於當時有感于朱子學之歧出與沉落（轉向）而豁醒、而更加重其以孟子學為宗旨。」則似亦有此意。又李鈞械：《陸象山思想之研究》，頁 7～8 謂象山體察出時代的重病在心，吏風之劣、世道之衰以操守不佳為主因，故提倡心學，以先立其大與簡易工夫來對治。

習撏著，便文飾說，以規責偷譽，謂理不過如是。其視書傳所記治古之俗，若必不可復至，以為未必然者，有矣…取士之科，久渝古制，馴致其弊，于今已劇，稍有識者必知患之。(《陸九淵集‧卷十九‧貴溪重修縣學記》，頁237)

今天下士，皆溺於科舉之習。觀其言，往往稱道詩書論孟；綜其實，特借以為科舉之文耳。(《陸九淵集‧卷十一‧與李宰 (二)》，頁150)

場屋之得失，顧其技與有司好惡如何耳，非所以為君子小人之辨也。而今世以此相尚，使汨沒於此而不能自拔，則終日從事者，雖曰聖賢之書，而要其志之所鄉，則有與聖賢背而馳者矣。推而上之，則又惟官資崇卑、祿廩厚薄是計，豈能悉心力於國事民隱，以無負於任使之者哉？(《陸九淵集‧卷二十三‧白鹿洞書院論語講義》，頁276)

類此之言甚多，故象山首在於把士人之精神從科舉中拯救出來，將憑藉聖賢經傳所說之利欲謊言變成良心之實話，是以語錄載：

有立議論者。先生云：「此是虛說。」或云：「此是時文之見。」學者遂云：「孟子闢楊墨，韓子闢佛老，陸先生闢時文。」先生云：「此說也好。然闢楊墨佛老者，猶有些氣道，吾卻只闢得時文。」因一笑。(《陸九淵集‧卷三十四》，頁408)

正可見一斑。其次，宋代重文輕武，士人較無政治束縛，加上禪宗、印刷術流行，是以疑古求新、著書議論特盛，至其流弊，如司馬光云：

近歲公卿大夫，好為高奇之論，流及新進後生，口傳耳剽。讀易未識卦爻，已謂《十翼》非孔子之言；讀《禮》未知篇數，已謂《周官》為戰國之書；讀《詩》未〈周南〉〈召南〉，已謂毛鄭為章句之學；讀《春秋》未知十二公，已謂三傳可置之高閣；循守註疏者謂之腐儒，穿鑿臆說者謂之精義；且性者子貢之所不及，命者孔子之所罕言，今人發言秉筆，先論性命，乃至流蕩忘返，入於老莊，以此欺惑考官，獵取名利。〔註31〕

則藏在虛說廢話後的仍是利欲，是以象山云：

王澤之竭，利欲日熾，先覺不作，民心橫奔，浮文異端，轉相熒惑，往聖話言，徒為藩飾……依憑空言，傅著意見，增疣益贅，助勝崇

〔註31〕見《司馬公文集‧卷四十五‧論風俗劄子》。

私，重其狷忿，長其負恃，蒙蔽至理，扞格至言，自以爲是，沒世
不復，此其爲罪，浮於自暴自棄之人矣。(《陸九淵集·卷一·與邵
叔誼》，頁2)

古之所謂小人儒者，亦不過依據末節細行以自律，未至如今人有如
許浮論虛説，謬悠無根之甚。(《陸九淵集·卷一·與曾宅之》，頁6)

而亟從物欲意見之風習中，拯拔士人，透出文化眞精神。〔註32〕此種補偏救
弊之說，固不可忽略，然亦不可過度強調，蓋象山之學實針對人類普遍之道
德問題而發，非僅只限於某一時代課題。〔註33〕

第三節　理學諸家

「象山身處理學興盛之時，其思想當受到此一學術思潮之影響」。〔註34〕
考朱熹云：

上蔡一變而爲張子韶，上蔡所不敢衝突者，張子韶出來盡衝突了，
(蓋卿錄：子韶一轉而爲陸子靜)，近年陸子靜又衝突出張子韶之
上。〔註35〕

而全祖望又云：

象山之學，先立乎其大者，本乎《孟子》，足以砭末俗口耳支離之學，
但象山天分高，出語驚人，或失于偏而不自知，是則其病也。程門
自謝上蔡以後，王信伯、林竹軒、張無垢、至于林艾軒，皆其前茅，
及象山而大成，而成其宗傳亦最廣。〔註36〕

予嘗觀朱子之學，出于龜山……陸子之學，近于上蔡。〔註37〕

是則謝山亦同意朱子而言之更詳。自此論出，一般承襲無異，唯或認爲〔註38〕

〔註32〕以上論科舉與議論，詳見徐復觀：〈象山學述〉，《中國思想史論集》，頁14～17。
〔註33〕勞思光：《新編中國哲學史(三上)》，頁389已認爲象山以科舉宦之事爲說，
　　　　自是當機發揮，其涵義自不止此，蓋凡有私意處均可看作屬「利」一面。
〔註34〕見陳德仁：《象山心學之比較研究》，頁8～9。
〔註35〕見《朱子語類·卷二十》，頁193～194。
〔註36〕見《宋元學案·卷五十八》，頁1066。
〔註37〕見《宋元學案·卷五十八》，頁1068。
〔註38〕此係曾春海：《陸象山》，頁27～28、35～36之說。案曾氏此見應取自夏君虞：
　　　　《宋學概要》，頁118～122，夏氏此中依《宋元學案》而製陸學本身授受表、

《宋元學案》雖較側重學術之史的「傳承關係」，對各家學說內涵則較未能精確判斷，然由其中，亦可理出一象山學脈線索，依序爲程顥、謝良佐、楊時、張九成、王蘋、林光朝，比較此諸人與象山，可說前人思想有此思路趨勢、蘊涵此義，象山不覺受其啓發、順之而衍生昌明於後。然亦有反對者在：或謂〔註 39〕這只是他們的宗趣相近，彼此間相近點之造成，不見得是有意的；或謂〔註 40〕《宋元學案》此種強拉關係甚屬無謂，適足以蒙蔽義理系統與形態之眞相；或謂〔註 41〕全氏所說只因當初朱子視上蔡等人「下稍皆入禪學去」，又指象山爲禪，故全氏隨順朱子之意而如此云云；或認爲〔註 42〕全氏謂「遙出」、「兼出」，只因此諸人在唯心論調上有少許相似之處；或認爲全氏屬臆測之談，蓋以象山學近明道，因謂明道由謝良佐、王蘋、張九成、林季仲而傳九淵，猶之伊川之學，由楊時、羅從彥、李侗而傳朱熹，儼然兩大支流，派別分歧；或認爲〔註 43〕象山本人對程門根本無師事之意，至於王信伯、林竹軒、張無垢諸人的名字，在象山集中根本難得一見，以象山平日爲學視近世之學支離的態度，大致不會提及。兩派之說既異，故以下當粗略討論宋代諸理學家思想中近於象山之主張者。〔註 44〕

一、程　顥

關於程顥，象山云：

陸學來源表，而謂以程門有陸學這一宗可，以陸學即是洛學則不可，若說前人有此趨勢，陸學受其啓發而成，則無病。

〔註 39〕見戴君仁：〈王陽明與陸象山〉，《梅園論學續集》，頁 311。勞思光：《新編中國哲學史（三上）》，頁 393～394 亦認爲明道上蔡重視此心自覺能力，與象山所見較合，但象山自有其所見，非由上蔡一步步轉出。

〔註 40〕見牟宗三：《心體與性體》第一冊，頁 54。

〔註 41〕見蔡仁厚：《宋明理學・南宋篇》，頁 227。而徐復觀：〈象山學述〉，《中國思想史論集》，頁 14 已認爲謝山不謂象山淵於明道者，蓋以上蔡以下信伯諸人，世多指其入禪，而在《宋元學案》中，謝山受黃東發的影響最大，其態度偏於朱熹，故其「皆其前茅」之說，乃是受朱陸異同的影響。又錢穆：《朱子學提綱》，頁 233 認爲「全祖望謝山本於理學寢饋不深，又濡染李穆堂之偏見，其修補黃氏父子之宋元學案……於陸學則每致迴護，涉及朱學，則必加糾彈。」則對全祖望之立場與徐氏不同。

〔註 42〕見謝偉光：《陸九淵哲學思想之研究》，頁 7。

〔註 43〕見李鈞棫：《陸象山思想之研究》，頁 5～6。

〔註 44〕欲比較諸家思想，須對各自之思想作全盤分析，方是妥當，然本文力有未逮，此處亦只能粗略觀之。

　　二程見周茂叔後，吟風弄月而歸，有吾與點也之意，後來明道此意
　　却存，伊川已失此意。(《陸九淵集・卷三十四》，頁401)

　　元晦似伊川，欽夫似明道，伊川蔽固深，明道卻通疏。(《陸九淵集・
　　卷三十四》，頁413)

故或謂〔註45〕象山喜明道，二者一派；或謂〔註46〕朱陸之異，於二程即已有
之，伊川之說至朱子而熟，明道之學則至象山而展。如明道云：

　　形而上爲道，形而下爲器，須著如此說。器亦道，道亦器，但得道
　　在，不繫今與後、己與人。〔註47〕

　　〈繫辭〉曰：「形而上者謂之道，形而下者謂之器。」又曰：「立天
　　之道，曰陰與陽；立地之道，曰柔與剛；立人之道，曰仁與義。」
　　又曰：「一陰一陽之謂道。」陰陽亦形而下者也，而曰道者，惟此語
　　截得上下最分明，元來只是此道，要在人默而識之也。〔註48〕

或謂〔註49〕此即象山以陰陽爲形而上之說。然而明道本是圓融之說法，並非
不預定一形上形下之分解，道器之分並不泯、陰陽亦不即是道，故云「須著
如此說」、「陰陽亦形而下者」；其云「器亦道，道亦器」，乃是盡性踐形之化
境，即睟面盎背，全體是神，全體亦是形色，當體即是永恒；其云「元來只
是此道」，意爲即在陰陽變化中當下體悟道體，故云「默識」，此乃圓頓之表
示，非質實地認爲陰陽就是道；因此道器理氣只是化境上之不可分，不是概
念上之不可分。〔註50〕因此，象山陰陽即道亦不與明道相同。明道又云：

〔註45〕吳怡：《中國哲學發展史》，謂象山和明道及其門人的思想卻是前後呼應，如
　　　　象山曾公開徵引明道、讚美明道。
〔註46〕見馮友蘭：《中國哲學史》，頁938。又蔡元培：《中國倫理學史》，頁108～109
　　　　意謂程門弟子，歷事二程，而各得其性之所近，其中上蔡毗於尊德性，紹明
　　　　道而啓象山；龜山毗於道問學，述伊川而遞考亭，是即二程之異點，而亦朱
　　　　陸之所由差別。又呂思勉：《理學綱要》，頁117謂象山實嘗承明道，而不甚
　　　　稱伊川，蓋道理自有此兩派，至南宋眾流漸匯，朱陸各主其一。又陳鐘凡：《兩
　　　　宋思想述評》，頁240、錢穆：《宋明理學概述》，頁177亦類似。
〔註47〕見程顥、程頤：《二程全書・遺書第一》，頁4，《宋元學案》列入〈明道學案〉。
〔註48〕見《二程全書・遺書第十一》，頁2。
〔註49〕見馮友蘭：《中國哲學史》，頁943。又錢穆：《宋明理學概述》，頁176～177
　　　　亦認爲如此。
〔註50〕此論明道之道器可分不可分，見牟宗三：《心體與性體》第二冊，頁25～26、
　　　　43～44。又夏君虞：《宋學概要》，頁427亦謂明道雖說陰陽即道，但認陰
　　　　陽形而下者，陸派則謂陰陽不但是道，而且就是形而上者。

> 學者須先識仁，仁者渾然與物同體，義禮智信皆仁也。識得此理，
> 以誠敬存之而已，不須防檢，不須窮索。若心懈則有防，心苟不懈，
> 何防之有？理有未得，故須窮索，存久自明，安待窮索？此道與物
> 無對，大不足以明之，天地之用，皆我之用，孟子言萬物皆備於我，
> 須反身而誠，乃爲大樂，若反身未誠，則猶是二物有對，以己合彼，
> 終未有之，又安得樂？〔註51〕

先識仁體是道德實踐所以可能之本質關鍵，亦即明確的方向，而誠敬存之則
是實現此之簡易工夫，防檢窮索俱落後著。〔註52〕或謂〔註53〕先識仁即象山
之先立乎其大者。而明道又云：

> 承教諭以定性未能不動，猶累於萬物……所謂定者，動亦定，靜亦
> 定，無將迎，無內外。苟以外物爲外，牽己而從之，是以己性爲有
> 內外也。且以己性爲隨物於外，則當其在外時，何者爲在內？是有
> 意於絕外誘，而不知性之無內外也。既以內外爲二本，則又烏可遽
> 語定哉？夫天地之常，以其心普萬物而無心；聖人之常，以其情順
> 萬物而無情。故君子之道，莫若廓然而大公，物來而順應……人之
> 情……大率患在於自私而用智。自私，則不能以有爲爲應跡；用智，
> 則不能以明覺爲自然。今以惡外物之心，而求照無物之地，是反鑑
> 而索照也。〔註54〕

或謂〔註55〕象山「人能知與爲之過，無識知之病，則此心炯然，此理坦然，
物各付物」〔註56〕即與明道此書意同。另外，象山「磨考」工夫中「動靜皆
定」之說似亦與〈定性書〉相近。明道又云：

> 理與心一，而人不能會之爲一。〔註57〕
>
> 曾子易簀之意，心是理，理是心，聲爲律，身爲度也。〔註58〕

或謂「此乃象山之心即理，此中明道與象山之唯一異點，蓋在明道之言『心』，

〔註51〕 見《二程全書·遺書第二上》，頁3～4。
〔註52〕 此論先識仁體爲實踐關鍵，見牟宗三：《心體與性體》第二冊，頁219。
〔註53〕 見馮友蘭：《中國哲學史》，頁929。又范壽康：《中國哲學史綱要》，頁338
亦同。
〔註54〕 見《二程全書·明道文集卷三·答橫渠先生定性書》，頁1。
〔註55〕 見馮友蘭：《中國哲學史》，頁932
〔註56〕 見《陸九淵集·卷一·與趙監（二）》，頁10。
〔註57〕 見《二程全書·遺書第五》，頁1。
〔註58〕 見《二程全書·遺書十三》，頁1。

乃與其所謂性、命、道、氣、神等渾同而說，未如象山之直標出本心，自明本心而自作主宰以奮發植立」。〔註59〕其實，「明道主張性即理，其心與理一，並非象山以心即理，而是聖人之心不染欲情，天理自昭，所以心與理貫通無礙，常人之心則有私欲而使心和理相隔」；〔註60〕故明道之心非象山之本心。且「明道的天理近乎藝術境界達到天地境界，而象山的心似是由道德境界達到天地境界」；〔註61〕蓋明道以生生爲理，而好觀萬物生意，然象山卻無此美學情趣。又明道云：

> 人心不得有所繫。〔註62〕

此則與象山「收拾精神」、「無心」之工夫同旨，又

> 良佐昔錄五經語作一冊，伯淳見之，謂曰：玩物喪志。〔註63〕

此似與象山講明工夫之不重讀書相近。又明道之闢佛之說，象山亦承之（詳見下節）。

二、程　頤

至於程頤，或謂「其教爲主敬致知，敬即主一無適、在使心自己凝聚，致知則在用此心知之明以即物窮理、而通達此心知之明於外，此中剋就其重此心之對其自身主宰運用義言，與象山之重此心之自作主宰義，實無分別，象山雖未嘗自謂承自伊川，然仍可說伊川之言爲其先導」；〔註64〕且伊川云：「心，生道也。有是心，斯具是形，以生惻隱之心。人之生道也，雖桀跖不

〔註59〕見唐君毅：《中國哲學原論・原性篇》，頁558。又牟宗三：《心體與性體》第二冊，頁18亦謂明道畢竟猶處於濂溪、橫渠北宋開始時先著眼於〈中庸〉、《易傳》之學風，究非純以《論》、《孟》爲提綱者，故於天道性客觀面猶十分飽滿，而象山則不如此致意。又古清美：〈程明道、陸象山、王陽明對仁體的詮釋〉，《明代理學論文集》，頁63～64亦認爲象山不在此心背後樹立天理性命的理論架構，不似明道言天理、天道、天命來充實主觀仁體。

〔註60〕見羅光：《中國哲學思想史・宋代篇》，頁649～650。而古清美：〈程明道、陸象山、王陽明對仁體的詮釋〉，《明代理學論文集》，頁86則認爲明道云「心與理一」、「此心便是天」，連天人合一、物我合一都是剩語，又闡述性無內外、內外兩忘，此即是涵攝了「心即理」這一義理。本文以明道此等見解，似在說明境界（聖人之凡心即理），而不是陳述人之本心的實質，故依羅氏之說。

〔註61〕見馮炳奎：〈宋明理學的主流〉，收於馮炳奎等著：《宋明理學研究論集》，頁23。

〔註62〕見《二程全書・遺書十一》，頁6。

〔註63〕見《宋元學案・卷十四》，頁334。

〔註64〕見唐君毅：《中國哲學原論・原性篇》，頁559～560。

能無是以生。」〔註65〕、「孟子曰：盡其心者知其性也，知其性則知天矣。心也，性也，天也，非有異也。」〔註66〕亦「具心即道即性即天之旨，象山之言『心即理即性』、『宇宙即吾心』正是此之進一義，唯伊川以此性理之形於心，即同時連同人之氣質，而氣質之昏可蔽此性理，故須此心之主敬致知，以去除氣質之昏蔽，至於象山則以心之所在即性理之所在，視聖人之心，即人人之本心，此爲二者之異」。〔註67〕其實，伊川之心非象山本心，〔註68〕且象山自始即不認同伊川，如年譜載：

> 丱角時，聞人誦伊川語，云：「伊川之言，奚爲與孔孟之言不類？」
>
> （《陸九淵集・卷三十六・紹興十六年》，頁481～482）

故二者之關聯不須過於強調。

三、楊時、謝良佐

至於楊時（龜山）、謝良佐（上蔡），唐君毅先生認爲「《龜山語錄》載：『李似祖、曹令德問：「何以知仁？」曰：「孟子以惻隱之心爲仁之端，平居但以此體究，久久自見。」因問似祖令德：「尋常如何說隱？」似祖云：「如有隱憂，勤恤民隱，皆疾痛之謂也。」曰：「孺子將入井而人見之者，必有惻隱之心，疾痛非在己也，而爲之疾痛何也？」似祖曰：「出於自然，不可已也。」曰：「安得自然如此？若體究此理，知其所從來，則仁之道不遠矣。」二人退，余從容問曰：「萬物與我爲一，其仁之體乎？」曰：「然。」』〔註69〕由人之疾痛相感標出天地萬物爲一，而上蔡謂〔註70〕：『心者何也？仁是已。仁者何也？活者爲仁，死者爲不仁。今人身體麻痺，不知痛癢，謂之不仁；桃杏之核，可種而生者，謂之仁，言有生之意。推此，仁可見矣。』以不麻木之知覺爲仁，皆與象山言宇宙內事即己分內事，皆涵有對宇宙內事痛癢相感之感知，故楊謝之言當爲象山所許，故可說象山與之相契」。〔註71〕其實，以覺訓仁言

〔註65〕見《二程全書・遺書第二十一下》，頁2。

〔註66〕見《二程全書・遺書第二十五》，頁5。

〔註67〕見唐君毅：《中國哲學原論・原性篇》，頁560～562。

〔註68〕夏君虞：《宋學概要》，頁428～429謂伊川云「心即道也」、「循理曰道」、「性即理也」，拿理字專屬於性，不屬於心，拿道字專屬於心，而說循理是道，這「循」字大可注意，心乃是形上兼形下者。

〔註69〕見楊時：《龜山語錄・卷二》，頁20。

〔註70〕以下凡引上蔡語，皆見《宋元學案・卷二十四》，頁531～535。

〔註71〕見唐君毅：《中國哲學原論・原性篇》，頁563～564。又呂思勉：《理學綱要》，

心，固可爲象山本心所涵，然尚不足究本心之蘊，蓋本心即理，非只呈現爲疾痛覺生而已。考上蔡云：

> 仁者，天之理，非杜撰也……天理當然而已矣。當然而爲之，是爲天之所爲也。聖門學者大要以克己爲本。克己復禮，無私心焉，則天矣。孟子曰：仁，人心也；盡其心者，知其性也；知其性，則知天矣。
>
> 所謂有知識，須是窮物理……所謂格物窮理，須是認得天理始得。所謂天理者，自然底道理，無毫髮杜撰。今人乍見孺子將入於井，皆有怵惕惻隱之心，方乍見時，其心怵惕，即所謂天理也。要譽於鄉黨朋友，内交於孺子父母兄弟，惡其聲而然，即人欲耳。天理與人欲相對，有一分人欲，即減卻一分天理……天者，理而已。只如視聽動作，一切是天……學者直須明天理爲是自然底道理，移易不得……識得天理，然後能爲天之所爲。
>
> 學者且須是窮理，物物皆有理，窮理則能知天之所爲，知天之所爲則與天爲一，與天爲一，無往而非理也……有我不能窮理，人誰識眞我？何者爲我？理便是我……理必物物而窮之乎？曰：必窮其大者，理一而已，一處理窮，觸處皆通。
>
> 循天之理便是性，不可容些私意，才有意，便不能與天爲一。
>
> 何謂敬……事至應之，不與之往，非敬乎？萬變而此常存，奚紛擾之有？
>
> 季路舟求之言志，不得人才做不得，然常懷此意在胸中，在曾點看著正可笑耳。學者不可著一事在胸中，纏著些事，便不得其正。
>
> 門人有初見請教者。先生曰：人須先立志，志立則有根本，譬如樹木，須先有箇根本，然後培養，能成合抱之木，若無根本，又培養箇甚？

其以天理與人欲（私心、私意）對揚，學者須窮物理以知天理，知天理而克人欲則與天合一，而所謂心者仁、仁者天理、其心怵惕即天理，似非說本心即理，而是說有天理在此中之意，故上蔡殆爲程門性即理之說，重點在說天理，不在說本心，對本心之内涵與意義皆未開拓，故其敬亦似非存養本心之

頁28已謂上蔡以覺言仁，實啓象山之學。又夏君虞：《宋學概要》，頁122亦謂覺之一字，在陸門甚爲重要，這似乎倡自上蔡之說仁。

謂。〔註72〕至於其論立志，則與象山近，但恐尙未如象山之專注力宏，而詳言立志之方。〔註73〕至於龜山云：〔註74〕

> 人性上不可添一物，堯舜所以爲萬世法，亦只是率性而已。所謂率性，循天理是也。

> 人各有勝心，勝心去盡，而惟天理之循，則機巧變詐不作……只是事事循天理而已。

> 學者若不以敬爲事，便無用心處，致一之謂敬，無適之謂一。

> 爲是道者必先乎明善，然後知所以爲善也。明善在致知，致知在格物，號物之數至于萬，則物蓋有不可勝窮者。君反身而誠，則舉天下之物在我矣。詩曰：天生烝民，有物有則。凡形色具于吾身者，無非物也，而各有則焉，反而求之，則天下之理得矣。由是而通天下之志，類萬物之情，參天地之化，其則不遠矣。

> 夫至道之歸，固非筆舌能盡也，要以身體之，心驗之，雍容自盡，燕閒靜一之中，默而識之，兼忘於書言意象之表，則庶乎其至矣。

> 反是，皆口耳誦數之學也。

可見其亦程門性即理之說，雖主先知善而後行善，然知善最佳之法爲格人身以知人身之則，而知萬物同具之天理，亦非扣本心以立論者，至於心驗默識而忘言，乃屬大家之共法，尙無象山斥閒議論之用意。

四、王　蘋

另外，關於王蘋（信伯），全祖望云：

> 信伯極爲龜山所喜，而晦翁最貶之，其後陽明又最稱之，予讀信伯集，頗啓象山之萌芽，其貶之者以此，其稱之者亦以此。象山之學，

〔註72〕林浩德：《陸象山心學研究》，頁24～26大意謂上蔡「理便是我」幾同於象山「心即理」，上蔡「必窮其大者」與象山「先立乎其大者」同；上蔡言仁言心皆強調其生的一面，象山言心不言性，亦因心之生命意味較性字強；除了上蔡不排斥佛教與象山異外，二者大同小異，若說象山未受上蔡影響，實在說不過去。本文與林氏之見不同。

〔註73〕蔣維喬：《中國哲學史綱要》，頁475～477大意謂理學家認爲求學最要緊的是先立志，如周子、張子、程子、朱子、象山、陽明皆言及立志。案蔣氏之見是，立志當是理學家之共法，然象山似爲理學家中對立志最重視、言之最詳、最令人感動者。

〔註74〕此處所引龜山語，皆見《宋元學案·卷二十五》，頁550～552。

本無所承，東發以爲遙出上蔡，予以爲兼出於信伯，蓋程門已有此一種矣。〔註75〕

考信伯云：〔註76〕

堯舜禹湯文武之道，相傳若合符節。非傳聖人之道，傳其心也。非傳聖人之心也，傳己之心也。己之心無異聖人之心，廣大無垠，萬善皆備。故欲傳堯舜以來之道，擴充此心焉耳。

問「浩然之氣，塞乎天地之間。」曰：「洞達無間，豈止塞乎天地。」問如何是萬物萬物皆備于我。先生正容曰：萬物皆備于我。某于言下有省。

盡心知性以知天，更不須存養矣。其次則欲存心養性以事天。

或謂〔註77〕其以直下識得萬物皆備爲教，亦象山講學之旨，自學術史言之，亦可說爲足啓象山之萌芽。信伯又云：

若未有見，且暫放過，思不可苦，苦則愈遠。

學者體究，切不可以文義解釋，張思叔所謂勸君莫作聰明解。

問：「仁，人心也，而又曰以仁存心，何也？」曰：「觀書不可梏於文義，以仁存心，但言能體仁耳。」

或謂〔註78〕循此而下，便開象山「六經皆我註腳」之先聲。信伯又云：

問致知之要。曰：宜近思，且體究喜怒哀樂未發謂之中。又曰：莫被中字礙，只看未發時如何。

人心本無思慮，多是記憶既往與未來事，乃知事未嘗累心，心自累於事耳。

學者須是下學而上達，灑掃應對即是道德性命之理。禮記：「凡爲長者糞之禮，必加帚于箕上，以袂拘而退，其塵不及長者，以箕自鄉而扱之。」試體究此時此心如何？堯舜揖遜之心，即群后德讓之心，即黎民於變時雍之心，且灑掃者誰與？應對者誰與？其理微矣……聖人之道，無本末，無精粗，徹上徹下，只是一理。

〔註75〕見《宋元學案・卷二十九》，頁602。
〔註76〕以下所引王蘋語，皆見《宋元學案・卷二十九》，頁603～604。
〔註77〕見唐君毅：《中國哲學原論・原性篇》，頁564。
〔註78〕見錢穆：《宋明理學概述》，頁104。

總合以上諸條，似乎其言心頗有本心之義，然而其工夫似與象山不盡同，如象山不說已發未發，不說不須存養，不說人心本無思慮，且「以仁存心」象山恐不會以「體仁」爲釋。

五、林季仲

另外，關於林季仲（竹軒），全祖望云：「先生兄弟遺書不傳，然嘗見〈直閣送虞仲琳詩〉云：『儒生底用苦知書……』則已開象山宗旨矣。」〔註79〕考今殘之《竹軒雜著》，以詩、祭文及表疏狀箚爲主，其中與義理相關者，大概如下：

> 佛法果何如……俛首無一言……此法本無缺……盍亦返故鄉，子細自披抉；當有無價珍，終身用不徹……儒生玩韋編，貝葉師所閱；兩家相詬病，久矣互侵伐；孰如吾二人，一見意軒豁；縱談這箇事，迴出言詞末；古人知造車，不較出門轍；看誰到長安，寧論吳與粵……〔註80〕

> 省己知爲政，忘言是讀書，世儒誰說此，學子可憐渠；文物思前輩，風煙翳故廬，倚楹獨長嘆，吾道竟何如。〔註81〕

> 喚起萬端因好樂，靜觀一理本圓成；與人不競春長在，對物無心鏡自清。〔註82〕

> 儒生底用苦知書，學到根源物物無；曾子當年多一唯，顏淵終日只如愚；水流萬折心無競，月落千家境自孤；把手沙頭莫言別，與君元不隔江湖。〔註83〕

> 莫道水清偏得月，須知水濁亦全天；請看風定波平後，一顆靈珠依舊圓。〔註84〕

> 道不因有經而存，亦不因無經而亡，其出於人心者常在也。仲尼默識，何假言語；顏氏心齋，不立文字；學者仰之以爲宗師。至於曾

〔註79〕見《宋元學案·卷三十二》，頁658。
〔註80〕見林季仲：《竹軒雜著·卷一·送眞歇禪師》，頁2～3。
〔註81〕見《竹軒雜著·卷一·挽林潛聖先生詞》，頁12。
〔註82〕見《竹軒雜著·卷二·樂壽閣》，頁9。
〔註83〕見《竹軒雜著·卷二·贈虞教授別》，頁9。
〔註84〕見《竹軒雜著·卷二·題康待所所居二首》，頁27。

子易簣，不亂於死生；季路結纓，不屈於威武；咸用此學，見於所行。厥後揚雄韓愈最爲尊吾道者……然美新之書，亦得已而不已矣；愈以市道望於權貴……識者恨之。由前之學如彼，由後之學如此，其故何哉？然則回稱好學，所好者何學？軻死不得其傳，所傳者何事？聞一知十，與夫隸事之學同乎否也？博學於文，與夫繢言之文同乎否也？〔註85〕

學佛者直欲令人絕念，除是土木爲人始得……子不念其親，臣不念其君……謂之何等人耶？書言天敘有典，則五典無非性命之理也，自古及今，人道賴之以立，不可須臾離者……師以謂四大六塵之外，自有眞常乎？……譬諸草木，根性眞也，枝葉妄也……然皆出於性，何名爲妄？吾聖人之道，混名跡，合內外，不以離俗爲高，不廢禮以爲達，不絕名教以爲樂，反之於心而說，考之於理而不謬，措之天下國家而可行，亙古亙今不可一日缺……且如燒一文香便有無窮福利，讀一句經便有無限鬼神擁護……不知要誦經者悟道乎？求福乎？要他悟道，不當以利怵之，蓋有毫髮利心，去道遠矣；若要他求福，則是令誦經者做經紀也……「吾志在春秋，行在孝經」此非夫子自以爲孝經也，後人述而言之耳，且此一句無所經見，張說爲唐明皇引以爲序而已。盡信書不如無書，吾師以吾書籍汗牛馬而充棟宇，皆聖人之所作乎？除六經語孟之外，盡付諸火可也。然則佛書四萬八千卷，所可存者亦無幾矣。要知本無一字，併去之可也。伏義未畫八卦之前，《易》在何處？〔註86〕

居無求安……自有天下之廣居……今人議論只從多，簣土那能障大河，我有室廬亦方廣，歸途不向石橋過。〔註87〕

吾子行義，志業自可以表見於時，何必區區然專事於宏詞耶？……軻死不得其傳，吾子弗此之傳，而傳宏詞衣缽，何也？〔註88〕

廉介自將……此亦學也……慷慨好義……此亦學也……子之學也，爲利乎？爲道乎？……以子之居家也，而能父父子子兄兄弟弟夫夫

〔註85〕見《竹軒雜著・卷三・道學》，頁 17～18。
〔註86〕見《竹軒雜著・卷五・答寶林長老書》，頁 11～13。
〔註87〕見《竹軒雜著・卷五・答寶林長老書（四）》，頁 14。
〔註88〕見《竹軒雜著・卷五・與周主簿書》，頁 10。

婦婦，道即在是矣。今一世之人，惟利是驚，吾爲此論，誰不笑且
怪者……若誦斷簡、緝陳言，徼倖取科第一，得志棄之如涕唾，無
復有顧藉心，吾恐未見其利而羞承之矣。〔註89〕

可見竹軒不重視經典文字而重視道，象山亦有此意，然亦不宜過分強調此點而
逕謂二家相同，蓋理學家多是重視經典中的道理，不是經典文字本身。〔註90〕
此外竹軒亦重義利之辨。然竹軒似未宣說本心之義。

六、張九成

另外關於張九成（字子韶、號橫浦居士、無垢居士），其云：〔註91〕

先生論仁，每斷然名之以覺，不知何所見？先生曰：墨子不覺，遂
於愛上執著，便不仁；今醫家以四體不覺痛癢爲不仁，則覺痛癢處
爲仁矣；自此推之，則孔子皆于人不覺處提撕之，逮其已覺，又自
指名不得。或曰：如此則義亦可説？先生曰：若能於義上識得仁，
尤爲活法。

仁即是覺，覺即是心，因心生覺，因覺有仁。脱體是仁，無覺無心；
有心生覺，已是區別。于區別熟，則融化矣。

人皆有此心，何識者之少也。儻私智消亡，則此心見矣，此心見，
則入孔子絕四之境矣。

或問六經與人心所得如何？曰：六經之書，焚燒無餘，而出于人心
者常在，則經非紙上語，乃人心中理耳，不然，則子雲、韓愈、董
仲舒、劉向之徒，何以得傳其書？

孝經引詩十、引書一……多與詩書意不相類，直取聖人之意而用之，
是六經與聖人合，非聖人合六經也。六經即聖人之心，隨其所用，
皆切事理。

凡古人書中用得處，便是自家行處，何問古今。只爲今人作用，多
不是胸中流出，與紙上遂不同。

〔註89〕見《竹軒雜著·卷六·溫州樂清縣學記》，頁18～19。
〔註90〕夏君虞：《宋學概要》，頁307～308謂朱子嘗言「借經以通乎理爾！理得則無
俟乎經」，與陸子六經皆我註腳之旨，大致無異。案正如夏氏所言，吾人亦不
致逕謂朱陸相同。
〔註91〕以下所引橫浦語，皆見《宋元學案·卷四十》，頁742～750。

士大夫不必孜孜務挾冊看書，但時時與文士有識者每日語話，便自
有氣象。終日應據時事，塵勞萬狀，適意處少，逆道理處多，苟不
時時洗滌，令胸次間稍有餘地，則亦汨沒矣。

或問：……往往意愛神喜，自然不忘，乃若……朝誦夕記，目注心
想，非不甚切，而旋即遺忘，何也？先生曰：不用意處，眞情自見，
用意則奪其眞矣。

有所養者，則喜怒哀樂初不足以動其心，而付之喜怒哀樂而已，我
何容心哉。

或問處事當如何？先生曰：速不如思，便不如當，用意不如平心。

人之念慮欲靜，要須盡窮理之學，理之不窮，而欲念靜，事來無處，
則愈擾矣，若見得到底，往往常覺靜，理定故也。

或問科舉之學，亦壞人心術，近來學者，唯讀時文，事剽竊，更不
曾理會修身行己是何事。先生曰：汝所說，皆凡子也；學者先論識，
若有識者，必知理趣，孰非修身行己之事……汝但莫作凡子見識足
矣，科舉何嘗壞人。

或問學者多爲聞見所累，如何？曰：只緣自家無主。

有志者，其規模必先定；無志者，一切皆偶然。

此中，以六經乃人心中之理，或近於象山，然尚不足以此斷二者同；且《陸
九淵集・卷十一・與李宰（二）》（頁149）反對「容心」、「平心」之說；而象
山痛恨科舉、聞見之害，〔註92〕又斥閒議論，不會以「時時與文士有識者每
日語話，便自有氣象」爲修養良方；又觀以上諸引文，似無象山本心即理下
之承擔與開拓，反而有好靜無事之傾向。〔註93〕

七、胡　寅

關於胡寅（致堂），全祖望云：「武夷諸子，致堂五峰最著，而其學又分
爲二，五峰不滿其兄之學，故致堂之傳不廣，然當洛學陷入異端之日，致堂

〔註92〕關於象山斥科舉之害，見本章第二節。
〔註93〕徐復觀：〈象山學述〉，《中國思想史論集》，頁13～14認爲全祖望於《宋元學
　　　案・橫浦學案》中，特註明「陸學之先」，是在謝山心中，以二者之關聯最密，
　　　但象山集中絕未提及橫浦，而橫浦思想之中核爲以覺爲仁，除重視心一點外
　　　與象山之精神面貌並不相似，此讀兩家學案時所最易辨認者。

獨皭然不染，亦已賢哉，故朱子亦多取焉。」〔註94〕或謂〔註95〕象山乃陰竊致堂之說，而諱其所自，正因致堂之傳不廣，故世人遂爲象山所蒙，而不知其學之淵源。考致堂云〔註96〕：

> 聖學以心爲本，佛氏亦然，而不同也。聖人教人正其心，心所同然者，謂理也義也，窮理而精義，則心之體用全矣。

> 釋法雲與僧閔……及居母憂，毀瘠過禮，閔謂曰：佛有至理，恩愛重賊，不可寬放，惟有智者以方便方善能治制……法雲之所爲，乃人之本心，自古至今，欲埽除泯滅而不可得者，蓋天命之性，其理自然，非智力技巧所能造作也。

> 「釋曇延著涅槃義疏，疏畢，恐不合聖理，乃於塔前以火驗之，其卷軸並放光明，通夜呈祥。」理之所在，先聖後聖，其心一也。曇延造經疏，若于理周盡，何異前言？若有未盡，更須進學。如飲水食飯，其冷暖饑飽之意，他人豈能知之，乃驗之于火，以卜中否，可笑甚矣……自達摩而後，凡參禪悟徹者，必求人印證。夫得道不得道，在我而已，人何預焉……必待人言爲是而後以爲是，是信否在人而不在己，與對塔焚疏者，何以異乎？

> 佛教以心爲法，不問理之當有當無也，心以爲有則有，心以爲無則無，理與心二，謂理爲障，謂心爲空，此其所以差也。聖人心即是理，理即是心，以一貫之，莫能障者，是是非非，曲曲直直，各得其所，物自付物，我無與焉，故曰如天之無不覆……今夫人目視耳聽，手執而足行，若非心能爲之主，則視不明，聽不聰，執不固，行不正，無一而當矣。目瞽耳聵，心能視聽乎？手廢足寒，心能執行乎？一身之中，有本有末，有體有用，相無以相須，相有以相成，未有焦灼其肌膚而心不知者也。

> 釋元珪曰：若能無心於萬物，則欲不爲淫，福淫禍善不爲盜，濫誤混疑不爲殺……世之禪師，所爲機辯……皆如此。吾今折之曰：人未有無心者也，自古大聖人垂世立教，曰養心，曰宅心，曰存心，曰洗心，

〔註94〕見《宋元學案‧卷四十一》，頁762。
〔註95〕見謝偉光：《陸九淵哲學思想之研究》，頁38～39。
〔註96〕本文所引胡寅語，見《宋元學案‧卷四十一》，頁766～770。

不言無心也，心不可無，無則死矣。聖人之心若鑑，不勞思慮，不用計度，而盡天地之理者，亦曰如鑑之明而已矣，不言無無鑑……元珪所言……今有欲其所不可欲，以淫人爲是，以善人爲非……而曰我未嘗有心也，適然如是耳，而可乎……譬如有人終日涉泥塗、歷險阻，而謂人曰：吾足自行耳，吾心未嘗行也，則可信耶？

或謂〔註97〕此與象山言心即理之語句全同。其實「胡寅此意與明道同，並非象山心即理」。〔註98〕蓋觀致堂所言之心，並非象山之本心，而是氣質之心、認識之心，故所謂「先聖後聖，其心一也」、「聖人心即理，理即是心」，乃是聖人有境界，故其凡心能即理，非言人人之本心即理。

八、胡　宏

此外，或謂〔註99〕胡宏（五峰）「盡心以成性」專主心上講，頗與陸王學派相近似，其謂「天理人欲，同體而異用，同行而異情」，後來陸王學派大抵接受此見解」。或謂〔註100〕五峰乃以心爲形而上的普遍、永恒之流行之體，而同於象山所謂之「宇宙即吾心，吾心即宇宙」，更較二程楊謝近於象山之自明自立而即心即理的本心。考五峰云：〔註101〕

氣之流行，性爲之主；性之流行，心爲之主。

有而不能無者，性之謂與。宰物而不死者，心之謂與。

仁者，人之所以肖天地之機要也。

萬物皆性之所有也，聖人盡性，故無棄物。

天命之謂性，性，天下之大本也。堯舜禹湯文王仲尼六君子，先後相詔，必曰心，而不曰性，何也？曰：心也者，知天地、宰萬物、以成性者也；六君子盡心者也，故能立天下之大本，人至于今賴焉。

天理人欲，同體而異用，同行而異情，進修君子，宜深別焉。

或問心有生死乎？曰：無生死。

欲爲仁，必先識仁之體……齊王見牛而不忍殺，此良心之苗裔，因

〔註97〕見唐君毅：《中國哲學原論・原性篇》，頁569。
〔註98〕見羅光：《中國哲學思想史・宋代篇》，頁650。
〔註99〕見錢穆：《宋明理學概述》，頁119～120。
〔註100〕見唐君毅：《中國哲學原論・原性篇》，頁566、569。
〔註101〕以下所引五峰語，皆見《宋元學案・卷四十二》，頁777～784。

利欲之間而見者也。一有見焉，操而存之，存而養之，養而充之，以至于大，大而不已，與天同矣。此心在人，其發見之端不同，要在識之而已。

聖人指明其體曰性，指名其用曰心，性不能不動，動則心矣，聖人傳心，教天下以仁。

誠成天下之性，性立天下之情，情效天下之動，心妙性情之德，誠者命之道乎，中者性之道乎，仁者心之道乎，惟仁者，惟能盡性至命。

心性二字，乃道義淵源，當明辨不失毫釐，然後有所持循。未發只可言性，已發乃可言心……中者，所以狀性之體段，而不可言狀心之體段。心之體段難言，無思也，無爲也，寂然不動，感而遂通天下之故是也。未發之時，聖人與眾同一性，已發則無思無爲，感而遂通天下之故，聖人之所獨。

此心本於天性，不可磨滅，妙道精義，具在於是，聖人寂然不動，感而遂通，百姓則日用而不知爾。

心之精微，言豈能宣，涉著言語，便有滯處，歷聖相傳，所以不專在言語之間。

是五峰所言之心頗即象山之本心，而先識良心之苗裔後再爲仁，亦與象山同路。然而其性體心用、性是未發是不動、心是已發是動、心以成性，則五峰仍是以性爲根本，心不過是吾人致力處，此則與象山心性情才是一、直扣本心而言理、有天理而無人欲之說不同。

九、林光朝

又關於林光朝（艾軒），全祖望云：「和靖高弟如呂、如王、如祁，皆無門人可見，鹽官陸氏（陸子正）獨能傳之艾軒，于是紅泉雙井之間，學派興焉。愚讀艾軒之書，似兼有得于王信伯，蓋陸氏（陸子正）亦嘗從信伯遊也。且艾軒宗旨，本於和靖者少，而本於信伯者反多，實先槐堂之三陸而起。特槐堂貶及伊川，而艾軒則否，故晦翁於艾軒無貶詞。終宋之世，艾軒之學，別爲源流。」〔註102〕考今所殘《艾軒集》，其云：

若曰聖賢之學，不在無用之空言，則千百載之下，無六經、無諸子、

〔註102〕見《宋元學案・卷四十七》，頁 831～832。

無百家傳記、而能得古聖賢之用心者、又不知其何事也？〔註103〕
某覺得早衰，無他想，惟貪把書卷，不減少年時，終日在案頭翻故
書，以此爲實歷日子。然實歷殊不易得，往往爲俗事所分。讀書如
飲啗，一日不得食，便如此空蕭，三朝五日或不近書卷，虧耗自不
少，每以此自警……某亦欲集聚偶然所見處，謂之六經章句，得十
年定坐以畢此心。〔註104〕

《詩本義》……有未穩處，大率是歐陽二蘇及劉貢父談經多如此……
古人著書，直是百世以俟聖人而不惑，豈如此苟作也。〔註105〕

一夕讀周頌，不覺天明，箋註不曉古人作文字心曲，卻把作文字説
將去，取周頌一二篇，除了註腳，空江好夕，琅琅誦一遭，使靈均
聽之，安得不解脱也。〔註106〕

三家以己見談詩，有牽泥不通處，所以去人情爲甚遠……三百篇之
義，不費辭説，反覆來旨，有戚戚然於予心者，故因以及之。〔註107〕

《論語》問答，未嘗放開，至如子思孟子，便説出許多……近時説
《論語》大率會儒釋於一條，不知聖人一出語，無非日用飲食之事，
門人弟子得之知，所謂有始有卒者在此耳。某嘗看「爲國以禮，其
言不讓」，是故哂之，蓋眞實見得如此是太虛中有此易簡之理，《論
語》問答乃因事逐旋説出，若見得太虛中眞實有此理，即《論語》
乃其注腳耳……不知吾道一以貫之，何嘗是兩樣説話。〔註108〕

致知格物，致知是初學第一件，不當求之太深，今以日用件件求之，
求之不已，則察乎天地。古人之所言，皆求之日用，日用是根株，
文字是注腳，須見得日用處，注腳自可曉。〔註109〕

科場又參差……若歸咎平時所習，欲改絃易調，即去此愈遠矣……
西軒及方正字，一生來不知有舉子……胸中所存，豈直爲一第輕重

〔註103〕見林光朝：《艾軒集・卷四・策問》，頁7～8。
〔註104〕見《艾軒集・卷六・與王舍人宣子》，頁8～9。
〔註105〕見《艾軒集・卷六・與趙著作子直》，頁13。
〔註106〕見《艾軒集・卷六・與范國錄元卿》，頁15～16。
〔註107〕見《艾軒集・卷六・與陳循州體仁》，頁19。
〔註108〕見《艾軒集・卷六・與泉州李倅》，頁22～23。
〔註109〕見《艾軒集・卷六・與楊次山》，頁25。

耶……往來山中，親舊時相從，此等樂事，在人間爲第一，但有杯飯，可以過殘年，此外何求也。〔註110〕

呂太史答潘叔度書云：「艾軒怕事，自來如此，然資質終是長者。」〔註111〕

然未嘗著書，惟口授學者，使之心通理解，常曰：「道之全體，存乎六虛，六經既發明之，後世注解，固已支離，若復增加，道愈遠矣。」〔註112〕

朱文公於當世之學問有異同，獨於公尤加敬，謂公實爲後學之所觀仰，聲名赫如也。〔註113〕

則艾軒以「太虛中有此易簡之理」、「日用是根株，文字是注腳」，以注解爲支離，不以科舉爲重，似與象山相近。然艾軒好讀書、淡泊無爭、怕事，又與象山相遠，且未見其以本心即易簡之理，而朱子亦贊同其學，則恐艾軒與象山無關。

十、劉清之等

又《宋元學案》象山學案表載：「劉清之、李浩、王厚之、楊庭顯、豐誼、羅點、黃文晟、劉恭並象山學侶；徐誼、陳葵並象山同調。」〔註114〕此諸人雖與象山往來，由《陸九淵集》觀來，應是受象山之教者多，象山受其影響者少，故論象山思想淵源者，當可略過。

十一、朱　熹

另一說法爲象山思想受有朱熹影響，如謂〔註115〕對格物的解釋、以格物致知爲入手處，二者若合符節；如謂自鵝湖會後，象山頗教人讀書；〔註116〕甚至

〔註110〕見《艾軒集‧卷六‧與東之》，頁31。
〔註111〕見《艾軒集‧卷十‧附錄‧遺事》，頁2。
〔註112〕見《艾軒集‧卷十‧附錄‧周必大神道碑》，頁7。
〔註113〕見《艾軒集‧卷十‧附錄‧馬天驥覆謚議》，頁20。
〔註114〕見《宋元學案‧卷五十八》，頁1065～1066。
〔註115〕見陳正一：〈陸象山研究〉，頁304～305。
〔註116〕《朱文公文集‧卷三十四‧答呂伯恭》，頁540云：「子靜近得書，其徒曹立之者來訪，氣質儘佳，亦似知其師說之誤，持得子靜近答渠書與劉淳叟書，卻說人須是讀書講論，然則自覺其前說之誤矣。但不肯翻然說破今是昨非之意，依舊遮前掩後，巧爲詞說，只此氣象，卻似不佳耳。」又頁545云：「渠

謂〔註117〕象山思想臨終同於朱熹，因南宋孫應時《燭湖集・卷五・上晦庵朱先生書》云：「荊門陸先生遂止此，可痛。聞其啓手足，告學子，惟先生之教是從，惜其前此自任之稍過也」。然此說不太可能，因朱陸二人格物之意不等同，若只看對格字之訓釋相同、或同以格物爲起始，則與其說象山受到朱子影響，還不如說是受到二程影響。又象山教人讀書，不必學自朱熹。〔註118〕且「孫應時並非親聞其說，不無傳聞失實之可能；而象山年譜與弟子楊簡所撰〈象山先生行狀〉，皆無此語；而象山苟有此言，則朱子門人必欣然相告，惟查《朱子語類》於象山死後所錄，竟無象山教門人以朱子之教是從的痕跡」。〔註119〕其實象山成學甚早，在朱陸二人初會鵝湖前，各自之思想規模已成，自然不宜說象山淵源於朱熹，然而「象山所有話頭大部皆對朱子而發」，〔註120〕二人往來亦密切，〔註121〕故不論其間學術之異同如何，思想之互動亦屬可能，而此互動大抵是見彼之論而反省己之學，以更明確或豐富自己之思想，然思想要旨則各自不變。

　　由以上觀之，自不能否認象山學與諸理學家全不相似，〔註122〕蓋同爲道德踐履者，必有英雄所見略同之處，不可能全盤皆異。然而，以上諸家實未嘗如象山般緊扣本心而開展其思想，〔註123〕其同處只是局部見解相通，故亦不能說象山學即出於此。考象山云：

> 兄弟今日豈易得？但子靜似猶有些舊來意思，聞其門人說子壽言其雖已轉步而未曾移身，然其勢久之亦必自轉，回思鵝湖講論時，是甚氣勢？今何止什去七八耶？」。

〔註117〕此說係黃彰健：〈象山思想臨終同於朱子〉，頁 32、38、42 所提出。
〔註118〕呂思勉：《理學綱要》，頁 124 謂陸子但欲先發明人之本心，而後使之博覽，非謂不必讀書講論，朱子謂其自覺前說之誤，實屬臆度，在陸子初未嘗改。（參看前註 115）
〔註119〕見陳榮捷：《朱子新探索》，頁 589。
〔註120〕見牟宗三：《從陸象山到劉蕺山》，頁 8。
〔註121〕關於朱熹與象山之交往大事與私情，可以參考錢穆：《朱子新學案》第三冊，頁 293～358、陳榮捷：〈朱陸通訊詳述〉，《朱學論集》，頁 251～269、陳榮捷：《朱子新探索》，頁 564～595。
〔註122〕如陳郁夫：《陸九淵》，頁 8 云：「王蘋與謝良佐並無與象山相似處，大概全祖望較袒朱熹，凡近禪者，便說成與象山有關。」此說似武斷，因象山與此諸人亦有局部相近處。
〔註123〕夏君虞：《宋學概要》，頁 272、280、372 大意謂陸氏既以上繼孟子爲志，其學自亦必以心爲重鎮，然陸學一派，不但言心，且言本心，不但言求放心，且言明本心，而且主張古聖經傳所主張之心均爲本心：本心二字，雖出於孟子，然不若陸門講究之詳，陸氏認心就是理，所以赤裸裸地主張本心之說，宋儒雖嘗有本心之言，但是以本心作爲學說中心的，則推象山。

至於近時伊洛諸賢，研道益深，講道益詳，志向之專，踐行之篤，乃漢唐所無有，其所植立成就，可謂盛矣。然江漢以濯之，秋陽以暴之，未見其如曾子之能信其皜皜；肫肫其仁，淵淵其淵，未見其如子思之能達其浩浩；正人心，息邪說，距詖行，放淫辭，未見其如孟子之長於知言，而有以承三聖也。（《陸九淵集‧卷一‧與姪孫濬》，頁 13）

某舊日伊洛文字不曾看，近日方看，見其間多有不是。（《陸九淵集‧卷三十五》，頁 441）

既然不以伊洛爲造道之極，且舊日未曾讀程門之書，而一看即覺多有不是，則象山思想要素與特色之成型，自然不以二程及其弟子爲主。然而象山所論亦是理學家所致力之問題，所用辭彙亦是理學名詞（雖意義不盡等同），故宋代理學對其思想當是輔助條件，如提供學術議題、思考材料與方向等等。因此，若欲專從此方面來看，即從一廣義之學術史觀點，亦可說象山是理學之一流別，其淵源亦自程門，蓋二程爲理學成型之關鍵人物。〔註124〕

第四節　禪、告子、道家

一、象山與禪佛

當象山之世，頗有指其爲禪者，語錄載：

吳君玉……稱嘆云：「天下皆說先生是禪學，獨某見得先生是聖學。」（《陸九淵集‧卷三十四》，頁 425）

可見稱象山爲禪者大有人在，此一問題，可從二方面討論：一是象山本人對佛教之看法、一是別人指象山爲禪的理由，以下分別說明。

（一）象山本人對佛教的看法

象山曾遊歷廬山諸剎、新興、翠雲、資園、慧照各禪寺，〔註125〕此應

〔註124〕錢穆：《朱子新學案》，頁 429～430 以爲陸學本亦是從當時程門理學中來，非直從孔孟中來，若不讀此諸家之說，則失卻一切話頭，更從何處去發揮。錢氏指出象山不讀程門理學則失去談論資料，此見甚是，然所論似稍偏，蓋討論共同之學術問題，與思想淵源之根本特色，不必然相關，象山可以是其學之本質已成型，而復及於程門著作與議題。

〔註125〕詳見久須本文雄著、彬如譯：〈陸子禪學考（下）〉，《新覺生雜誌》第 15 卷第

只是文人之通習，不足爲參禪之證。〔註126〕象山亦與僧徒往來，〔註127〕此種酬酢文字，亦應只是唐宋文人生活之普遍現象，不足以指其參禪。〔註128〕且由其中，可知其予僧徒之文字，亦多是讚美僧人有益民生之行，並不涉及宗門，〔註129〕如建藏修橋〔註130〕、觀察天文〔註131〕等等，正是從儒者經世立場出發。

又象山不好作儒釋之辨，其云：

> 儒釋之辨，某平時亦少所與論者。有相信者，或以語之，亦無所辯難，於我無益；有自立議論與我異者，又多是勝心所持，必欲己說之伸，不能公平求是，與之反覆，只成爭辯，此又不可與論。今之僧徒，多擔夫庸人，不通文理，今去髮胡服，又安能使之髠髢潔緇，而從吾游耶？至於士大夫之好佛者，雖其好佛，亦只爲名而已，此又不足與論也。（《陸九淵集・卷二・與王順伯（二）》，頁 19）

> 古人所謂異端者，不專指佛老。「異端」二字出自《論語》，是孔子之言。孔子之時，中國不聞有佛，雖有老氏，其說未熾，孔子亦不曾闢老氏，異端豈專指老氏哉？天下正理不容有二，若明此理，天地不能異此，鬼神不能異此，千古聖賢不能異此。若不明此理，私有端緒，即是異端，何止佛老哉？（《陸九淵集・卷十五・與陶贊仲（二）》，頁 194）

> 佛老高一世人，只是道偏，不是。（《陸九淵集・卷三十五》，頁 467）
> 異端能惑人，自吾儒敗績，故能入……陋儒不能行道，如人家子孫，敗壞父祖家風，故釋老却倒來點檢你……今之攻異端者，但以其名

---

9 期，頁 16。原文未見，轉引自曾春海：《陸象山》，頁 170。
〔註126〕此説遊佛寺爲文人通習，見陳榮捷：〈王陽明與禪〉，《王陽明與禪》，頁 76。陳氏之意原爲陽明而發，而曾春海：《陸象山》，頁 170 已引此移爲象山説明，本文從之。
〔註127〕如《陸九淵集・卷十七・與似清》，頁 219～220、如宋・陳思：《兩宋名賢小集・卷二百十三・與僧淨璋》，頁 5。
〔註128〕王煜：〈從瑜伽與禪定以論陸象山、王陽明、王龍溪之學非禪非佛〉，頁 91 謂中國文人多雜採諸家，與禪僧酬唱，不等於信仰佛教。
〔註129〕徐復觀：〈象山學述〉，《中國思想史論集》，頁 57 指出象山予僧人之文字多及民生益事。
〔註130〕見《陸九淵集・卷二十・贈僧允懷》，頁 245～246。
〔註131〕見《陸九淵集・卷二十・贈踈山益侍者》，頁 250。

攻之，初不知自家自被他點檢，在他下面，如何得他服你？須是先
理會了我底是，得有以使之服方可。(《陸九淵集‧卷三十五》，頁
438～439)

可知其不好辨儒佛，乃是因持佛說者或已深信、或好勝、或無知、或非眞信
佛，故不與辯；且異端不止佛老而已，凡是不依本心之理者皆是異端，而佛
老之說亦頗高深，故必先知自身本心之理，方可不爲所惑，而佛老亦不攻自
破；故應以明本心爲務，不應斥斥鬪佛。然其此一態度，卻被誤會爲祖護佛
老、不以佛老爲異端，〔註132〕此誠失實，故對別人稱其爲禪，似從未予正面
辯解，蓋以爲自身既不是禪，則根本不值一辯。〔註133〕

而且象山對佛教實不認同，語錄記云：

> 劉淳叟參禪，其友周姓者問之曰：「淳叟何故捨吾儒之道而參禪？」
> 淳叟答曰：「譬之於手，釋氏是把鋤頭，儒者把斧頭，所把雖不同，
> 然却皆是這手，我而今只要就他明此手。」友答云：「若如淳叟所言，
> 我只就把斧頭處明此手，不願就他把鋤頭處明此手。」先生云：「淳
> 叟亦善喻，周亦可謂善對。」(《陸九淵集‧卷三十四》，頁408)

劉淳叟以手喻道，認爲由儒由釋皆可入道，不必執著，周姓友人則以爲既然
皆可入道，則寧可從儒，表示對固有文化傳統之尊重。〔註134〕象山又云：

> 釋氏謂此一物，非他物故也，然與吾儒不同。吾儒無不該備，無不
> 管攝，釋氏了此一身，皆無餘事，公私義利於此而分矣。(《陸九淵
> 集‧卷三十五》，頁474)

佛家的此一物，指作爲眞如本體的心體，佛家修行旨在貞定此一物，以期了
脫生死之糾纏，故稱皆無餘事，儒家則以此身此世之修齊治平自許，因此無
不管攝。〔註135〕據此則其更認爲佛家尚不及儒家。詳言其故，象山云：

> 某嘗以義利二字判儒釋，又曰公私，其實即義利也。儒者以人生天地

〔註132〕此處說象山因此受人誤會，見徐復觀：〈象山學述〉，《中國思想史論集》，頁
　　　　58語。
〔註133〕牟宗三：《從陸象山到劉蕺山》，頁162、175謂象山既不是禪則不值一辯。
〔註134〕此處說從儒以尊重文化，見楊祖漢：〈陸象山心學的義理與王陽明對象山之學
　　　　的了解〉，《儒家的心學傳統》，頁174。
〔註135〕此說儒佛之異，見林繼平：《陸象山研究》，頁147。而楊祖漢：〈陸象山心學
　　　　的義理與王陽明對象山之學的了解〉，《儒家的心學傳統》，頁175則以爲釋氏
　　　　謂此一物應是指了生死一事。

之間，靈於萬物，貴於萬物，與天地並而爲三極，天有天道，地有地道，人有人道，人而不盡人道，不足與天地並。人有五官，官有其事，於是有是非得失，於是有教有學。其教之所從立者如此，故曰義曰公。釋氏以人生天地間，有生死，有輪迴，有煩惱，以爲甚苦，而求所以免之。其有得道明悟者，則知本無生死，本無輪迴，本無煩惱。故其言曰「生死事大」，如兄所謂菩薩發心者，亦只爲此一大事。其教之所從立者如此，故曰利曰私。惟義惟公，故經世；惟利惟私，故出世。儒者雖至於無聲無臭無方無體，皆主於經世，釋氏雖盡未來際普度之，皆主於出世。今習釋氏者，皆人也，彼既爲人，亦安能盡棄吾儒之仁義？彼雖出家，亦上報四恩。日用之間，此理之根諸心而不可泯滅者，彼固或存之也。然其爲教，非爲欲存此而起也，故其存不存，不足爲深造其道者輕重，若吾儒則曰「人之所以異於禽獸者幾希，庶民去之，君子存之」。釋氏之所憐憫者，爲未出輪迴，生死相續，謂之生死海裏浮沉。若吾儒中聖賢，豈皆只在他生死海裏浮沉也？彼之所所憐憫者，吾之聖賢無有也，然其教不爲欲免此而起，故其說不主此也。故釋氏之所憐憫者，吾儒之聖賢無之；吾儒之所病者，釋氏之聖賢則有之。試使釋氏之聖賢，而繩以《春秋》之法，童子知其不免矣。（《陸九淵集・卷二・與王順伯》，頁17）

某雖不曾看釋藏經教，然而《楞嚴》、《圓覺》、《維摩》等經，則嘗見之……彼其視吾詩禮春秋，何嘗以爲緒餘土苴。唯其教之所從起者如此，故其道之所極亦如此。故某嘗謂儒爲大中，釋爲大偏。（《陸九淵集・卷二・與王順伯（二）》，頁19～20）

此中，象山批判論點爲：「儒以公爲出發點，以義爲路，以經世爲目的；釋以私爲出發點，以利爲路，以出世爲目的」。〔註136〕即認爲「佛家只成全一己生命問題，動機上有自私自利之嫌，儒則肯定現世之價值，忠恕物兼及人我萬物，故道德上可謂既公且義」。〔註137〕當然，「所謂佛教是爲了私利，自不是說佛教教人自私或求取現實之功利幸福，而是佛教求離苦、了生死，乃是有所爲而爲，不是基於道德意識而行所當行，故其本質爲私利」。〔註138〕而「儒

〔註136〕見陳德仁：《象山心學之比較研究》，頁68。
〔註137〕見曾春海：《陸象山》，頁18。
〔註138〕見楊祖漢：〈陸象山心學的義理與王陽明對象山之學的了解〉，《儒家的心學傳

家雖不以離苦爲目的，但從事道德修養工夫，其至極之聖賢的生命活動全以本心作主，不受物欲意見之蔽，亦是沒有煩惱與痛苦，即已達到佛教解脫之目的而不沉淪於生死海中」。〔註139〕且「佛家雖不必捨一法，而可於一切法當下證空，於是一切法不能爲礙，淫房酒肆皆是道場，但此是心無染著的保住一切法存在，卻不能對一切法之爲有善有惡、該不該存在，有一客觀標準，則將如何爲善去惡、興利除害？故佛教必不能正視《詩》《禮》《春秋》之綱維軌範」。〔註140〕因此，象山更對佛家興盛而深感不安，其云：

> 浮屠老氏之教，遂與儒學鼎列於天下，天下奔走而鄉之者蓋在彼而不在此也。愚民以禍福歸鄉之者，則佛老等；以其道而收羅天下之英傑者，則又不在於老而在於佛。(《陸九淵集·卷二十四》，頁289)

即是一例。

其實，宋儒之判儒釋、闢佛老，乃基於道德意識、文化意識，既非宗教上之排斥，尤非意氣上之爭勝，其實意欲恢復魏晉以下闇然不彰之聖賢學問，以光暢民族之文化生命，保持發展與創造，此乃承擔文運、接續文化慧命之態度。〔註141〕然而，宋儒闢佛之理由不外乎：佛夷狄之法，非先王之教；佛氏廢棄倫常，背情逆理；佛主福禍報應之說，徒聳動人心；佛以輪迴生死之說迷惑恐動人；此皆似是而非，之所以犯此錯誤，一者受歷來儒者闢佛根深蒂固觀念之影響，二者因文化思想背景差異而生曲解，三者未融通佛理而斷章取義所致。〔註142〕象山之闢佛亦是如此，此觀上文亦已可知，然而，須再進一步說明象山以義利判儒佛之不當。

象山闢佛之說，承自程顥，〔註143〕朱熹雖不認同，其實朱陸之意亦相

統》，頁168。

〔註139〕同前註，頁173。

〔註140〕同前註，頁176～177。

〔註141〕此論宋儒以文化與道德意識闢佛老，見蔡仁厚：《宋明理學·南宋篇》，頁275。

〔註142〕此論宋儒闢佛之理由與錯誤，見熊琬：《宋代理學與佛學之探討》，頁369～375。

〔註143〕《二程全書·遺書第二上》，頁9云：「其術大概且是絕倫類，世上不容有此理。又其言待要出世，出那裏去？又其迹須要出家，然則家者，不過君臣父子夫婦兄弟，處此等事皆以爲寄寓，故其爲忠孝仁義者，皆以爲不得已爾。又要得脫世網，至愚迷者也。畢竟學之者不過至似佛，佛者一點胡爾，佗本是箇自私獨善、枯槁山林、自適而已。若只如是，亦不過世上少這一箇人……今彼言世網者，只爲些秉彝又殄滅不得，故當忠孝仁義之際，皆處於不得已，直欲和這些秉彝都消殺得盡，然後以爲至道也。然而畢竟消殺不得……今強曰必盡絕爲得天眞，是所謂喪天眞也……佗有一箇覺之理，可以敬以直內矣，然無義以方外，

通，〔註144〕而一般認爲，「義利公私之別正是判儒佛之第一著，此本質之辨，象山言之最精透，其於儒家道德意識守之最堅，相應最諦」；〔註145〕蓋「儒佛之別，唯在一是道德創造的本心仁心，而一是非道德創造的如來藏自性清淨心」；〔註146〕其「本質差異，即道德意識與苦業意識之不同，後者就是不能成就道德行爲之實事」；〔註147〕亦即「儒者在建立文化秩序而於當前世界中實現理，佛家則在離苦解脫之捨離世界」。〔註148〕其實，以上之看法似待商榷。〔註149〕象山未必理解佛教，「如說象山曾見過楞嚴、圓覺、維摩等經，

其直內者，要之其本亦不是。」又《二程全書・遺書第一》，頁3云：「佛學只是以生死恐動人，可怪二千年來，無一人覺此，是被他恐動也。聖賢以生死爲本分事，無可懼，故不論死生；佛之學爲怕死生，故只管說不休。下俗之人，固多懼，易以利動，至如禪學者，雖自曰異此，然要之只是此箇意見，皆利心也……本是利心上得來，故學者亦以利心信之。莊生云『不怛化』者，意亦如此也。如楊墨之害，在今世則已無之。如道家之說，其害終小。惟佛學，今則人人談之，瀰漫滔天，其害無涯。」牟宗三：《心體與性體》第二冊，頁88～90 以爲此係明道之語，而明道直從秉彝珍滅不得及「敬以直內，義以方外」之道德意識與道德實體，以爲佛教緣起性空、苦業生死之說不澈，此一判別爲後來之規範，大抵不出其範圍，承之而說者，以象山爲最明澈無滯辭。

〔註144〕《朱子語類・卷一二四》，頁1192 載：「向見陸子靜與王順伯論儒釋，某嘗竊笑之，儒釋之分，只爭虛實而已。」、「向來見子靜與王順伯論佛云，釋氏與吾儒所見亦同，只是義利公私之間不同。此說不然。如此，卻是吾儒與釋氏同一個道理，若是同時，何緣得有義利不同？只被源頭便不同：吾儒萬理皆實，釋氏萬理皆空。」、「向在鈆山得他書，云看見佛之所以與儒異者，止是他底全是利，吾儒止是全是義。某答他云，公亦只見得第二著。看他意，只說儒者絕斷得許多利欲，便是千了百當，一向任意做出都不妨……只道這是胸中流出，自然天理，不知氣有不好底夾雜在裏，一齊滾將去，道害事不害事？」楊祖漢：〈陸象山心學的義理與王陽明對象山之學的了解〉，《儒家的心學傳統》，頁178～182 據此而認爲朱子以虛實方是儒佛根本差異，若以義利辨則落在第二義，因佛教是空理，儒家則肯定人倫實理，朱子此說亦佳，然而象山義利之判已將虛實之判收入，蓋人倫實理必根自人之道德意識，而義利之辨正說出儒釋道德意識之有無，且象山亦常言己學是實理實學、亦知氣質之病，而象山之書並無「釋氏與吾儒所見亦同，只是義利之間不同」一語，故朱陸二說實是相涵。

〔註145〕見牟宗三：《從陸象山到劉蕺山》，頁212。

〔註146〕見牟宗三：《心體與性體》第二冊，頁131。

〔註147〕見牟宗三：《心體與性體》第一冊，頁650、656。

〔註148〕見勞思光：《新編中國哲學史（三上）》，頁395～397。

〔註149〕唐君毅：《中國哲學原論・原教篇》，頁330～331 認爲朱子以佛家心空而無理，象山以佛家爲自私，二者皆非，蓋皆由於只見佛家絕棄世事人倫，似只靜守其心，而未見理之流行之故；然而須知心之虛靈亦即理之流行，保任此心虛靈便是理，故不可說心空即無理；且養此虛靈，不是自軀殼起念，而解脫生

便精通禪，則是外行話，即使遍閱三藏十二部經，亦未必眞懂佛教」。〔註150〕其闢佛，有對有錯，其以爲佛出世而儒經世則可，以爲佛私利而儒公義則不可。蓋佛教之生死心，乃相應於本心之自覺，覺知煩惱染著非自己原來面目，生死大海非本有家鄉，遂不安於現狀而決志出離；此種由本心自覺而興懺悔戒懼，與由分別心而生怖畏好利之私念原來無關，故由自覺後，必有進一步之覺他；由此可知，將生死心與私利視爲一途，實不契佛法。〔註151〕故以此看來，亦是求義不求利，亦可說儒佛二家皆有義利之辨，只是二者所辨之內容不同。至於，佛教在向大眾傳教時以生死心相激勵，意在警悟中下根機眾生向道之心，此勸告之苦心，並非恐動人之利心，而大乘佛法普渡眾生，但願眾生離苦，不求自己安樂，決非在求一生便利。〔註152〕

（二）別人指象山為禪的理由

朱熹云：〔註153〕

> 陸子靜之學，自是胸中無奈許多禪何！看是甚文字，不過假借以說其胸中所見者耳。據其所見，本不須聖人文字得，他卻要似聖人文字說者，此正如販鹽者，上面須得數片鯗魚遮蓋，方過得關津，不被人捉了耳。

> 陸氏之學只是禪，初間猶自以吾儒之說蓋覆，如今一向說得熾，不復遮護了。

而陳淳云：

> 聖門工夫，自有次序，非如釋氏妄以一超直入之說，欺愚惑眾，須從下學方可上達，格物致知，然後動容周旋無阻。陸學厭繁就簡，忽下趨高，陰竊釋氏之旨，陽託聖人之傳，最是大病。〔註154〕

而羅欽順云：

死亦正是解脫人之自私心，故不可說是自私。唐氏之說可參，本文依倣其說，而以己意稍詳之。

〔註150〕見林繼平：《陸象山研究》，頁149。

〔註151〕此論佛教生死心非私利，見汪義麗：《象山心學在宋學中之歷史意義》，頁112～113之意。

〔註152〕此論佛教傳教時以生死激勵之用意，見熊琬：《宋代理學與佛學之探討》，頁373～374。

〔註153〕皆見《朱子語類‧卷一二四》，頁1193。

〔註154〕見《宋元學案‧卷六十八》，頁1263。

謂之禪學，夫復何疑？然或者見象山所與王順伯書，未必不以爲禪

學非其所取，殊不知象山陽避其名，而陰用其實也。〔註155〕

而陳建云：

有宋象山陸氏者出，假其似以亂吾儒之眞，援儒言以掩佛學之實，

於是改頭換面，陽儒陰釋之郤熾矣。〔註156〕

是朱熹已以象山爲陽儒陰釋，而後人承之。歸納此派之理由，約有數端：象山之師承及其門人爲禪家之人、「心即理」說源出佛門、發明本心即是直指人心見性成佛、以精神爲心、以作用爲性、六經註我即是不立文字、靜坐即爲禪坐、象山以禪門機鋒教人。其中後三點已於前章隨處討論，此下再論前五點。

1. 象山之師承及其門人為禪家之人

宋代周密云：「橫浦張氏子韶、象山陸氏子靜，皆以其學傳授，而張嘗參宗杲禪，陸氏參杲之徒德光，故其學往往流於異論而不自知。」〔註157〕陳淳云：「象山先本自光老得之。」〔註158〕葉紹翁云：「陸象山兄弟早亦與光老遊，故考亭先生謂象山滿肚皮是禪。」〔註159〕明代崔銑云：「佛學至達摩曹溪，論轉經截，宋大慧授之張子韶，其徒德光又授之陸子靜，子靜傳之楊慈湖。」〔註160〕由以上知象山師德光禪師之說出於周密、陳淳之言，然目前尚難考證是否屬實；〔註161〕而據象山與德光二人所存之文獻看來，可能性不大。〔註162〕

〔註155〕見羅欽順：《困知記·卷二》，頁11。

〔註156〕見陳建：《學蔀通辯·總序》，頁13。

〔註157〕見周密：《齊東野語·卷十一》。

〔註158〕見陳淳：《北溪大全集·卷二十四·與趙司直季仁（二）》，頁3。

〔註159〕見葉紹翁：《四朝聞見錄·乙集·光拙菴》，頁55。

〔註160〕見崔銑：〈楊子折衷序〉，收於《湛甘泉先生文集·卷十七》。

〔註161〕曾春海：《陸象山》，頁171認爲目前尚以考證。

〔註162〕據汪義麗：《象山心學在宋學中之歷史意義》，頁57～60考證德光與象山生平，結論是無有直接文獻證據可證明二人曾有實際接觸。而徐復觀：〈象山學述〉，《中國思想史論集》，頁56～57認爲《陸九淵集·卷三十五》，頁459載：「仰首攀南斗，翻身倚北辰，舉頭天外望，無我這般人。」實係唐朝智通禪師「舉手攀南斗，迴身倚北辰，出頭天外見，誰是我般人」之詩，由此可推想象山是看了禪宗語錄而平時喜讀此詩，但此在當時爲尋常之事，且因禪宗有意張大門戶，因而出現許多敘述與禪有關的士大夫之書，如居士分燈錄、佛法金湯編、續燈存稿之類，凡儒者與禪僧來往，爲儒籍所不載者，上類禪籍皆載之，獨無象山出自光老之記載，北溪之說，殆係誣辭。案徐氏之說可參，而其中智通禪師之詩似在說「無我之空」，象山之詩則似欲人立大志而又流露一種寂寞之情，殆與《陸九淵集·卷二十五·少時作》，

另外，或謂〔註163〕象山弟子，尤其是槐堂諸儒，未能完全領悟其學，故學問空疏而往往以佛老來理解象山，於是歷代學者在闡述象山學時易與佛老相混。其實此是弟子之失，不是象山教法之過，不必以其弟子近禪而連坐其師，況象山弟子是否為禪，尚須深入探討。〔註164〕

2.「心即理」說源出佛門

或謂「象山之心具有宇宙本體的意義，不同於先秦儒家作為倫理的、認識的主體之現實具體之人心，此乃是吸取佛家之心性本體理論、結合儒家人性說，一面將儒學心性本體，化一面將佛性人性化」。〔註165〕或謂「大照和尚《大乘開心顯性頓悟真空論》云：『心是道，心是理，則是心外無理，理外無心。』此正象山心即理出於佛教之證」。〔註166〕其實「象山本心是義理之心，不同於佛家『本來無一物』單單虛靈不昧的心」、〔註167〕「不同於佛教不含萬理而只生起萬法三界之識」；〔註168〕「本心之發用落實於經驗界之人情事物而成就德性價值，禪宗真心之作用則在悟知緣起性空與心體常淨、而解脫一切，因此本心是德性實理，真心則是空理」。〔註169〕且「天台、華嚴、禪宗對人類的心，已做一番探索的工作，故佛家的心，已是歷史成果，而為公用的工具，思想家可以加以使用，以創造其新思想，若象山即將禪宗無記的心，轉移坐實為道德主體的心，使當下對人倫日用負責，成為儒家孟子的心，亦並非陽

頁 299「從來膽大胸臆寬，虎豹億萬虯龍千，從頭收拾一口吞。有時此輩未妥帖，哮吼大嚼無毫全。朝飲渤澥水，暮宿崑崙巔，連山以為琴，長河為之弦，萬古不傳音，吾當為君宣。」一詩相近，故即使其係改智通之作而來，二者之意趣亦不相同。

〔註163〕見徐紀芳：《陸象山弟子研究》，頁97。

〔註164〕林繼平：《陸象山研究》，頁157謂陸門中王順伯、劉淳叟二人為釋外，楊簡、詹阜民、徐仲誠、包顯道禪味亦重，然楊詹徐包亦不是禪，蓋不可以境界工夫與禪宗相近即是禪而非儒，亦不可以弟子與禪有淵源而斷定陸學為禪。案其實王劉二人入釋，象山亦曾勸其歸儒。

〔註165〕見賴永海：〈佛性、本心與良知——陸王心學與佛學〉，頁35～36。

〔註166〕見王煜：〈論陸九淵學派〉，頁81。又張立文：《走向心學之路》，頁86亦持此說。而方立天：〈儒佛心性論的互動〉，頁2292～2293謂《大正藏》第52卷《鐔津文集‧卷七》雲門宗契嵩禪師云「夫心即理也」、《大正藏》第85卷《楞伽師資記》求那跋陀羅禪師云「理即是心」，皆影響象山的心本體論。

〔註167〕見陳郁夫：《陸九淵》，頁11。

〔註168〕見勞思光：《新編中國哲學史（三上）》，頁358。

〔註169〕見曾春海：《陸象山》，頁180。

儒陰佛」。〔註170〕然而朱熹亦以象山為禪，其議佛家云：

> 夫心者，人之所以主乎身者也，一而不二者也，為主而不為客者也，命物而不命於物者也。故以心觀物，則物之理得。今復有物以反觀乎心，則是此心之外，復有一心，而能管乎此心也。然則所謂心者，為一耶？為二耶？為主耶？為客耶？為命物者耶？為命於物者耶？此亦不待教而審其言之謬矣……釋氏之學，以心求心，以心使心，如口齕口，如目視目，其機危而迫，其途險而塞，其理虛而其勢逆。〔註171〕

> 不知以敬為主而欲存心，則不免將一箇心把捉一箇心……儒釋之異，亦只於此便分了。如云常見此心光爍爍地，便是有兩個主宰了，不知光者是真心乎？見者是真心乎？〔註172〕

> 用心太過，意慮泯絕，恍惚之間，瞥見心性之影象耳。〔註173〕

> 只是於自己身上，認得一箇精神魂魄、有知有覺之物，便目為己性，把持作弄，到死不肯放舍，謂之死而不亡，是乃私意之尤者。〔註174〕

則朱子認為佛家以心觀心、覺心、識心，皆是在心之一時所發之用下工夫，便有裂心為二之病；進一步看，則此中有一心之自己把捉，所成之紛拏迫切，使工夫不能成就，其所得只是見心之一些光影，不見其中許多道理；而自最深處看，則此乃是一私欲，蓋凡言識心者，則不重由涵養以使心足以勝任格物而窮理，故心必不免任氣稟物欲夾雜，將以理為外而不求理，終成一大狂肆；而朱子議象山為禪亦是如此。〔註175〕其議象山云：「近世一種學問，雖說心與理一，而不察乎氣稟物欲之私，故其發亦不合理，卻與釋氏同病，不可不察。」、〔註176〕「以為義之所在者，或未必不出於人欲之私」、〔註177〕「但使欲恃此凌跨古今，更不下窮理細密工夫……人欲橫流，不知自覺。」〔註178〕

〔註170〕見馮炳奎：〈宋明理學的主流〉，馮炳奎等著：《宋明理學研究論集》，頁3～4、22。又徐復觀：〈象山學述〉，《中國思想史論集》，頁34已有類似意見。
〔註171〕見《朱文公文集・卷六十七・觀心說》，頁1238。
〔註172〕見《朱文公文集・卷三十一・答張欽夫》，頁484。
〔註173〕見《朱文公文集・卷四十五・答廖子晦》，頁771。
〔註174〕見《朱文公文集・卷四十一・答連嵩卿》，頁683。
〔註175〕此論朱子反對二心，詳見唐君毅：《中國哲學原論・原性篇》，頁605、609～610。
〔註176〕見《朱子語類・卷一二六》，頁1208。
〔註177〕見《朱文公文集・卷五十四・答項平父》，頁959。
〔註178〕見《朱文公文集・卷五十六・答趙子欽》，頁995。

其實，象山之本心並不是朱子之心，朱子之心是氣之靈，〔註179〕心既是氣而不是理，則以心求心，乃是以氣求氣，自不免夾雜心氣中之不良成分，陷於心氣之蔽而不自知，故必先涵養而後即物窮理方可；然而象山之本心即是理，並非是氣，故象山以凡心求本心，正是以氣求理，不是以氣求氣，正與朱子相近；而既有本心以爲對象，則凡心之所得是理，並非只見得凡心自身之光影；故最終可克服凡心中物欲意見之私，而在此過程中，又有自疑自克之原則以爲保障能達此目的，故是正視凡心中物欲意見之私而予以對治；且以無心爲指導，故不流於硬把捉；至其結果，則凡心駕御統合本心，二者爲一，亦只是一心，亦非分裂之二心；是以象山當非朱子所想之禪。〔註180〕

3. 發明本心即是直指人心、見性成佛

　　或謂「發明本心即是直指人心、見性成佛」。〔註181〕而朱熹云：〔註182〕「釋氏只要空，聖人只要實。釋氏所謂敬以直內，只是空豁豁地，更無一物，卻不會方外。聖人所謂敬以直內，則湛然虛明，萬理具足，方能義以方外。」、「前日童斐卿正論此，以爲釋氏本與吾儒同，只是其末異。某與言：正是大本不同……只無義以方外，則連敬以直內也不是了。」朱子以佛家無義以方外，其以象山爲禪，亦有此意。其實，本心是否即爲佛性，已是一大問題，且象山發明本心只是工夫之第一階段，以下更必有克己之存養省察、與及物之考究，決非明本心即是境界，〔註183〕若其門人有此誤解，亦只是弟子之過。〔註184〕

〔註179〕徐復觀：〈象山學述〉，《中國思想史論集》，頁57認爲象山主心即理，故心性無別，禪宗亦心性無別，故朱子以爲禪。曾春海：《陸象山》，頁175認爲佛之心與象山之心不同，或許是因二者心性觀皆緊守人超越之心性以立論，未多完備解析氣稟之雜，以致朱子混淆之。案朱子實以氣之靈的心看待象山與佛家之心，且象山亦非未多言氣質。

〔註180〕唐君毅：《中國哲學原論·原性篇》，頁653認爲象山只是一本心之自明自立，原非以一個心觀一個心，亦非自一心所發而別求一心之本體。唐氏只立本心一義亦是。

〔註181〕如甲凱：《宋明心學評述》，頁19、賴永海：〈佛性、本心與良知——陸王心學與佛學〉，頁37。

〔註182〕分別見《朱子語類·一二六》，頁1208、1213。

〔註183〕勞思光：《新編中國哲學史（三上）》，頁387指出世俗每謂象山重覺悟，即與禪宗頓悟爲一事，然象山只主張最初覺與不覺，乃邪正之分界，而以此覺爲立志，非謂此一覺即已成聖，其覺後不過是顯出此心，其下正有大段擴充工夫。

〔註184〕陳郁夫：《陸九淵》，頁19、21認爲德性之學與知識之知不同，前者由內而發、

4. 以精神為心

陳建云：〔註185〕

> 聖賢之學，心學也。禪學陸學，亦皆自謂心學也，殊不知心之名同，
> 而所以言心則異……孔子曰：其心三月不違仁；孟子曰：仁義禮智
> 根於心……皆是以義理言心也。禪學出，而後精神知覺之說興……
> 陸象山曰：收拾精神，萬物皆備……皆是以精神知覺言心也。
>
> 孟子言心，陸子亦言心；孟子言陷溺，陸子亦言陷溺。然孟子惟恐
> 人陷溺於利欲，而無以存其仁義之心；陸子惟恐人陷溺於文義知見，
> 而無以存其精神之心。

其實本文第二章第一節已討論象山之言精神意指人之性格及血氣的活動力，
並不以精神即本心，而「收拾精神」之工夫，亦只是專注於克己私之幽微，
自然不是精神知覺之禪。〔註186〕觀象山云：

> 有一段血氣，便有一段精神。有此精神卻不能用，反以害之。但以
> 此精神居廣居，立正位，行大道。(《陸九淵集·卷三十五》，頁451)

可知「若果認精神為本心，則精神就是廣居、正位、大道了，還待要以此精
神去居之、立之、行之嗎？」〔註187〕而推原陳建所以有此誤會，或許因象山
弟子好談「心之精神」所致，〔註188〕然考象山弟子楊簡之事有載：

人人自明，後者從外而得、須經驗學習，故象山在復本心之後的及物工夫非
常重要，否則光有德性之知卻無本領方法，亦不濟事，象山本身有此覺悟，
不致毛病，至其學生，則光提本心以為把柄，流於禪而不自覺。

〔註185〕分別見陳建：《學蔀通辯·終編卷上》，頁417、439。
〔註186〕此處須指出清瀾所謂孔孟以義理言心、存仁義之心，亦非象山之本心，其《學
蔀通辯·終編卷上》，頁415分心為仁義禮智（德性、義理、道心）與虛靈知
覺（精神、氣稟、人心）二者，而此道心人心之辯乃儒佛之異。陶玉璞：〈試
論陳清瀾先生眼中的象山學〉，頁27～28謂清瀾之分德性與精神，並非二者
互斥，而是小集合與大集合的關係，即德性包含在精神之中。陶氏之說是，
清瀾當以義理顯現於人心者為道心，非道心即是本心，且其謂佛家為只論
精神，亦誤，蓋般若智實非清瀾之人心或道心。
〔註187〕見何兆男：〈象山學說闡微〉，頁7。
〔註188〕夏君虞：《宋學概要》，頁270、272大意謂宋儒言學而提出精神二字，不止一
家，但以收斂精神為主，則恐惟有陸派而已，他人皆未以收斂精神即學問，
甚至謂心之精神為聖。何兆男：〈象山學說闡微〉，頁7～8認為象山所以讓人
誤會為認精神為本心之因有三：一是象山愛說精神；二是其教法要人當下肯
認，似有以形氣知覺為本心之嫌；三是象山弟子多說「心之精神」。

慈湖楊公簡，參象山學猶未大悟，忽讀《孔叢子》至「心之精神是謂聖」一句，豁然頓解，自此酬酢門人，敘述碑記，講說經義，未嘗捨心以立說。〔註189〕

而象山弟子袁燮云：

古者大有為之君，所以根源治道者，一言以蔽之曰：「此心之精神而已」。心之精神洞徹無間，九州四海靡所不燭……朝夕警策，不敢荒寧，以磨礪其精神；監觀往古，延訪英髦，以發揮其精神；日進而不止，常明而不昏，則流行發現無非精神矣。謹從所出，出則必行，宣布四市，無不鼓舞，號令之精神也；褒一有德而千萬人悅，戮一有罪而千萬人悚，賞罰之精神也；有正直而無邪佞，有恪恭而無踰情，有潔清而無貪濁，布滿中外，炳乎相輝，人才之精神也；民間逋欠不可催者，悉蠲之，中外冗費凡可省者，盡節之，其源常浚，其流不竭，財用之精神也；將明恩威以馭其眾，士致死力以衛其長，勇而知義，一能當百，軍旅之精神也；黎元樂其生業，習俗興於禮遜，五穀屢豐，百嘉咸遂，民物之精神也；明主精神在躬，運乎一堂之上，而普天之下，事事物物靡不精神。〔註190〕

是則袁燮所謂精神亦非本心，而是本心之發用（或者說凡心駕御統合本心）以貫注於人之血氣所彰顯之行動力，此行動力可推動各種經世事業，達到聖人之表現，故楊簡以「心之精神是謂聖」，意即在此。〔註191〕故楊袁二人亦是儒者胸懷，並非禪學。

〔註189〕見葉紹翁：《四朝聞見錄・甲集・心之精神是謂聖》，頁41。

〔註190〕見袁燮：《絜齋集・卷一・都官郎官上殿箚子》，頁2～3。

〔註191〕夏君虞：《宋學概要》，頁280謂精神與本心，並非二物。而唐君毅：《中國哲學原論・原性篇》，頁444～445認為象山所謂「收拾精神」，即精神之自己收拾，亦是此心之自己收拾，以拔乎物欲等之上的別名，其「精」字表精一凝聚之義，有收拾之義，故不似「神」字只表不測無方者之易散漫、易落於氣之流者，故即以此表狀此心自己之收攝凝聚、自作主宰，以精一其自己，而其運用又無方而不測；楊簡承象山之意，而言「心之精神是謂聖」，以聖即心之精神的充量實現之別名，將朱子視為神所屬之氣，與精並稱，皆還之於此心者。唐氏之說，蓋因其不立凡心一義而來，故一切收之本心，依本文第二章第一節之討論，若將本心視為主體，則自亦可如唐氏之說，然就工夫實踐者而言，當其用功收拾精神，實是凡心專注其作用之義，精神是凡心之所有，不是本心之物，象山說精神，皆關氣質而說，應非本心之別名，而若如本文所論，楊簡似亦不是唐氏所說者。

5. 以作用為性

《朱子語類》載：

> 象山與祖道言：「目能視，耳能聽，鼻能知香臭，口能知味，心能思，手足能運動。如何更要甚存誠持敬，硬要將一物去治一物？須要如此做甚？詠歸舞雩，自是吾子家風。」祖道曰：「是則是有此理，恐非初學者所到地位。」象山曰：「吾子有之，而必亦外鑠以爲本，可惜也。」祖道曰：「此恐只是先生見處，今使祖道便要如此，恐成猖狂妄行，蹈乎大方者矣。」象山曰：「纏繞舊習，如落陷阱，卒除不得。」先生曰：「陸子靜所學，分明是禪。」〔註192〕

此中乍看似借用禪宗之語：「見性是佛……性在作用……在胎爲身，處世名人，在眼曰見，在耳曰聞，在鼻辨香，在口談論，在手執捉，在足運奔。遍現俱該沙界，收攝在一微塵，識者知是佛性，不識喚作精魂。」〔註193〕故朱子指象山爲禪。朱子一向以爲禪宗作用是性即是告子生之謂性，其云：〔註194〕

> 佛氏元不曾識得這理一節，便認知覺運動做性。如視聽言貌，聖人則視有視之理，聽有聽之理，言有言之理，動有動之理，思有思之理，如箕子所謂「明聰從恭睿」是也。佛氏則只認那能視、能聽、能言、能思、能動底，便是性。視明也得，不明也得……它都不管，橫來豎來，它都認作性……此正告子「生之謂性」之說。

> 且如手執捉，若執刀胡亂殺人，亦可爲性乎？龜山舉龐居士云：神通妙用，運水搬柴，以比徐行後長，亦坐此病。不知徐行後長乃謂之弟，疾行先長則爲不弟，如曰運水搬柴即是妙用，則徐行疾行皆可謂之弟耶？

即謂作用是性故不算錯，但作用有合理不合理之辨，不能謂凡是作用即合理，亦不能謂求合理即便非作用、不是性。〔註195〕其實佛家作用是性，意爲見一切法，心不染著，進而用即遍一切處，亦不著一切處，故來去自由，通用無滯，此即運水搬柴乃神通妙用之謂，非謂無所是非而執刀殺人。〔註196〕作用是性爲圓頓教之詭辭，不是實然之陳述語，「作用」是事，耳聽目見、知覺運

〔註192〕見《朱子語類・卷一一六》，頁1116。
〔註193〕見釋道原編：《景德傳燈錄・卷三・菩提達摩傳》，頁45。
〔註194〕分別見《朱子語類・卷一二六》，頁1210、1211。
〔註195〕此釋朱子反對作用是性之故，見錢穆：《朱子學提綱》，頁148。
〔註196〕此釋佛家作用是性，見熊琬：《宋代理學與佛學之探討》，頁332～333。

動亦皆是事，事即緣起，凡緣起事皆當體即空，故作用是性，意即就作用之事當體即見空性、佛性、菩提性，當體即是空性、佛性、菩提性。〔註197〕顯然象山並無此意，故並非禪家之作用是性。且曾祖道所述象山「目能視，耳能聽」云云，應是象山所說「汝耳自聰，目自明，事父自能孝，事兄自能弟，本無欠闕，不必他求。」（《陸九淵集・卷三十四》，頁 399）之意，即借耳目之自有聰明以喻仁義為人所本具。且象山絕未以知覺運動皆是合理，象山云：

> 人之精爽，負於血氣，其發露於五官者安得正？（《陸九淵集・卷三十五》，頁 464）

> 謂「即身是道」，則是有身者皆為有道邪？是殆未得夫道之正也。（《陸九淵集・卷六・與傅聖謨》，頁 77～78）

即其非如朱子所謂之作用是性。〔註198〕而陳淳又云：

> 象山教人終日靜坐，以存本心，無用許多辯說勞攘，此說近本，又簡易直捷，後進易為竦動。若果是能存本心，亦未為失，但其所以為本心者，只是認形氣之虛靈知覺者，以此一物甚光輝燦爛，為天理之妙，不知形氣之虛靈知覺，凡有血氣之屬，皆能趨利避害，不足為貴，此乃舜之所為人心者，而非道心之謂也。今指人心為道心，便是告子生之謂性之說、蠢動含靈皆有佛性之說、運水搬柴無非妙用之說，故慈湖專認心之精神為性，指氣為理，以陰陽為形而上之

〔註197〕此再釋佛家作用是性，見牟宗三：《心體與性體》第二冊，頁 130。

〔註198〕此處論曾祖道之誤會與象山之用意，見楊祖漢：〈陸象山心學的義理與王陽明對象山之學的了解〉，《儒家的心學傳統》，頁 180。而唐君毅：《中國哲學原論・原教篇》，頁 255 已指出曾祖道述象山語，蓋由象山「汝耳自聰，目自明」之言轉來，而去其下面能孝能弟之語，故使朱子誤以為禪。又王煜：〈從瑜伽與禪定以論陸象山、王陽明、王龍溪之學非禪非佛〉，頁 99 謂象山云「詠歸舞雩，自是吾家家風」也許是因一見祖道姓曾，聯想起孔門曾氏父子，而象山意在由感性知覺的本能躍講到本然的超越良知良能，「自」字即表示先天性，朱子卻誤將超越的感通誤為經驗的知覺運動，將良知良能誤為經驗的感官知識、思考和動作能力，又將佛家超越心體誤為經驗知、能。合楊唐王三說，可明象山非禪。而楊儒賓：〈理學論辯中的「作用是性」說〉，頁 29、31、35～36 大意謂明道、上蔡、陸王等人可以接受類似「作用是性」的命題，因（1）從存有論的始源觀點來看，道、性、身、心本是同一根源，即自然現象本身就體現仁體之生生；（2）從工夫論的證成觀點來看，人格的完成者，亦相應地使其身體從中性的、生理的個體，變為精神的、具體化道之承載體；（3）而此中之性、理並非佛之空性空理，而是儒之天理、義理之性，故非禪學。案楊儒賓之見，亦可備一說。

道，論天、論易、論道、論德、論仁、論義、論禮、論智、論誠敬、
論忠信、萬善只是此一個渾淪底物，只此號不同耳。夫諸等名義各
有所主，混作一物，含糊鶻突，豈得不錯？遂埽去格物一段工夫，
如無星之稱、無寸之尺，默坐存想，稍得彷彿，便云悟道，將聖賢
言語來手頭作弄，其實於聖賢語言不甚通解，輔漢卿所錄：「譬如販
私鹽人，擔頭將鯗魚妝面。」發得情狀甚端的也。以晦翁手段，與
象山說不下，況今日其如此等人何！〔註199〕

此陳淳之語，係應用朱子知覺運動、作用是性、生之謂性之聯想，將象山本
心視作屬於形氣之虛靈知覺的心，自此而說象山以心爲性、以氣爲理，故爲
禪。〔註200〕其實「象山未嘗以虛靈明覺言心體」，〔註201〕其心指本心，故有
攝制之義，且其亦有格物之方與及物工夫，陳氏顯係誤會。

　　以上種種理由實不足以指象山陽儒陰釋，而且即使擴大來看，雖然整個
理學之產生與佛教之流行有關，〔註202〕但是「理學只是受了佛家影響，而不
是從佛家衍生出來的，其正血統，無疑的傳自孔孟」。〔註203〕即「在熟讀儒典

〔註199〕見《宋元學案・卷五十八》，頁1085～1086。
〔註200〕此處說陳淳應用朱子之意而進一步稱象山爲禪，見牟宗三：《心體與性體》第
　　　　二冊，頁179。
〔註201〕見唐君毅：《中國哲學原論・原教篇》，頁503。
〔註202〕理學與佛學之關係，論者多矣，此不擬詳述。如杜松柏：〈宋代理學與禪宗之
　　　　關係〉，收於馮炳奎等著：《宋明理學研究論集》，頁291～325指出宋代理學
　　　　家的經籍、語錄、學案、道統、治學精神、修爲接引方法、形上本體、體用、
　　　　心性各方面的發展與禪宗有關，理學產生之一因，即是禪宗思想的廣被士大
　　　　夫、受其正反方面的引發。而熊琬：《宋代理學與佛學之探討》一書，則更詳
　　　　細指陳周張二程與朱熹思想之取自佛學。
〔註203〕見戴君仁：〈王陽明與陸象山〉，《梅園論學續集》，頁311。而徐復觀：〈象山
　　　　學述〉，《中國思想史論集》，頁54～55認爲理學受禪宗啓發，這種影響也決
　　　　無害於其跳出禪宗，以樹立新儒學；站在文化思想發展史的立場來看，人類
　　　　某一真精神，一經顯露，即必給予繼起之文化以影響，所謂影響，乃指與新
　　　　因素相關而言，既有新因素，則繼起者亦非故物，故以宋儒爲「陽儒陰釋」
　　　　乃是不通之論。而梁啓超：《清代學術概論》，頁12則謂宋儒採佛學以建設一
　　　　種儒表佛裏的新哲學，然諱其所出，反加醜詆，而所創者亦非孔孟之面目，
　　　　何必附名淆亂，終是遏抑創造、獎勵虛僞，此爲宋明學之根本缺點。唐君毅：
　　　　〈略談宋明儒學與佛學之關係〉，頁5謂清代、五四時代及日本學者多謂宋明
　　　　儒學爲陽儒陰釋，在中國是因此而欲指其爲非純正儒學、而否定排斥理學，
　　　　在日本則是尊重佛教而以爲此替理學增色不少；其實陽儒陰釋並不正確，宋
　　　　儒多是反佛，直到晚明才開始對佛學採取融通之態度。

之際，懷著文化使命感，抉發儒家之道德精神作爲時代主導，又突破傳統儒學，對佛、道所論之生死與心性等問題，以儒家之道德加以詮釋」。〔註204〕亦即觀彼佛教而重建己之儒學，故重在能立、不在能破，理學家只求自己之義理能成體系，以此體系安身立命，從未眞正正視或深入佛教，其吸收佛學，多只是由聞見而得靈感啓示，故其義理全係自家物，至其闢佛，終變成申明己之立場如何、以防止自身的錯誤。象山爲一理學家，自亦不例外，故可知如謂〔註205〕以象山爲禪，當然是偏激的論調，而若以其出自禪宗，則是正確的議論；如謂〔註206〕象山研讀佛老之餘，吸收其若干思想，融入心學而不自覺，其自覺狀態則堅決維護儒家；如謂〔註207〕象山是一個僅在方法上的禪家思想信奉者，蓋生當禪宗盛行之時，不得不受其影響，然而棄絕禪宗之出世，只保留其內求本心之方法，即在方法上應用禪家技巧，在道德生活的完成與儒家思想的展開上直接訴諸本心；如謂〔註208〕二者方法雖同，而本質不同，若以方法相同而指其爲禪，則是犯了以偏概全的錯誤。凡此等「援佛入儒」之說雖非全無道理，但亦可再権。蓋「象山由《孟子》入手，與禪無涉，至多只是其工夫、境界與禪學不謀而合，但禪宗之心體發用爲出世，象山心體發用爲人文，故其與儒家精神吻合」。〔註209〕即「思想有所謂共法，任何人、任何家皆可獨自發之，不必是誰來自誰，執著禪之禁忌，凡勝義皆推之佛老，儒者只應處於低下，美其名曰平實，實下委而滯礙」。〔註210〕故象山學可以是儒學發展過程必然結果，而不必以象山在理論形式、修養工夫方面吸收禪家思想，因爲純就思想本身來看，在固有的儒學體系中自有開出此一規模之可能，雖然可能不是必定，但是終不妨礙其爲可能，因此若必謂象山受有禪家影響，則此影響可視爲一外在刺激之助緣，即因禪家之啓發，而完成儒學之另一生面。〔註211〕因此，象山並非禪學，亦無資格爲禪學，而只是一儒家。

〔註204〕見古清美：《宋明理學概述》，頁3。

〔註205〕見羅光：《中國哲學思想史・宋代篇》，頁651。

〔註206〕見曾春海：《陸象山》，頁23。

〔註207〕此約述張君勱：《新儒家思想史》，頁245之語。

〔註208〕見陳德仁：《象山心學之比較研究》，頁72。

〔註209〕見林繼平：《陸象山研究》，頁177。

〔註210〕見牟宗三：《從陸象山到劉蕺山》，頁15～16。

〔註211〕牟宗三：《心體與性體》第一冊，頁37云：「至宋儒……若謂因受佛家之刺激而豁醒可，若謂其所講之內容乃陽儒陰釋或儒釋釋混雜、非先秦儒家經典所固有，則大誣枉。無人能因受佛教之刺激而豁醒，即謂其是陽儒陰釋或儒釋

二、象山與告子

朱熹除以象山爲禪，又於象山死時云：「可惜死了告子」，〔註212〕是朱子比象山於告子。陳榮捷先生指出朱熹之謂象山同於告子者有四：〔註213〕

（一）不知有氣稟之雜，如「陸子靜說告子論性強孟子，又說荀子性惡之論甚好，使人警發，有縝密之功」、「看子靜書，只見他許多粗暴底意思可畏，其學徒都是這樣……只我胸中流出底是天理，全不著得些工夫。看來這錯處只在不知有氣稟之性……孟子不說到氣一截，所以說萬千與告子幾箇，然終不得他分曉。告子以後，如荀楊之徒，皆是把氣做性說了」。〔註214〕

（二）不教人讀書，如「（楊）至云：『陸氏之學，不甚教人讀書看文字，與告子相似否？』先生曰：『便是。』」。〔註215〕

（三）義外之說，如「告子乃不知此，而以義爲外，則其不動心也，直彊制之而頑然不動耳，非有氣而自然不動也……然告子之病，蓋不知心之慊處，即是義之所安，其不慊處，即是不合於義，故直以義爲外而不求。今人因孟子之言，卻有見得此意，而識義之在內者。然又不知心之慊與不慊，亦有待講學省察，而後能察其精微者，故於學聚問辨之所得，皆指爲外而以爲非義之所在，遂一切棄置而不爲，此與告子之言，雖若小異，然其實則百步五十步之間耳。」、〔註216〕「今陸氏只是要自渠心裏見得底，方謂之內，若別人說底，一句也不是，才自別人說出，便指爲義外，如此乃是告子之說。」、〔註217〕「陸子靜云：『讀書求義理，正是告子義外工夫。』某以爲不然，如子靜不讀書，不求義理，只靜坐澄心，卻似告子外義。」〔註218〕

混雜。爲有不接受刺激（所謂挑戰）、不正視對方，而能擔當文運學運者乎？」而汪義麗：《象山心學在宋學中之歷史意義》，頁109～110謂內聖之學上的共法，本非某方所專有，儒學內部義理系統原已具足此一發展之必備條件，象山可直取孟子學轉出，不必須憑藉佛理，即由哲學意義上，可以肯定象山不受禪宗影響；然在歷史事實上，不能否認「因彼悟己」之可能，而此可能，亦無礙於其爲儒門中人。本文此處謂象山可由受禪之刺激而自固有儒學開出，即據牟汪之說。

〔註212〕見《朱子語類·卷一二四》，頁1193。
〔註213〕詳見陳榮捷：《朱子新探索》，頁591～593。
〔註214〕分別見《朱子語類·卷一二四》，頁1190、1192～1193。
〔註215〕見《朱子語類·卷五十二》，頁490。
〔註216〕見《朱子文集·卷五十四·答項平父》，頁958～959。
〔註217〕見《朱子語類·卷一二四》，頁1192。
〔註218〕見《朱子語類·卷五十二》，頁502。

（四）不得於言，勿求於心，如「不得於言，勿求於心，是心與言不相干……此告子說也。告子只去守箇心得定，都不管外面事，外面是亦得，不是亦得……陸子靜卻說告子只靠外面語言，更不去管內面。以某看，告子只是守著內面，更不管外面。」、〔註219〕「告子於此不達，則不復反求其理於心。嘗見陸子靜說這一段，大段稱告子所見高。告子固是高，亦是陸子之學與告子相似，故主張他。然陸氏之學，更鶻突似告子。」、〔註220〕「至之問告子『不得於言，勿求于心』。先生云：『陸子靜不著言語，其學正似告子，故常諱這些子。』至之云：『陸嘗云：「人不惟不知孟子高處，也不知告子高處。」先生語陸云：「試說看。」陸只鶻突說過。』先生因語諸生云：『陸子靜說告子也高，也是他尚不及告子，告子將心硬制得不動，陸遇事未必皆能不動。』」〔註221〕

陳先生又指出「其中前二點只是偶爾言之，後二點則屢屢言之，且都是告子不動心之法，由朱子觀之，此二人均無孟子浩然氣之不動，而只有強制之不動」。〔註222〕朱子以象山同於告子，雖非謂象山思想源於告子，卻是謂二者學術同路，故亦可隸屬廣義之思想淵源，而予以討論。

案告子其人其學不明，朱熹所論，自是據《孟子》所記。或謂〔註223〕朱子以佛為告子，亦以象山為告子，蓋朱子以為二者皆以心為性，同於告子「生之謂性」；或謂〔註224〕朱子以象山相似告子，並非意存侮慢，而是二者皆只守著內面，更不管外面，如是而已，非謂象山主張性無善無不善而禍仁義。其實，觀朱子所論之四點，皆源自對象山本心之不信任。象山實未輕忽氣稟問題，亦非教人不讀書，亦非不需師友講論、不取他人之善；其或戒人於明本心階段時貪博好論，蓋以此將支離而徒增物欲意見，終無益於明本心；或要人於存養時收拾精神，蓋不如此則不見己私之幽隱，終無法克己。至於勿求於心一點，象山云：

> 學問須論是非，不論效驗。如告子先孟子不動心，其效先於孟子，

〔註219〕見《朱子語類・卷五十二》，頁490。
〔註220〕見《朱子語類・卷五十二》，頁490。
〔註221〕見《朱子語類・卷一二四》，頁1190。
〔註222〕見陳榮捷：《朱子新探索》，頁593。
〔註223〕見馮友蘭：《中國哲學史》，頁944、與徐復觀：〈象山學述〉，《中國思想史論集》，頁45。
〔註224〕見陳榮捷：〈朱子之宗教實踐〉，《朱學論集》，頁195。

然畢竟告子不是。(《陸九淵集・卷三十五》,頁 472)

告子湍水之論,君子之所必辨;荀卿性惡之說,君子之所甚疾。然告子之不動心實先於孟子,荀卿之論由禮,由血氣、智慮、容貌、態度之間、推而及於天下國家,其論甚美,要非有篤敬之心,有踐履之實者,未易至乎此也。今而未有篤敬之心、踐履之實,拾孟子性善之遺說,與夫近世先達之緒言,以盜名干澤者,豈可與二子同日道哉?故必有二子之質,而學失其道,此君子之所宜力辯深詆,挽將傾之轍於九折之坂,指迷途而示之歸也。若夫未有篤敬之心、踐履之實,而遽為之廣性命之說,愚切以為病而已耳。(《陸九淵集・卷三十・天地之性人為貴論》,頁 347~348)

告子之意「不得於言,勿求於心」,是外面硬把捉的。要之亦是孔門別派,將來也會成,只是終不自然。(《陸九淵集・卷三十五》,頁 445)
告子硬把捉,直到不動心處,豈非難事,只是依舊不是。某平日與兄說話,從天而下,從肝肺中流出,是自家有底物事,何常硬把捉?
(《陸九淵集・卷三十五》,頁 443)

是象山戒求效,不以告子為可取,而欲人學孟子。其稱讚告子亦只是說告子非一般不學無術者所能及,但尚未到聖人境地,而其工夫,雖非最佳,然亦不可全然抹煞。此處可見象山深諳道德實踐之情況,蓋告子不動心之所以可取,非如常人所謂槁木死灰不起念慮,而是使其「加齊之卿相,得行道焉,雖由此霸王不異矣」時亦不動心,儒者以成己成物為最高理想,能有此機會,鮮有不感到慨然欣奮而有責任壓力者,然唯有深知內聖外王本無先後、深知外王乃天命所在,方能自然平淡而無此感情情緒之起伏。蓋儒者非謂人不當有感情波動(如人必有惻隱之類),而是此種情形下之動心動情,正是自我意識駕御統合本心不完全,其具體自我中已將本心變為一種物欲,正如同布施之愛心若是為求一己內心之舒悅,則與飲食以求一己口腹之貪足,同是屬於欲望,只是表現形式不同罷了,此正「由仁義行」與「行仁義者」間之微妙差別。告子未能自然如此,尚能強制不波動,可見其已知本心變為物欲之幾微,更確實努力扭轉此不當之幾微,而其若能強制既久,習慣成自然,亦是修成,如此觀之,告子豈是常人所能及?

由上所述,可知象山不以告子為究竟,只是亦有道德修行者可借鑑之處,故或有贊詞,因此象山並不是告子,朱子之議當係誤會。

三、象山與道家

另外，或以為象山思想有受道家影響處，如陳建云：

> 陸子曰：「凡事莫如此滯滯泥泥，某平生於此有長，都不去著他事，凡事累自家一毫不得」、「內無所累，外無所累，自然自在，才有一些子意便沉重了」……按此數條，只是要得閒曠虛靜，恬淡退寂，意念皆忘，絲毫無累，任其自然自在，以為完養精神之地……《莊子》〈刻意篇〉云：「純粹而不雜，靜一而不變，淡而無為，動而以天行，此養神之道也。」、〈達生篇〉云：「棄事則形不勞，遺生則精不虧，夫形全精復，與天為一。」、〈天道篇〉云：「水靜則明燭鬚眉，水靜猶明，而況精神……」……愚按：今人只疑陸學根本於禪，不知禪、陸之學，皆根本莊子，觀此明矣。〔註225〕

> 陸子曰：有一段血氣便有一段精神……按養生家有元精、元氣、元神之說，象山論學，亦兼包此意，但含蓄不露，近日王陽明始發其蘊……然象山陽明俱未及六十而卒，養生之說亦虛妄矣。〔註226〕

> 自孔孟沒，漢晉學者皆宗老莊，唐宋則宗禪佛，然皆不外養神一路也。《鶴林玉露》記陶淵明〈神釋形影〉詩云：「……乃是不以生死禍福動其心，泰然委順，養神之道也，淵明可謂知道之士。」愚按：自漢以來，聖學不明，士之所謂知道者，如此而已，陸子嘗謂陶淵明有志於吾道，正指此。〔註227〕

考《陸九淵集》載：

> 人精神在外，至死也勞攘，須收拾作主宰。收得精神在內時，當惻隱即惻隱，當羞惡即羞惡。誰欺得你？誰瞞得你？（《陸九淵集·卷三十五》，頁454）

> 先生講論，終日不倦，夜亦不困……精神愈覺炯然。問曰：「先生何以能然？」先生曰：「家有壬癸神，能供千斛水。」（《陸九淵集·卷三十六·淳熙十五年》，頁503）

> 李白、杜甫、陶淵明，皆有志於吾道。（《陸九淵集·卷三十四》，頁

〔註225〕見陳建：《學蔀通辯·後編卷中》，頁190〜195。
〔註226〕見陳建：《學蔀通辯·後編卷上》，頁170〜172。
〔註227〕見陳建：《學蔀通辯·續編卷中》，頁330〜331。

410）

其實象山「收拾精神」之工夫，只是存養本心之一環，苟不如此，則物欲意見紛雜勞攘，決不能彰顯本心之攝制而當惻隱即惻隱，故非莊子之「全神」，〔註228〕亦無養生之意。而「家有壬癸神，能供千斛水」一語應是道教語。〔註229〕或謂〔註230〕此即其軀殼已養得道教所謂的元精、元氣、或元神，運用此內在元精來應萬事而不爲物累情遷。其實象山此言只是人之心靈的力量貫注於身體所致，與孟子因集義而有至大至剛之氣、「君子所性，仁義禮智根於心，其生色也，睟然見於面，盎於背，施於四體，四體不言而喻」相近；而象山以李白等人有志於道，殆因李白要高力士脫靴、楊國忠磨墨，杜甫「致君堯舜上，再使風俗淳」，淵明不爲五斗米折腰之類，皆是棄利就義，符合義利之辨，故稱其有志，實亦無干道家之虛靜養神。又或謂〔註231〕象山云：「吾亦只有此一路」、「千古聖賢只是辦一件事」受《老子》「抱一以爲天下式」修養論影響；又云：「佛老高一世人，只是道偏」，則必涉獵佛道，方能贊其爲高一世人。此亦皆失當，蓋象山是管歸於本心一路，《老子》的「一」卻不是本心，而看過佛道之書，不能證明其思想來自此中。另外，或謂〔註232〕象山之名「九淵」，此詞出於《莊子‧應帝王》與《列子‧黃帝》，而其詩云：「講習豈無樂，鑽磨未有涯，書非貴口誦，學必到心齋；酒可陶吾性，詩堪述所懷，誰言曾點志，吾得與之偕。」〔註233〕可知兼受莊子、陶潛薰染，由於道家之陶冶，故畢生輕視語言文字；又以心蔽爲物欲意見，則承稷下宋尹學派之「別宥」（棄絕囿限人心的偏見）；又要人不動情於名利得失，又說「宇宙」、「剝落」、「清明」，皆源於老莊。按此說不必成立，蓋此皆可源自儒家。

綜合以上，可知指稱象山爲道家之理由不能成立，且象山云：

> 老氏以無爲天地之始……惟其所蔽在此，故其流爲任術數，爲無忌憚。此理乃宇宙之所固有，豈可言無。若以爲無，則君不君，臣不臣，

〔註228〕曾春海：《陸象山》，頁22～23以爲此即莊子全神工夫。又容肇祖：《明代思想史》，頁6謂陸派則從道家的主靜混和了禪宗的明心，走上空虛的路程。

〔註229〕全祖望《鮚埼亭集‧外編‧卷四十七‧答臨川先生雜問》，頁1029云：「二語元不見於佛書，一時亦不能記其所出，大略當在道經，故今巫祝家禳火，嘗用此語，若儒家之語，則必不作此氣象也。」

〔註230〕見曾春海：《陸象山》，頁23。

〔註231〕見曾春海：《陸象山》，頁22～23。

〔註232〕此約述王煜：〈論陸九淵學派〉，頁79～83之意。

〔註233〕見《陸九淵集‧卷三十六‧紹興二十三年》，頁484。

父不父，子不子矣。(《陸九淵集・卷二・與朱元晦（二）》，頁 28)

周歷之季，跡熄澤竭，人私其身，士私其學，橫議蜂起，老氏以善成其私，長雄於百家，竊其遺意者猶皆逞於天下……大學不傳，古道榛塞，其來已久，隨世而就功名者，淵源又類出於老氏。(《陸九淵集・卷十九・荊國王文公祠堂記》，頁 231、233)

茲不論《老子》是否如此，但象山分明不同意，故其學不當來自道家。〔註234〕

總結本章所述，象山之學，「就廣義思想淵源來說，與朱熹同出伊洛；若從狹義師傳來說，則陸氏兄弟自爲師友，不必另有所附麗；若就各人治學之所由啓發，亦即其所最得力處說，則自得於《孟子》與其全部學術精神最爲吻合」〔註235〕；且「與時代思潮與背景（如佛道思想、重利風氣）有關」。〔註236〕其實，一位思想家思想之形成，必受到社會及文化背景（如政治、社會、教育、角色楷模、學術風潮）、家庭環境（如家庭背景、父母影響、早年經歷）、人際互動（如啓蒙者、師承、門人、友人、競爭對手）、及其個人自身的特性（如資質、天賦、性向、性格、壽命）諸方面所致。〔註237〕故以象山出於理學諸家、禪、補救時弊，則是著眼於社會文化背景；以象山出於陸氏家學，則看重家庭環境與人際互動；以象山自得於《孟子》，則是著重個人特性。〔註238〕雖然這些各有其意義，然而當以自得於《孟子》之說爲決定象山思想本質之來源，其他種種則是輔助之外緣因素，蓋孟子以

〔註234〕 徐復觀：〈象山學述〉，《中國思想史論集》，頁 54 云：「象山與老氏，最爲緣遠」。

〔註235〕 見徐復觀：〈象山學述〉，《中國思想史論集》，頁 14。

〔註236〕 見吳爽熹：《陸王心學辨微》，頁 13。

〔註237〕 此論思想家思想形成之原因，見丁興祥：〈中國傑出思想家的成長背景研究：以宋元明思想家爲例〉，頁 193。

〔註238〕 關於象山性格與其思想之關係，除了自得於孟子外，《宋元學案・卷五十八》頁 1068 黃宗羲云：「（朱陸）二先生……所謂學焉而得其性之所近」，而清代費密《弘道書・卷上》、章學誠《文史通義・朱陸》皆以朱子個性沉潛、象山高明，故其學不同。蔣伯潛：《理學纂要》，頁 95 亦謂朱子沉潛、陸子高明，個性不同，故爲學方法亦異。余英時：《歷史與思想》，頁 128～129 意謂象山屬於一種有強烈信仰且不大需要知識來支持信仰的人，朱子則屬一種總想將信仰建築在堅實知識基礎上的人，故陸尊德性、朱道問學。而梁貴雄：《陸象山學說的根源與演變》，頁 38～40 據年譜之資料而謂象山有清靜、端整、樸實、善疑、溫嚴、敏悟之性格，故偏重內向，是以學術皆以心爲主偏於內聖之修養。以上有關象山性格及思想之關係，略記於此。

下、至象山之前的儒者，似無如象山契合《孟子》義理而緊扣本心之義展開
其全盤思想者。因此，象山思想的旨趣和性質，應係儒學義理之一支，而非
異端外道之學說。

第五章　結論

綜合以上各章之討論，可以作出如下結論：

一、人有本心，本心爲道德根源，我所固有，人人皆同，千古不磨，故本心爲人之性，故人性善；然人又有思慮認識之心，故受氣質、習染、不思而有私，而有物欲意見，是以本心不能彰顯，而有惡之發生。

二、象山論理，一方面從存有論立場，說明事物形上根源之存有與活動原理，論事物有其自身客觀實然、所以然之理；一方面從價值立場，論道德應然之理，即本心之理。而本心則可由善之價值，躍升而涵攝一切價值與存有之理，故說「本心即理」，依此義則人展開承擔起圓成一切人、事、物存在與發展的行動。

三、實踐的目的是除去物欲意見之私，以充分彰顯本心即理。方法則是先由自明此心此理、與藉師友間講明和讀書，以具有對本心之智識，從而立志於道德，此即先立乎其大；再以思量、收拾精神、昭事上帝、寡欲、讀書之涵養，及守規矩、改過遷善之省察，與人情事勢上之磨考，以克盡己私；最後及物考究，研究事物具體知識，具備處理實際事務之能力，而形成個人之氣象。至於各操作工夫，須把握「自克、自疑、自信」及「無心」之原則，實踐過程中則並有簡易、艱難、樂之現象，而整體工夫可謂是「思」之詳細開展。

四、至於象山思想淵源，其本質主要是自得於《孟子》，而補救時弊、陸氏家學、宋代理學諸家、禪，則是其他外緣性質的輔助因素。因此，象山之學實屬儒家範疇，並非異端。

　　至此，可以總結象山思想之得失。一般對於象山思想之總評，訾議者不外認為象山不知人有氣稟之雜、工夫簡略、只知道德而不能成就文化、個人修養不佳、理論未備，〔註1〕凡此多已隨處討論，尚未為大病。至於，贊同者或認為〔註2〕其學一方面建立圓滿人格，一方面對國家社會負責，最足以表現中國文化基本精神；或認為〔註3〕可根絕虛無主義、奠定家庭倫理哲學基礎、揭示中國社會工業化之途徑及超現代化的目標、新生未來世界文化；或認為〔註4〕現代核戰危機、某些地區馬克斯學說奉為圭臬，象山思想正可提醒為人的本分而有以治之，且我國欲建立健全民主政體，象山學是固有學術中可下接民主精神者；或認為〔註5〕象山學對現代困境具啟發意義，即其貞定人生終極精神價值，可轉化今人對情慾與物質的過度追求、舒緩消費導向的經濟活動、減輕能源危機、環境汙染、及人與人間利害的摩擦衝突，而且其教人作自己思想的主人，可避免隨俗浮沉、以致在傳播文化與科技文化的洪流中迷失自我的尊嚴和意義，亦可使民主政治本著價值與理性，超越小我之利害恩怨，而自愛自律、更趨合理。凡此則稍嫌樂觀，觀前文第三章第三節，可知在可想見的未來，人類是不能普遍達到象山學之理想。

　　總之，依象山本心即理之說，人們自有圓成一切人文活動之努力，乃至於是更精確地去描述本心之性質與私之形成、補足象山形上思維之空缺、或修正實踐工夫（如針對特殊事物而發展更細密、更具體、更系統之及物工夫）等等，亦皆可涵攝於本心即理之意義下。〔註6〕於是可知，象山思想或可再開拓，然其闡明本心之攝制與本心之即理，則已具不朽之意義。

〔註1〕勞思光：《新編中國哲學史（三上）》，頁400認為象山尚未能建立一理論系統，而只是透露回歸孟子之精神方向，故須待陽明之完成。勞氏由思想史觀點立論，其說是。而若不管思想史之發，則由前文所論，可知象山學亦有其系統，於道德之諸問題皆有所涉，雖非至於嚴格完整之哲學，雖無陽明，其亦已自可成家。

〔註2〕詳見徐復觀：〈象山學述〉，《中國思想史論集》，頁71。

〔註3〕詳見林繼平：《陸象山研究》，頁282～309。

〔註4〕見陳郁夫：《陸九淵》，頁21～22。

〔註5〕見曾春海：《陸象山》，頁217～218。又陳德仁：《象山心學之比較研究》，頁100已認為象山心學濃厚的倫理色彩對於洗滌人類日趨惡化的精神汙染、挽救世道人心、精神文化的重建，具有不可磨滅的貢獻。

〔註6〕李鈞棫：《陸象山思想之研究》，頁62已指出象山於人生論述之最詳，然於知識論及宇宙論則甚略。李氏之說誠然，而這些方面的探討，應不為本心即理開展之意義所斥。

主要參考書目

（依作者姓氏筆劃數排序，譯著置末）

1. 丁興祥：〈中國傑出思想家的成長背景研究：以宋元明思想家爲例〉，《輔仁學誌——文學院之部》1996 年 7 月第 25 期，頁 200～177。

2. 方立天：〈儒佛心性論的互動〉，《哲學與文化》1996 年 12 月第 23 卷第 12 期，頁 2290～2297。

3. 方東美：《新儒家哲學十八講》（台北：黎明文化事業公司，1989 年 4 月三版）。

4. 方蕙玲：《鵝湖爭議眞諦之研究》（台中：東海大學哲學研究所碩士論文，1987 年 6 月）。

5. 王民信主編：《中國歷代詩文別集聯合書目》第七輯（台北：聯合報文化基金會國學文獻館，1983 年 8 月初版）。

6. 明・王守仁：《陽明全書》（台北：中華書局，1979 年 7 月臺三版）。

7. 王汎森：〈「心即理」說的動搖與明末清初學風之轉變〉，《中央研究院歷史語言研究所集刊》1994 年 6 月第 65 本第 2 分，頁 333～373。

8. 王師金凌：〈論道德經的無爲〉，《中山人文學報》1995 年第 3 期。

9. 王師金凌〈莊子的生命觀〉，陳伯元先生六秩壽慶祝壽委員會編：《陳伯元先生六秩壽慶論文集》（台北：文史哲出版社，1994 年），頁 65～81。

10. 王煜：〈從瑜伽與禪定以論陸象山、王陽明、王龍溪之學非禪非佛〉，《新亞書院學術年刊》1976 年 7 月第 18 期，頁 79～117。

11. 王煜：〈論陸九淵學派〉，《中國文化月刊》1985 年 6 月第 68 期，頁 79～87。

12. 石訓、姚瀛艇等著：《中國宋代哲學》（鄭州：河南人民出版社，1992 年 12 月第 1 版）。

13. 古清美：《明代理學論集》（台北：大安出版社，1990 年 5 月 1 版）。

14. 古清美：《宋明理學概述》（台北：臺灣書店，1996 年 11 月初版）。

15. 甲凱：《宋明心學述評》（台北：臺灣商務印書館，1981 年 11 月二版）。

16. 宋·朱熹：《朱文公文集》（台北：臺灣商務印書館，1979 年）。

17. 清·全祖望：《鮚埼亭記》（台北：臺灣商務印書館，1967 年臺二版）。

18. 牟宗三：《心體與性體》第一冊（台北：正中書局，1991 年 11 月臺初版 9 刷）。

19. 牟宗三：《心體與性體》第二冊（台北：正中書局，1985 年 8 月臺初版 6 刷）。

20. 牟宗三：《從陸象山到劉蕺山》（台北：學生書局，1979 年 8 月初版）。

21. 牟宗三：《中國哲學的特質》（台北：學生書局，1990 年 10 月再版 7 刷）。

22. 成中英：〈原性與圓性：論性即理與心即理的分疏與融合問題〉，《漢學研究》1995 年 6 月第 13 卷第 1 期，頁 61～88。

23. 李日章：《宋明理學研究》（高雄：復文出版社，1985 年元月初版）。

24. 李日章：《中國哲學現代觀》（高雄：復文出版社，1992 年 11 月修訂版）。

25. 李鈞棫：《陸象山思想之研究》（台北：文化大學哲學研究所碩士論文，1964 年 6 月）。

26. 何兆男：〈象山學說闡微〉，《女師專學報》1973 年 5 月第 3 期，頁 1～33。

27. 何國銓：《中國禪學思想研究》（台北：文津出版社，1987 年 4 月出版）。

28. 吳有能：〈朱陸鵝湖之會唱和三詩新釋〉，《鵝湖》1987 年 9 月第 147 期，頁 30～43。

29. 吳怡：《中國哲學發展史》（台北：三民書局，1989 年 12 月 3 版）。

30. 吳康：〈陸象山學述〉，《學術季刊》1956 年 3 月第 4 卷第 3 期，頁 30～41。

31. 吳爽熹：《陸王心學辨微》（台北：輔仁大學哲學研究所博士論文，1976 年 6 月）。

32. 吳盛林：《陸象山心學之研究》（台北：臺灣師範大學國文研究所碩士論文，1981 年 6 月）。

33. 吳雁南：《心學與中國社會》（北京：中央民族學院出版社，1994 年 1 月 1 版）。

34. 吳登臺：〈心學是否為唯心論権〉，《鵝湖》1978 年 9 月第 4 卷第 3 期，頁 10～20。

35. 呂思勉：《理學綱要》（上海：商務印書館，1934 年 4 月國難後第 1 版）。

36. 宋·呂祖謙：《呂東萊文集》（北京：中華書局，1985 年北京新一版）。

37. 呂澂：《中國佛學思想概論》（台北：天華出版公司，1993 年 8 月初版 5 刷）。

38. 余英時：《歷史與思想》（台北：聯經出版事業公司，1994 年 3 月初版 18 刷）。

39. 汪義麗：《象山心學在宋學中之歷史意義》（台北：文化大學中文研究所碩士論文，1983 年 6 月）。

40. 肖萐父、李錦全：《中國哲學史（下卷）》（北京：人民出版社，1989 年 8 月 1 版 7 刷）。

41. 宜珊：〈陸九淵的詩〉，《今日中國》1975 年 8 月第 52 期，頁 108～116。

42. 宋・林光朝：《艾軒集》（台北：臺灣商務印書館，1969～70 年）。

43. 林安梧：〈象山心學義理規模下的「本體詮釋學」〉，《鵝湖》1988 年 3 月第 13 卷第 9 期，頁 14～24。

44. 宋・林季仲：《竹軒雜著》（台北：臺灣商務印書館，1975 年）。

45. 林浩德：《陸象山心學研究》（台北：輔仁大學哲學研究所碩士論文，1986 年 6 月）。

46. 林繼平：《陸象山研究》（台北：臺灣商務印書館，1983 年 5 月初版）。

47. 金東天：《象山的形上倫理說之探源》（台北：台灣大學哲學研究所碩士論文，1985 年 6 月）。

48. 明・胡居仁：《胡敬齋集》（北京：中華書局，1985 年北京新一版）。

49. 明・胡居仁：《胡敬齋先生居業錄》（台北：藝文印書館，1966 年）。

50. 清・紀昀等：《四庫全書總目提要》（台北：藝文印書館，1979 年 12 月 5 版）。

51. 范壽康：《中國哲學史綱要》（台北：臺灣開明書店，1979 年 2 月臺 8 版）。

52. 侯外廬等主編：《宋明理學史（上卷）》（北京：人民出版社，1984 年 4 月 1 版）。

53. 姜允明：《心學的現代詮釋》（台北：東大圖書公司，1988 年 12 月初版）。

54. 祝平次：〈「性即理──心即理」與「理學──心學」──略論兩對判分程朱、陸王學說的概稱的使用〉，《中國文學研究》1990 年 5 月第 4 期，頁 107～113。

55. 宋・袁燮：《絜齋集》（台北：臺灣商務印書館，1975 年）。

56. 元・馬端臨：《文獻通考》（台北：新興書局，1960 年 11 月再版）。

57. 夏君虞：《宋學概要》（台北：華世出版社，1976 年 12 月台一版）。

58. 容肇祖：《明代思想史》（上海：上海書店，1990 年）。

59. 唐君毅：《中國哲學原論・導論篇》（台北：學生書局，1993 年 2 月全集校訂版二刷）。

60. 唐君毅：《中國哲學原論・原性篇》（台北：學生書局，1993 年 2 月全集校訂版二刷）。

61. 唐君毅：《中國哲學原論・原道篇卷三》（台北：學生書局，1993 年 2 月全集校訂版二刷）。

62. 唐君毅：《中國哲學原論・原教篇》（台北：學生書局，1993 年 2 月全集校訂版二刷）。

63. 唐君毅：〈略談宋明儒學與佛學之關係〉，《哲學與文化》1976 年 1 月第 3卷第 1 期，頁 5～9。

64. 高廣孚：〈陸王教育思想之研究〉，《國立臺灣師範大學教育學報》1970年 6 月創刊號，頁 323～396。

65. 徐紀芳：《陸象山弟子研究》（台北：文津出版社，1990 年 4 月出版）。

66. 徐復觀：《中國思想史論集》（台北：學生書局，1993 年 9 月初版 9 刷）。

67. 韋政通：《中國思想史（下冊)》（台北：水牛出版社，1993 年 7 月 11 版4 刷）。

68. 孫振青：《宋明道學》（台北：國立編譯館，1986 年 9 月初版）。

69. 孫效智：〈論朱陸異同與會通〉，《哲學與文化》1987 年 5 月第 14 卷第 5期，頁 55～65。

70. 宋・陸九淵：《象山全集》（台北：中華書局，1979 年 7 月台二版）。

71. 宋・陸九淵：《陸九淵集》（台北：里仁書局，1981 年 1 月）。

72. 元・脫脫等：《宋史》（北京：中華書局，1985 年 6 月 1 版）。

73. 莫伯驥：《五十萬卷藏書樓目錄初編》（台北：廣文書局，1967 年 8 月初版）。

74. 國立中央圖書館編：《臺灣公藏善本書目人名索引》（台北：國立中央圖書館，1972 年 8 月初版）。

75. 國立中央圖書館編：《國立中央圖書館善本序跋集錄》（台北：國立中央圖書館，1994 年 4 月）。

76. 梁啓超：《中國近三百年學術史、清代學術概論合刊》（台北：里仁書局，1995 年 2 月初版）。

77. 梁貴雄：《陸象山學說的根源與演變》（香港：珠海大學中文研究所碩士論文，1983 年 6 月）。

78. 張立文：《走向心學之路》（北京：中華書局，1992 年 4 月初版）。

79. 張君勱：《新儒家思想史》（台北：弘文館出版社，1986 年 2 月初版）。

80. 張念誠：《象山人格教育思想之研究——以「生活化儒學」爲中心的展開》（桃園：中央大學中文研究所碩士論文，1992 年 6 月）。

81. 張起鈞、吳怡：《中國哲學史話》（台北：新天地書局，1979 年 8 月 6 版）。

82. 康雲山:《南宋心學易研究》(高雄:高雄師範大學國文研究所博士論文,1995 年 6 月)。

83. 陳正一:〈陸象山研究〉,《實踐學報》1982 年 3 月第 13 期,頁 257~375。

84. 陳來:《朱熹哲學研究》(北京:中國社會科學出版社,1988 年 4 月 1 版)。

85. 宋・陳思:《兩宋名賢小集》(台北:臺灣商務印書館,1976 年)。

86. 明・陳建:《學蔀通辯》(京都:中文出版社,1977 年 3 月)。

87. 陳郁夫:《陸九淵》,《中國歷代思想家(三十)》(台北:臺灣商務印書館,1987 年 8 月三版)。

88. 宋・陳振孫:《直齋書錄解題》(台北:廣文書局,1979 年 5 月再版)。

89. 宋・陳淳:《北溪大全集》(台北:臺灣商務印書館,1973 年)。

90. 陳榮捷:《朱學論集》(台北:學生書局,1982 年 4 月初版)。

91. 陳榮捷《王陽明與禪》(台北:學生書局,1984 年 11 月初版)。

92. 陳榮捷《朱子新探索》(台北:學生書局,1988 年 4 月初版)。

93. 陳榮捷《朱熹》(台北:東大圖書公司,1990 年 2 月初版)。

94. 陳德仁:《象山心學之比較研究》(台北:學生書局,1975 年 10 月再版)。

95. 陳鐘凡:《兩宋思想述評》(上海:上海書店,1990 年)。

96. 陶玉璞:〈試論陳清瀾先生眼中的象山學〉,《鵝湖》1992 年 11 月第 18 卷第五期,頁 25~31。

97. 宋・程顥、程頤:《二程全書》(台北:中華書局,1978 年 8 月臺三版)。

98. 明・彭元瑞:《欽定天祿琳瑯書目續目》(台北:廣文書局,1968 年 3 月初版)。

99. 黃公偉:《宋明清理學體系論史》(台北:幼獅文化事業公司,1971 年 9 月出版)。

100. 黃甲淵:《陸象山道德哲學之研究──以「心即理」為中心》(台中:東海大學哲學研究所碩士論文,1991 年)。

101. 明・黃宗羲:《宋元學案》(台北:世界書局,1973 年 12 月三版)。

102. 黃彰健:〈鵝湖之會朱陸異同略說〉,《中央研究院歷史語言研究所集刊》1950 年 7 月第 22 本,頁 261~265。

103. 黃彰健:〈象山思想臨終同於朱子〉,《大陸雜誌》1984 年 7 月第 69 卷第 1 期,頁 32~42。

104. 勞思光:《新編中國哲學史(三上)》(台北:三民書局,1993 年 8 月 7 版)。

105. 勞思光:《新編中國哲學史(三下)》(台北:三民書局,1992 年 9 月增訂 7 版)。

106. 馮友蘭:《中國哲學史》(上海:上海書店,1990 年 12 月 1 版)。

107. 馮友蘭:《中國哲學史新編》第五冊(北京:人民出版社,1992 年 5 月 1 版 2 刷)。

108. 馮炳奎等著:《宋明理學研究論集》(台北:黎明文化事公司,1983 年 7 月初版)。

109. 曾春海:《陸象山》(台北:東大圖書公司,1988 年 7 月初版)。

110. 宋・葉紹翁:《四朝聞見錄》(北京:中華書局,1989 年 2 月 1 版)。

111. 宋・楊時:《龜山語錄》(台北:臺灣商務印書館,1981 年)。

112. 楊祖漢:〈陸象山的直指本心〉,《鵝湖》1975 年 8 月創刊號,頁 38～42。

113. 楊祖漢:《儒家的心學傳統》(台北:文津出版社,1992 年 6 月初版)。

114. 楊國榮:〈人格境界與成人之道──理學的人格理論及其內蘊〉,《孔孟月刊》1994 年 6 月第 31 卷第 10 期,頁 14～21。

115. 楊國榮:〈心性之辯:從孟子到王陽明──兼論王陽明重建心體的理論意蘊〉,《孔孟學報》1996 年 9 月第 72 期,頁 153～173。

116. 楊儒賓:〈理學論辯中的「作用是性」說〉,《漢學研究》1994 年 12 月第 12 卷第 2 期,頁 11～37。

117. 宋・楊簡:《慈湖遺書》,張壽鏞輯刊:《四明叢書》第四集(台北:新文豐出版社,1988 年)。

118. 賈豐臻:《中國理學史》(上海:上海書店,1990 年)。

119. 董金裕:〈理學的名義與範疇〉,《孔孟月刊》1982 年 5 月第 20 卷第 9 期,頁 22～27。

120. 董金裕:〈楊簡的心學及其評價〉,《國立政治大學學報》1990 年 6 月,頁 31～43。

121. 蒙培元:《理學的演變》(台北:文津出版社,1990 年 1 月)。

122. 蒙培元:《中國心性論》(台北:學生書局,1990 年 4 月初版)。

123. 熊琬:《宋代理學與佛學之探討》(台北:文津出版社,1985 年 4 月出版)。

124. 宋・黎靖德編:《朱子語類》(台北:漢京文化事業公司,1980 年 7 月初版)。

125. 蔡仁厚:《王陽明哲學》(台北:三民書局,1992 年 8 月修訂 3 版)。

126. 蔡仁厚:《宋明理學・北宋篇》(台北:學生書局,1991 年 9 月初版六刷)。

127. 蔡仁厚:《宋明理學・南宋篇》(台北:學生書局,1989 年 3 月增訂 3 版)。

128. 蔡元培:《中國倫理學史》(台北:中央文物供應社,1979 年 4 月)。

129. 潘柏世:《象山心學之探討》(台北:輔仁大學哲學研究所碩士論文,1976 年 6 月)。

130. 劉述先：《朱子哲學思想的發展與完成》（台北：學生書局，1984 年 8 月增訂再版）。

131. 清・鄭之僑：《鵝湖講學會編》（台北：廣文書局，1975 年 4 月初版）。

132. 蔣伯潛：《理學纂要》（台北：正中書局，1978 年 4 月臺 4 版）。

133. 蔣義斌：《宋代儒釋調和論及排佛論之演進》（台北：臺灣商務印書館，1988 年 8 月初版）。

134. 蔣維喬：《中國哲學史綱要》（台北：中華書局，1986 年 4 月臺 6 版）。

135. 錢穆：《朱子新學案（三）》（台北：三民書局，1982 年 4 月再版）。

136. 錢穆：《朱子學提綱》（台北：東大圖書公司，1986 年 1 月再版）。

137. 錢穆：《中國學術思想史論叢（四）》（台北：東大圖書公司，1983 年 10 月再版）。

138. 錢穆：《中國學術思想史論叢（五）》（台北：東大圖書公司，1978 年 7 月初版）。

139. 錢穆：《中國學術思想史論叢（七）》（台北：東大圖書公司，1984 年 9 月再版）。

140. 錢穆：《宋明理學概述》，《錢賓四先生全集》甲編第九冊（台北：聯經出版社，1995 年初版）。

141. 錢穆：《中國思想通俗講話》，《錢賓四先生全集》甲編第九冊（台北：聯經出版社，1995 年初版）。

142. 賴永海：〈佛性、本心與良知——陸王心學與佛學〉，《中國文化月刊》1989 年 12 月第 122 期，頁 29～45。

143. 戴君仁：《梅園論學集》（台北：臺灣開明書店，1970 年 9 月初版）。

144. 戴君仁：《梅園論學續集》（台北：藝文印書館，1974 年 11 月初版）。

145. 戴君仁：《梅園論學三集》（台北：學生書局，1979 年 7 月初版）。

146. 謝无量：《中國哲學史》（台北：中華書局，1967 年 4 月臺 1 版）。

147. 謝偉光：《陸九淵哲學思想之研究》（台北：文化大學哲學研究所碩士論文，1973 年 6 月）。

148. 明・聶良杞：《陸象山集要》（台北：廣文書局，1991 年 5 月再版）。

149. 清・瞿鏞：《鐵琴銅劍樓藏書目錄》（台北：廣文書局，1967 年 8 月初版）。

150. 明・羅欽順：《困知記》（台北：廣學社印書館，1975 年 6 月初版）。

151. 羅光：《中國哲學思想史・宋代篇》（台北：學生書局，1980 年元月出版）。

152. 宋・釋道原編：《景德傳燈錄》（台北：新文豐出版社，1981 年 10 月再版）。

153. 顧春：〈陸象山教育哲學的本體論思想研究〉，《教育研究》1991 年 10 月

第 21 期，頁 35～42。

154. 宇野哲人著、王璧如譯：《中國哲學概論》（台北：正中書局，1963 年 5 月臺 1 版）。

155. 渡邊秀方著、劉侃元譯：《中國哲學史概論》（台北：臺灣商務印書館，1979 年 7 月臺 5 版）。

156. 布魯格編著、項退結編譯：《西洋哲學辭典》（台北：華香園出版社，1992 年 8 月增訂 2 版）。